从零开始炒股票

徐子城／编著

中国宇航出版社
·北京·

图书在版编目(CIP)数据

从零开始炒股票/徐子城编著. --北京：
中国宇航出版社,2015.6 （2015.9 重印）
ISBN 978－7－5159－0941　7

Ⅰ.①从…　Ⅱ.①徐…　Ⅲ.①股票投资-基本知识
Ⅳ.①F830.91

中国版本图书馆 CIP 数据核字(2015)第 118460 号

策划编辑 田方卿　**责任校对** 方妍
责任编辑 田方卿　**封面设计** 杜晴岚　**排版设计** 宇星文化

出版发行	**中国宇航出版社**		
社址	北京市阜成路 8 号	**邮编**	100830
	(010)60286808		(010)68768548
网址	www.caphbook.com		
经销	新华书店		
发行部	(010)60286888		(010)68371900
	(010)60286887		(010)60286804(传真)
零售店	读者服务部		
	(010)68371105		
承印	三河市君旺印务有限公司		
版次	2015 年 6 月第 1 版		2015 年 9 月第 2 次印刷
规格	787×960	**开本**	1/16
印张	16.5	**字数**	253 千字
书号	ISBN 978－7－5159－0941－7		
定价	35.00 元		

本书如有印装质量问题，可与发行部联系调换

目　录

第一章　股市基础知识

股市基础知识是每一个“合格股民”入市时必须了解的基本常识，了解这些知识，可以让我们更加清楚地认识到自己在股市中的所作所为。

一、股票基本知识

1. 股票的起源

股票最早出现在西方资本主义国家，至今已有400多年的发展历史。

早在17世纪初，随着资本主义大工业的加速发展，企业的生产与经营规模也不断扩大。由企业快速扩张导致的资本短缺，成为制约企业发展的重要问题。

企业主们为了解决企业高速成长与资本不足之间日益突出的矛盾，便联合出资，组成由“股东”共同经营的股份制公司。后来为了筹措更多的闲置资金，他们又将集资范围扩展至全社会，这样就产生了“股票”这种表明投资者投资入股，并按出资额大小享受一定权益、承担一定责任的有价凭证。

世界上最早的股份有限公司诞生于1602年，即在荷兰成立的东印度公司。股份有限公司这种企业组织形态出现以后，很快为资本主义国家广泛利用，成为资本主义国家企业组织的重要形式之一。

伴随着股份公司的诞生和发展，以股票形式集资入股的方式也得到发展，并且产生了买卖交易转让股票的需求。这样就带动了股票市场的出现和形成，并促使股票市场完善和发展。据文献记载，早在1611年，就曾有一些商人在荷兰的阿姆斯特丹进行荷兰东印度公司的股票买卖交易，形成了世界上第一个股票市场，即股票交易所。

股份制和股票作为人类文明的发展成果，同样也适用于社会主义市场经济。企业通过向社会公开发行股票，可以筹集资金用于生产经营，提高资源配置总体效益。另一方面，还可以为投资者开拓投资渠道，扩大投资选择范围，满足投资者多样性的投资动机、交易动机和利益需求。一般来说，股票能够为投资者提供获得较高收益的可能性。

2. 股票、股东及公司所有权

股票是一种有价证券，是股份有限公司在筹集资本时，向出资人发放的股份凭证，股票的持有者即股东。

对股东来说，股票象征着其对上市公司拥有的所有权。这种所有权是一种综合性的权利，包括参加股东大会、投票表决、参与公司重大决策、收取股息或分享红利等，但也要共同承担公司运作错误所带来的风险。获取经常性收入是投资者购买股票的重要原因之一，分红派息是股票投资者经常性收入的主要来源。

每股股票都代表股东对企业拥有一个基本单位的所有权，同一类别的每一份股票所代表的公司所有权是相等的。每个股东所拥有的公司所有权份额的大小，取决于其持有的股票数量占公司总股本的比重。通常持有的股票数目越多，那么享受的公司所有权份额也就越大。股东也要以出资额为限，对公司负有限责任并承担风险。

此外，股东与公司之间的关系不是债权、债务关系。股东不能要求公司返还出资，但可以转让、买卖或作价抵押持有的股票，以收回投资成本，但不能要求公司返还其出资。

3. 股票的作用

一般来说，股票对其持有者具有如下作用。

第一，出资证明。当一个自然人或法人向股份公司参股投资时，便可获得股票作为出资凭证。

第二，身份证明。投资者可凭借股票来证明自己的股东身份，以参加股份公司的股东大会，对企业经营发表意见。

第三，收益证明。股民可凭借所持股票来分享股份发行企业的利润分配，也就是我们通常所说的分红、派息。

4. 股票的基本特性

（1）不可偿还性。股票是一种无偿还期限的有价证券。投资者认购以后，就不能要求公司退股。如想兑现，只能通过二级市场转卖给第三者。股票转让只意味着公司股东发生改变，并不会减少企业资本。从期限上看，只要上市公司存在，它发行的股票就存在，因此股票的实际期限也就是公司的存续期限。

（2）参与性。股东有权出席股东大会，选举公司董事会，参与公司各项重大决策。通常股票持有者的投资意志和享有的经济利益，是通过出席股东大会行使股东参与权来实现的。股东参与公司决策的权利大小，则取决于其所持股份的多少。从实践来看，只要股东持有的股票数量能达到左右公司决策所需要实际数量时，就能掌握公司的决策控制权。

（3）收益性。股东凭借其持有的股票，有权从公司领取股息或红利，获取应得的投资收益。股息或红利的多少，主要取决于公司的盈利水平与分配制度。此外，股票的收益性还表现在持有人通过高抛低吸赚取价差或票面升值带来的利润。

（4）流通性。股票的流通性是指在不同投资者之间的可交易性。流通性的强弱通常以成交量等指标衡量。例如，个股的成交量越大，则其流通性就越好，反之就越差。股票流通可以使持股者有机会卖出手中股份，兑换成现金。通过股东和股价的变动，可以看出投资者对该上市公司发展前景和盈利潜力的判断。另外，那些流通性极好，且能在二级市场上吸引大量投资者跟进的行业或公司，还可以通过增发股票来吸收更多市场资本进入该生产经营领域，以达到优化资源配置的效果。

（5）价格波动性和风险性。任何一种投资行为都有风险，股票尤其如此。当它在股市中作为交易对象出现时，也同普通商品一样拥有自己的市场行情。股票价格涨跌受到国际环境、国家政策、宏观经济、公司经营状况、市场供求关系、银行利率、大众心理、投机氛围等不确定因素的影响，具有极大的风险性。虽然股价波动不会直接影响到上市公司经营业绩及股息与红利的分配情况，但其市价的贬值，却可能让持有者蒙受重大损失。所以经常会听到这样一句话："入市有风险，投资需谨慎"。

5. 股票的价值和价格

（1）股票的价值。由于观察角度不同，股票价值的定义也不相同，具体来说，它可以体现为如下 4 个方面。

①票面价值。股票的票面价值又称面值，即在股票票面上标明的票面金额，以元/股为单位，其作用是为了表明每股股票在公司股本中所占的份额。

例如，某公司发行股票的总面值为 5000 万元，每股票面价值为 1 元。那么一股股票就代表该公司的 5000 万分之一。在我国上海和深圳证券交易所流通的股票，票面价值统一规定为 1 元人民币。

②股票净值。账面价值又称账面价值或每股净资产，是指每股股票所代表的资产净值。

账面价值=（公司资产净值-优先股股票的总面值）÷普通股股票的总股数。

公司资产净值是指公司的资本额（股票面值总额）加上公积金与未分配利润的数额，不包括债务。其中各种公积金和未分配利润尽管没有以股利的形式分派出来，但仍属于股东。因此净资产也被称作"股东权益"。

股份公司的股票净值越高，则股东实际拥有的资产越多。由于股票净值是财务统计计算的结果，数据较精确而且可信度高，所以它是股票投资者评估和分析上市公司实力的重要依据之一。股民应注意上市公司的这一数据。

③清算价值。清算价值是指公司撤销或解散时，资产经过清算后，每一股份所代表的实际价值。理论上，清算价值等于清算时的账面价值，但由于公司在解散时，大多数资产只能以低价售出，再扣除清算费用，所以实际的清算价值往往小于账面价值。股票的清算价值只是在股份公司因破产或其他原因丧失法人资格而进行清算时，才被作为确定股票价格的依据，在股票的发行和流通过程中没有意义。

④内在价值。股票的内在价值即理论价值，也是个股未来收益的现值，它取决于个股的股息收入和市场收益率。理论上，股票的内在价值较为接近其市场价格，且市场价格会不断地围绕内在价值上下波动。但两者之间又不完全相等，尤其在供求关系等因素的强烈影响之下，有时它们还会形成极大的偏差。

（2）股票的价格。因计算方式不同，股票的价格大致上也有以下几种。

①股票的理论价格。股票代表的是持有者的股东权益，这种股东权益的直接经济利益表现为股息和红利收入。股票的理论价格就是为获得股息和红利收入的请求权而付出的代价，实际就是两者资本化的表现。

静态地看，“股息收入”与“利息收入”具有同样的意义。投资者把资金投资于股票还是存放于银行，首先取决于哪一种投资的收益率高。按照等量资本获得等量收入的理论，如果股息率高于利息率，人们对股票的需求就会增加，股价就会上涨，从而导致股息率下降，一直下降到与市场利率大体一致为止。

按照这种分析思路，我们可以得出以下公式：

股票理论价格=股息红利收益÷市场利率。

②股票的市场价格。股票的市场价格就是其在股市中的买卖价格。股市又包含发行市场和流通市场两个部分，因此个股也就有了发行价格与流通价格之分。

③股票的发行价格。当股票上市发行时，上市公司从公司自身利益以及确保股票上市成功等角度出发，对上市的股票不按面值发行，而是与证券承

销商议定一个较为合理的价格来发行，这个价格就称为股票的发行价格。确定股票发行价格有以下三种模式。

A. 股票的发行价格就是其票面价值。

B. 股票的发行价格以其在流通市场上的市价为基准。

C. 股票的发行价格在其面值与市场流通价格之间，通常这种定价方式是对原有股东进行有偿配股时所采用的价格。

④ 股票的流通价格。股票在二级流通市场上的实际买卖价格，是完全意义上的股票市场价格，它一般被称为股票市价或股票行市。股票市价可表现为开盘价、收盘价、最高价、最低价等多个方面，其中以收盘价最为重要，是投资者分析股市行情时所常采用的基础数据。由于受众多因素的影响，股票的流通价格处于经常性的变化之中。流通价格即市价的起伏波动，直接关系到股民交易行为的实际盈亏。

6. 企业发行股票及投资者购买股票的意义

企业发行股票的目的很简单，就是为了向社会融资。发行股票获得成功后，上市公司可以利用这笔资金扩大再生产，其具体做法包含设立新的股份公司、扩大生产和经营规模、加强新产品研发等。

投资者购买股票的原因也很直接，就是想从中获利。通常，股民通过购买股票来获得利益的方式有以下两种。

（1）享受企业高速发展所带来的红利和股息。一般来说，上市公司的质地、生产销售、发展前景越好，其向股东发放的红利和股息也就越多，因此股市中流传着这样一句话：买股票就是买公司，买未来。

（2）通过高抛低吸，赚取股票价格在波动过程中所产生的差价。投资者可别小看了这一点，有些个股在牛市与熊市之间形成的差价数额，动辄几倍甚至数十倍。通过低买高卖，获得的价差收入绝对是一笔可观的财富。

目前，国内多数上市公司对其流通股股东十分吝啬，每年所派红利、股息微乎其微，更有甚者数年都不分红，所以当下国内投资者都以赚取个股差价为主要获利手段。

7. 影响股票价格波动的因素

国内大多数的股票投资者，都不是为了上市公司那点微乎其微的股息红利而来的，他们真正的目的是赚取股价在波动过程中产生的差价利润。因此解读影响股票价格波动的因素，成为入市之后面对的重要课题。

通常，影响股票价格波动的因素大致有如下几种。

（1）股票发行价格。如果新股上市定价偏高，势必会削弱投资者的购买意愿，持有者也会借拉高出货，这就难免造成股价不断滑落。相反，倘若新股发行价格偏低，则会刺激投资者的购买欲望，持有者也会因此惜售，造成股价连续攀升。

（2）市场供求关系。股票和其他商品一样，其价格高低变化取决于市场内的供求关系。当买入的人比卖出的人多时，股价自然上涨；卖出的人比买入的人多时，股价一定会回落。

例如，当行情处于牛市时，人人争相买入，就连发展前景暗淡、经营业绩欠佳、股价长久低迷的垃圾股，也会被强大的买盘持续推高。当股市处于熊市时，人人争相卖出，即使是发展前景光明、经营业绩良好、股价升幅不大的绩优股，也会被强大的卖盘不断砸落。

（3）庄家的操控。在我国股市中，庄家的操控是影响股价巨幅波动的重要因素。庄家运作个股，大致可以分为建仓、洗盘、拉升和出货四个阶段，其中尤以后两个环节对股价运行产生的冲击最大。市场中那些涨得最多、跌得最深的个股，无一不是由主力拉升与出货造成的，其中的差价动辄数倍。

（4）公司经营业绩和盈利状况。上市公司的经营业绩和盈利能力，是决定股票价格变动的基础因素之一。一家企业上市以后，如果经营状况和盈利能力一直不断地改善和增强，那么该股价格在二级市场上迟早会有不俗表现。

反之，该公司自上市以后，经营状况和盈利能力每况愈下，那么该股股价在二级市场上早晚会走弱，因为买入股票的最终本质就是买入公司。

（5）国内外经济形势。自我国加入世界贸易组织后，国内经济形势与国际经济形势的关联度日益紧密，两者当中无论哪一方经济形势出现重大变化，都会对股市运行造成相应冲击。可能造成股市波动的宏观经济因素还包括经济周期、货币政策、财政政策、银行利率、通货膨胀、汇率变化等。

（6）政治因素。像战争爆发、特殊政治事件、政府重大政经决策等因素，都可能导致股市大幅波动。

（7）心理因素。投资者的心理变化，也会对股市走势产生重大影响。人们对股市的普遍看法，会借助现代传播媒体在短时间内快速扩散，带动更多的人参与其中，再加上人类的恐惧和贪欲等极端情绪的作用，无形中会形成一股强大的推力，直接影响到股市的波幅与波速。

比如在牛市或熊市末期，在广大投资者极端情绪的影响下，会造成股市要涨则全盘皆大涨，要跌则全盘皆大跌的壮观场面。

8. 除权、除息、配股

通常，上市企业在满足生产经营需要的情况下，有义务把公司获得的利润分派给股东。上市公司向股东派发红利和股息的行为叫作分红派息。分红派息可以体现为股票股利和现金股利两种形式。

那么，如何在二级市场参与上司公司的分红派息呢？很简单，上市公司会在送股、派息之前，选定某一天作为分界线，凡在这天持有本公司股票的投资者，都享有分红派息权，因此这一天也叫作股权登记日。投资者参与某上市公司分红派息时，无须办理任何特殊手续，只要在股权登记日买入该股就可以了。即使第二天就抛出，仍然享有分红派息的权利。等到股权到账日，所得红利或股息会自动转入您的证券账户。

（1）除权。上市公司对股东派发股票股利或转增红股后，公司股本必然增加，相应地，每股股票对应的净资产随之减少。派发股利或转增红股后，要从股价当中剔除这部分因素，其后对股价所进行的摊薄行为就叫作除权。除权用字母“XR”表示。

例如，乐山电力（600644）要向其股东派发红股，派送比例是每 10 股转送 10 股，这就意味着该公司在二级市场上的流通股本将在原有基础上扩大 1 倍。假设该股在送股前的市场价格是每股 20 元，那么送股之后的除权价格，就应该是每股 10 元钱。摊薄股价的这天叫作除权日，该股在当天的简称应记作“XR 乐电（600644）”。

送红股后的除权价=股权登记日的收盘价÷（1+每股送红股数）

例如：某股票股权登记日的收盘价是 14.25 元，每 10 股送 7 股，即每股送红股数为 0.7，则次日股价为 14.25÷（1+0.7）=8.38（元）。

（2）除息。上市公司对其股东派发现金股息或红利后，公司盈余相应地就会减少。之后要对其股票的市场价格进行摊薄，这就是除息。除息用字母“XD”表示。还以乐山电力（600644）为例，派息时摊薄股价的这一天叫作“除息日”，该股在这一天的名称应记作“XD 乐电（600644）”。

除息价=股息登记日的收盘价-每股所分红利现金额

例如：某股票股息登记日的收盘价是 6.28 元，每股送红利现金 0.07 元，则其次日股价为 6.28-0.07=6.21（元）。

（3）配股。有时上市公司会以一种特别的形式向投资者派发红股，这就是“配股”。它是上市企业向原股东发行新股、筹集资金的一种行为。按照惯例，公司所配新股的认购权应按原有股权比例在老股东间进行分配，即原股东拥有优先认购权。在认购过程中，认购者需缴纳相应的认购费用，不过配股价格要较该股的市场价格低一些。

一般来说，配股期间都有一段 10 天左右的缴款限期。只要能在这个期限内交足对应款项，就可以获得相应的股份。需要注意的是，配股后也需要对股价进行摊薄处理，届时个股价格会有所变动。如果不打算参与配股的话，最好在此之前卖出手中股份，以免蒙受不必要的经济损失。

配股后的除权价=（股权登记日的收盘价+配股价×每股配股数）÷（1+每股配股数）

例如：某股票股权登记日的收盘价为 28.00 元，10 股配 3 股，即每股配股数为 0.3，配股价为每股 16.00 元，则次日股价为（28.00+16.00×0.3）÷（1+0.3）=25.23（元）。

9. 大盘指数

经常会听到股民相互询问股市的涨跌情况，他们所说的涨跌，实际上就是大盘指数的升降。

股市既然称为“市”，就一定包含了为数众多的个股，并且个股每天的价格变化肯定是此起彼伏，不一而同的。有时候上涨的股票比下跌的多，有时候下跌的股票比上涨的多，也有可能两方势均力敌。

如果将盘中所有个股视为一个有机整体来观察的话：当上涨的股票比下跌的多时，可以认为股市趋势向好；当下跌的股票比上涨的多时，可以认为股市趋势向淡；当涨跌比例相近时，可以认为股市趋势处于胶着状态。

但是若每天都通过对市场中股票上涨家数与下跌家数的比较来判断股市走向的话，未免有点太麻烦了，也不够直观。因此很有必要设计出一种既简单、快捷，又直观、灵活的统计方法，用以反映市场每时每刻的运行方向，这个指标就是大盘指数。

编制大盘指数的目的是用来反映股市整体运行状况的，所以最好的设计方法就是在所有上市公司及其涵盖的所有行业、所有板块中，挑选出最具代表性的个股，然后再将它们的涨跌情况编制到指数当中，用以反映股市走势。大盘指数的编制计算过程十分繁琐，这里就不做详细介绍了。

在A股市场中，我们所说的大盘指数，沪市是指上证综合指数，深市是指深证成份股指数。综合指数和成份指数，顾名思义，是说指数在编制过程中采集样本股票的涵盖范围很广。对股民们来说，上证指数和深证指数处于连续上涨或连续下跌状态时，具有明确的指导意义，期间盘中多数个股都会跟随指数上涨或下跌。

10. 股票名称和代码的含义

股票名称和代码是按照一定原则确定的。

上海证券交易所和深圳证券交易所的股票简称大多都使用4个字来命名。通常在上交所上市企业的四字命名中，前两个字用来表明公司所在地，后两个字则用来体现公司名称。例如，西藏城投（600733），其公司所在地是西藏，公司全称是“西藏城市发展投资股份有限公司”。不过，也有些上海本地股不会在股票简称中注明公司所在地。例如，金丰投资（600606），其公司所在地是上海，公司全称是“上海金丰投资股份有限公司”。

深交所对上市公司的命名原则和上交所基本一致。例如，四川湖山（000801），其公司所在地是四川，公司全称是“四川湖山电子股份有限公司”。但是对于深圳本股，则大多将其公司地域化简为一个字，公司名称简化为两个字，第四个字用大写字母“A”来代替。例如，深发展 A（000001），其公司所在地是深圳，公司全称是“深圳发展银行股份有限公司”。

在特殊情况下，上交所的股票简称也会命名为 3 个字，例如，新世界（600628）、三爱富（600636）；深交所的股票也可以不含地名，例如，飞亚达 A（000026）、沙隆达 A（000553）等。然而随着两市上市公司不断增多，其命名也越来越个性化、多样化了。

股票代码是证券交易所对上市公司所做的数字编号。它不像股票简称那样可以因某些情况经常发生变更，股票代码一经确定，就永不会改变，直至公司退市。这样做的目的是便于记忆，有利于电子化操作和管理。

目前，沪深证券交易所对上市公司都是实行的 6 位数代码编号。其中沪市股票大多以“600”三个数字开头，例如，武钢股份（600005）。深市股票大多以“000”三个数字开头，例如，云南白药（000538）。中小板股票大多都以“002”三个数字开头，例如，大族激光（002008）。创业板股票大多以“300”三个数字开头，例如，碧水源（300070）。

二、股票的种类

在股市中，人们常根据股票的权益和属性不同，将其划分出很多种类。

1. 普通股、优先股和后配股

按股东权利不同，划分为普通股、优先股和后配股。

（1）普通股。普通股是指在公司经营管理和盈利及财产分配上享有普通权利的股份，代表满足所有债权偿付要求及优先股东的收益权与求偿权要求后对企业盈利和剩余财产的索取权。普通股是股份公司资本构成中最普通、最基本的股份，也是股份制企业资金的基础部分。

其基本特点是：投资收益（股息和分红）不在购买时约定，而是事后根据股票发行公司的经营业绩来确定。公司的经营业绩好，其收益就高；反之，就会相应降低。普通股是股份公司资本构成中最重要、最基本的股份，也是风险最大的一种股份，但又是股票中最基本、最常见的一种种类。我国上交所和深交所中交易的股票则都是普通股。

（2）优先股。优先股是相对于普通股而言的，在利润分红及剩余财产分配方面享有的权利要优先于普通股。优先股也是一种没有期限的有权凭证，优先股股东一般不能在中途向公司要求退股（少数可赎回的优先股例外）。

一般来说，优先股的股息收益率都是在发行时预先定好的，且不会根据公司经营情况的好坏而增减，并先于普通股获得股息收益，但股东不能参与公司的分红。反过来说，由于股息率固定，所以也不会影响到公司的利润分配。不过优先股股东行使的权利范围相对要小，通常没有选举权和被选举权，对股份公司的重大经营决策也无权投票（在某些特殊情况下，也享有投票权）。

（3）后配股。后配股是上市公司根据自身发展需要，依照有关规定和相应程序，向原有股东进一步发行新股的融资行为。按照惯例，公司配股时所发新股的认购权，会按原有股权比例在老股东之间分配，也就是说原股东享有优先认购权。配股后，投资者所认购的新股，将纳入到公司先前的流通股本当中。

后配股是在利益或利息分红及剩余财产分配时比普通股处于劣势的股票，一般在普通股分配之后对剩余利益进行再分配。如果公司盈利巨大，后配股的发行数量又很有限，则购买后配股的股东可以取得很高的收益。发行后配股，一般筹措的资金不能立即产生收益，投资者的范围又受限制，因此利用率不高。后配股一般在下列情况下发行。

①公司为筹措扩充设备资金而发行新股票时，为了不减少对旧股的分红，在新设备正式投用前，将新股票作后配股发行。

②企业兼并时，为调整合并比例，向被兼并企业的股东交付一部分后

配股。

③在有政府投资的公司里，私人持有的股票股息达到一定水平之前，把政府持有的股票作为后配股。

2. A 股、B 股、H 股、N 股

根据上市场所及面对投资者的不同，可分为 A 股、B 股、H 股、N 股等。

（1）A 股。A 股的正式名称是“人民币普通股票”。是由我国境内企业所发行，在上海或深圳证券交易所上市交易，供内地机构、组织或个人及少数获得批准的具有境内投资资格的境外投资机构，以人民币认购和交易的普通股股票。

（2）B 股。B 股的正式名称是“人民币特种股票”。是以人民币标明面值，以美元与港币认购和买卖，在上海或深圳证券交易所上市交易的内地上市公司股票。它的主要投资者在境外或中国的香港、澳门及台湾。但在 2001 年后，B 股市场已向境内投资者开放。国内投资者交易 B 股，需要开立外币保证金账户。

（3）H 股。H 股也称国企股，是指在内地注册，却在香港上市的公司股票。H 股为实物股票，实行“T+0”交割制度，无涨跌幅限制。自 2014 年 11 月 17 日起，大陆居民可以通过沪港通机制，委托内地证券公司，经由上海证券交易所设立的证券交易服务公司，向香港联合交易所进行申报（买卖盘传递），买卖规定范围内的香港联合交易所上市的股票。

（4）N 股。N 股是指股份公司在中国大陆注册，但在美国纽约上市的外资股票，取纽约字首的第一个字母 N 作为名称。在我国沪深股市中，当股票名称前出现了 N 字，表示这只股是当日新上市的股票，字母 N 是英语 New 的缩写。看到带有 N 字头的股票时，投资者除了知道它是新股，还应认识到这只股票的股价当日在市场上是不受涨跌幅限制的，涨幅可以高于 10%，跌幅也可低于 10%。

（5）L 股。L 股是指股份公司在中国大陆注册，而在英国伦敦上市的外资股票。

3. ST 股、垃圾股、绩优股、蓝筹股、潜力股等

根据上市公司经营业绩的好坏，可分为 ST 股、垃圾股、绩优股、潜力股、蓝筹股等。

（1）ST、＊ST 股。ST 股是指那些在最近两个财务年度出现连续亏损或每股净资产低于股票面值而被特别处理的股票。1998 年 4 月 22 日，沪深交易所宣布，将对财务状况或其他状况出现异常的上市公司股票交易进行特别处理，并在其简称前冠以“ST”字样（比如，ST 华光（600076））。如果 ST 类股票在第三年里依旧亏损，则会改“ST”为“＊ST”（比如，＊ST 金城（000820））。若三年以上连续亏损，将被交易所强制摘牌，直到下一个财务年度出现盈利，才可以申请复牌。

投资者在购买 ST、＊ST 类股票时，会伴有巨大的风险。风险和机遇总是并存的，正是因为它们具有很大的投资风险，令投资人避而远之，但是大多价格低廉且又隐藏着扭亏、重组、借壳上市等潜在利好，因而极易上演“乌鸡变凤凰”的上涨神话。

（2）垃圾股。顾名思义，是指那些经营业绩和发展前景均很差的上市公司股票。这类企业大多属于夕阳产业，由于生产的产品没有市场竞争力，经营状况持续不善等原因，导致公司季度及年度财务报表处于持续微利甚至亏损状态，但还没有达到 ST 类股票的恶劣程度。

简单来说，这类个股的年报业绩大多都在每股几分钱左右，并且大都没有年终分红，又缺乏重组题材。因此不受投资者青睐，即便是身处牛市，也较难形成理想的上涨行情。

（3）绩优股。绩优股是指那些质地优良、经营业绩突出的上市公司股票。在 A 股市场当中，投资者衡量绩优股的最主要指标，是每股税后利润和净资产收益率。

一般而言，每股税后利润在全体上市公司中处于中上游地位，公司上市后净资产收益率连续三年超过 10% 的个股，就当属绩优股之列。通俗来说，它们的年报业绩通常都在每股五六毛钱以上。在牛市当中，绩优股具有较高

的投资价值和投资回报，是稳健型投资者的首选品种。

（4）蓝筹股。多指主营业务处于长期稳定增长的大型传统工业股及金融股。通常这类公司在行业内占有重要的支配性地位，拥有资金、市场、信誉等方面的绝对优势，并对各种市场变化具有较强的承受和适应能力，而且经营业绩优良，红利优厚，在公司盈利能力方面不逊色于绩优股。

实际上，蓝筹股与绩优股的主要区别，仅在于企业在所属行业内的地位及规模大小。有着突出地位和实力的上市公司股票，方可称为蓝筹股。

“蓝筹”一词源于西方赌场。在赌桌上，通常会有三种颜色的筹码，其中蓝色的最值钱，红色次之，白色最差。后来，投资者将此行话套用到股票上，就有了“蓝筹股”这一称谓。

当牛市来临时，“蓝筹股”不会率先上涨，通常情况是领涨股已经连续上涨了一大截，它才开始缓慢攀升。熊市初期，在投机股率先崩溃之际，其往往仍能坚守阵地，不至在原有价位上过分滑落，具有典型的防守性特征。在国内股市中，蓝筹股是大资金、大机构在市场中博弈的场所。

（5）潜力股。潜力股的定义较为抽象，也很难具体界定，它与上市公司业绩并无必然联系。通常来说，此类个股大多同时具备如下特点。

①市场定价普遍偏低，大都在 10 元钱上下。

②拥有着丰富的潜在题材可供挖掘，例如资产重组、外资参股控股、并购预期、高比例送转等。

③有极为强大的市场主力驻扎其中，也就是市场中常说的“强庄股”。在每一轮牛市行情中，潜力股都是黑马股与大牛股的诞生摇篮，它们是冲在最前面，表现最突出的“领头羊”。

4. 高价股、一线股、二线股、三线股、低价股

按照价格高低，可划分为高价股、一线股、二线股、三线股、低价股等。

（1）高价股。在股市中，总有那么几只股票价格高高在上，明显凌驾于其他股票之上。通常，它们都拥有其他个股无法比拟的品牌和业绩优势，并受到场内多数投资者的认同，例如国内股市的贵州茅台（600519）。

（2）一线股。根据股市的实际情况，通常以价位排序的方式将场内所有个股依次划分出层次。那么，高价股下方价位最高的一档便是一线股。通常，这类个股具备优良的经营业绩或良好的发展前景，所以价位也明显高于市场中其他个股。另外，多数一线股都享有良好的市场声誉，为广大中小股民所熟知，比如某些具有高成长性的科技股。

（3）二线股。紧跟着一线股下面一档价位的便是二线股。二线股大致是股市里价位中等的股票，数量也最多。从整体上看，公司也同其股价一样，在全体上市公司中居于中游，但在经营业绩方面则参差不齐。

（4）三线股。二线股之下一档价位的则是三线股了。三线股价格低廉，公司大多业绩不好，前景不妙，缺乏成长的潜力。或者身处夕阳行业，有些甚至已经到了亏损的境地。不过也有少数个股因为规模太大而步入这一行列。总之，这类个股从质地上讲基本上等同于垃圾股。

（5）低价股。低价股与高价股是两个极端，一个高高在上，另一个殿后打底。在股市中，总有那么一些价格远远落后于其他个股的低价股票。它们大多都是一些短期之内没有扭亏，缺少并购重组等利好预期并存在退市风险的ST及＊ST类股票。

当一轮牛市袭来，面对高价股、一线股、二线股、三线股、低价股等处于不同价位的个股时，该如何把握投资的机会呢？通常，在三线股及低价股乃至二线股中，会涌现出少量的潜力股领涨大盘。随后高价股发力上涨，为一线股打开上升空间。然后，一线股开始上涨，又为二线股打开上升空间。以此类推，直至三线股和低价股都打开了上升空间。

5. 热门股和冷门股

按股票的活跃、受关注度及追捧程度，还可以划分为热门股和冷门股。

（1）热门股。一般是指那些在某段时间内因某种原因使市场人士关注和追捧，从而促使交易量变大、流通性增强、股价波幅剧烈的股票。这类股票往往是场内热点、焦点所在，其热度有持续一天或几天的，也有持续一个波段甚至整轮行情的。它们不一定是那些质地优良的具有良好投资前景的股票，也可能是被主力集中炒作的垃圾股及概念股，不一定会给我们带来多少预期收益，买入后可能有被套牢的风险。投资者在炒作时，一定要冷静、谨慎和综合分析。

（2）冷门股。一般是指那些交易量小、换手率低、流通性差、股价变动幅度小的股票。这类公司的经营业绩及发展前景普遍不佳，所以很难吸引投资者的眼球。但它们也不是绝对的冷门，如果碰上机遇，也会爆出几只黑马股来，特别是在牛市末期的疯涨阶段。

三、股市及其主体构成

“市”是指做买卖的地方。例如，菜市、米市。股市自然就是投资者进行股票交易的场所了。

股市可以进一步细分为一级市场和二级市场。

一级市场也称为股票发行市场。投资者在这里申购企业所发行的股票。这样一来，发行人筹措到了所需资金，投资人则因购买股票而成为公司的股东，实现了储蓄转化为资本的过程。

二级市场又称为股票交易市场，是股民平日买卖个股、了解行情、赚取差价的地方。其主要作用是使已公开发行的股票得以交易。我们平常所说的股市，通常是指二级市场。

任何一个交易市场，都是由来自方方面面的参与者组成的。比方说，有卖的就要有买的，有交易就要有管理。A 股市场走过了 20 年的风雨历程后，它的内部组成部分及职能部门已发展得较为完善，其主体分别由上市公司（发行人）、证券交易所、证券公司、证券登记结算机构、证券服务机构、证券业协会、证券监督管理机构、投资者八大部分组成（如表 1-1 所示）。

下面就来了解一下这些部门之间是怎样相互配合与协调的。

表1-1 股市主体构成

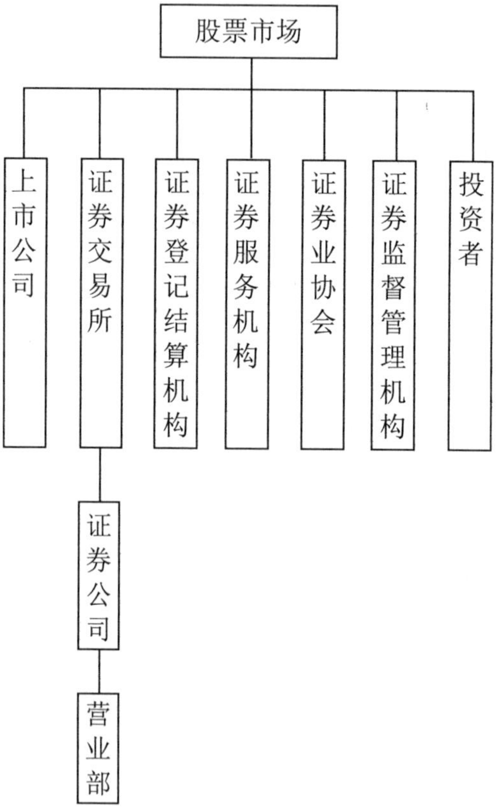

1. 上市公司

上市公司是指所发行股票经国务院或者国务院授权的证券管理部门批准在证券交易所上市交易的股份有限公司。应该说，上市公司是股市发展的源头，如果没有其在交易所内公开发行股票，也就不可能有股市的一级市场和二级市场。

那么上市公司为什么热衷于发行股票呢？企业发行股票的最直接目的是为了筹集资金，然后再用这些资金成立新的公司或追加投资、扩大经营、提高自有资本比率、改善财务结构等。

任何企业都可以在证券交易所公开发行股票吗？不是。公司若要上市，起码要满足以下几点要求。

（1）经国务院证券管理部门批准向社会公开发行股票。

（2）公司股本总额不少于人民币 5000 万元。

（3）公司开业时间在 3 年以上，且最近 3 年连续盈利。

（4）持有股票面值达人民币 1000 元以上的股东人数不少于 1000 人（千人千股），向社会公开发行的股份占公司股份总数的 25%以上。股本总额超过 4 亿元的，向社会公开发行的比例要在 15%以上。

（5）公司在最近 3 年内无重大违法行为，财务会计报告无虚假记载。

2. 证券交易所

有了上市公司，就需要向外发行其股票。要想向外发行股票，就需要证券交易所。

证券交易所是依据国家有关法律，经政府证券主管机关批准而设立的集中进行证券交易的有形场所。证券交易所在性质上属于实行自律性管理的法人。按照组织形式，通常分为会员制的证券交易所与公司制的证券交易所。按照是否以盈利为目的，又可分盈利性证券交易所和非盈利性证券交易所。目前，国内的上海证券交易所和深圳证券交易所，都属于会员制的非盈利性证券交易所，它们分别成立于 1990 年 11 月和 1991 年 4 月。

证券交易所既不直接买卖证券，也不决定证券价格，只是为证券交易提供场所，各种必要条件与服务，以及履行各项义务和职能。其中包括：发行股票并制定交易规则；创造公平、公正、公开的交易环境；提供各种设施和便利条件；吸收会员（证券公司是其会员的重要组成部分）；对其会员、上市公司和证券交易活动实施监管。

3. 证券公司

上市公司通过证券交易所得以发行股票，但国内只设有上海和深圳两家证券交易所。内陆地区疆土辽阔、省市众多，分散于四面八方的投资者，不可能都跑到上海和深圳去进行股票交易，因此证券交易所不可能针对普通投资者开展业务。可是投资者要买卖股票，上市公司发行的股票要全部销售出去，就决定了众多普通投资者与证券交易所之间，必然要存在一个连接彼此的服务纽带，于是证券公司一级机构组织也就自然而然地出现了。

证券公司是经中国证监会批准设立，从事证券经营业务的有限责任公司或股份有限公司，也被股民称为券商。券商，顾名思义，就是从事有关证券经营活动的证券经营机构。不过只有具备会员资格的证券经营机构，才能在证券交易所进行场内交易。投资者只有通过这类中介人，方能间接地进行证券买卖。

什么是交易所会员呢？它是指经国家有关部门批准设立、具有法人资格、可依法从事证券交易及相关业务并取得证券交易所会籍的证券经营机构。

证券公司在证券市场上占有十分重要的地位，它的主要职责是连接证券供求双方，参与证券流通市场业务。其具体业务种类如下。

（1）证券经纪业务。证券经纪业务是指证券公司依据投资者的证券买卖指令，以自己名义和账户代理证券买卖、还本付息、分红派息、证券代保管、签证和代理登记开户等业务活动。由于证券交易所只向会员机构开放，所以普通投资者必须借助证券公司的中间服务，才能依法完成证券交易活动。

在交易过程中，券商必须遵照客户发出的委托指令进行证券买卖，并尽可能以最有利的价格使委托指令得以执行，但不承担交易中的价格风险。当然，它在充当中间商时，会在交易过程中向交易者收取佣金，这个费用通常要小于或等于交易金额的千分之三。

（2）证券投资咨询。证券投资咨询业务是指证券公司及其业务人员向客户提供相关信息、分析、预测或建议，并根据客户要求或委托提供证券的投资咨询业务、倡导投资理念、传授投资技巧、引导投资者理性投资的业务活动。上述行为一般都要直接或间接地收取服务费用。

（3）与证券交易、证券投资活动有关的财务顾问。与证券交易、证券投资活动有关的财务顾问，是指证券公司为客户提供与证券交易、证券投资活动有关或有特定要求的方案设计和研究等业务。它主要是针对上市公司和机构投资者开展的，具体包括：为企业申请证券发行和上市交易提供改制改组、资产重组、前期辅导等方面的咨询服务；为上市公司重大投资、收购兼并、关联交易等业务提供咨询服务；为法人、自然人及其他组织收购上市公司及相关的资产重组、债务重组等提供咨询服务；为上市公司完善法人治理结构、设计经理层股票期权、职工持股计划、投资者关系管理等提供咨询服务；为上市公司再融资、资产重组、债务重组等资本运营提供融资策划、方案设计、推介路演等方面的咨询服务；为上市公司的债权人、债务人对企业进行债务重组、资产重组、相关股权重组等提供咨询服务，以及从事中国证监会认定的其他业务等。

(4) 证券承销与保荐。证券承销与保荐业务是证券公司最基本的业务之一。承销是指证券公司以证券承销商的身份，根据证券发行人委托，为其销售股票或公司债券的业务。

保荐则指有资格的保荐人对所推荐的公司公开发行股票及可转换为股票的公司债券，提供持续性训示、督促、辅导和信用担保服务。

另外，在证券包销期限届满以后，证券公司依据余额包销协议的包销权，有权持有发行人未发行出去的证券。

(5) 证券自营业务。证券自营业务是指证券公司以自己的名义和自有的资金，为了自己的利益所从事的证券买卖业务。这一点和证券交易所截然不同，证券交易所是不允许自己从事证券买卖的。

证券公司的自营业务必须是以自己的名义、使用自己的资金或合法筹集的资金进行的，不得假借他人名义，或将自营账户借给他人使用，更不得使用违规资金进行操作。

(6) 证券资产管理。证券资产管理业务是指证券公司作为受托方，在一定期限内接受客户的委托，以委托人的名义，在委托人的账户上为其办理资产或财产估值、管理、运用、处置、变现、买卖等事务，由此导致的投资风险都由客户自己承担。

(7) 其他证券业务。其他证券业务是指经中国证监会核定的其他证券业务，比如，融资融券等业务。

此外，每一家证券公司都下设了数量众多的证券营业部，它们像触角一样分布到各市、区、县、镇每一处繁华地带，与广大投资者直接接触，并具体履行各项职能和业务。

4. 证券登记结算机构

证券公司的存在，让分布在全国各地的投资者得以间接地与证券交易所之间顺利沟通，并方便、快捷、及时地进行证券买卖。不过有交易就要有记录、有结算及统一的协调与撮合，因此证券登记结算机构就应运而生了。

证券登记结算机构是经中国证监会批准设立，为证券交易提供集中登记、托管与结算服务，且不以盈利为目的法人。证券登记结算机构不参与交易，也不是任何一方交易的当事人，只是在证券交易过程中为买卖双方履行交易责任提供服务。这种服务是连续贯穿于整个交易过程的，投资者可以通过此服务确保证券交易有序完成。

目前，上海证券交易所和深圳证券交易所的集中登记、托管与结算，均由中国证券登记结算有限责任公司统一完成。该公司具有如下一些职能。

（1）证券账户、结算账户的设立。证券账户和结算账户均由证券登记结算机构为投资者开立。前者用于记录投资者买卖证券及持有或变更的情况；后者是为了对证券交易提供集中的结算和交收业务。

（2）证券的托管和过户。托管是证券持有人将其所持有的证券委托证券登记结算机构代为保管。但在证券无纸化交易的今天，托管只是保存有关证券方面的电子数据而已。集中托管便于交易结算，也比较安全，还可避免买空卖空行为的发生。

过户是根据证券交易、清算、交收的结果，将证券持有人持有证券的事实记录下来所采取的形式。即将一个所有者账户上的证券转移到另一个所有者账户上。

（3）证券持有人名册登记。证券登记结算机构根据证券交易结算、交收、过户的结果，进行证券持有人名册集中登记。名册登记可以确保投资者的权利。

（4）证券交易的清算和交收。清算是指证券登记结算机构通过与证券交易所、清算银行和证券公司之间的联网，对各会员买卖成交后彼此之间应转移的资金或证券的具体数额分别予以抵消，再以净额结算方式完成证券和资金的收付。

交收是指投资者与被委托的证券公司之间完成证券和资金交付的过程。

（5）受发行人委托派发证券权益。一般来说，证券发行上市后，会在投资者间不断流动。在这种情况下，发行人就很难掌握究竟是哪些人持有它，但是企业要向股东派发权益，或者向债权人支付利息，必须要掌握这种情况。

解决这个问题最好的办法，就是委托证券登记结算机构依据证券持有人登记名册派发。这样既准确又便捷，也有利于保护投资者的利益。

（6）办理与上述业务有关的查询。前面所述以及与这些服务性质相适应的业务，均属于证券登记结算机构为投资者、证券发行人、证券公司提供服务的范畴，其必须要承担以上事项的查询功能。这也可以说是证券登记结算机构要履行的一项法定职能。

（7）国务院证券监督管理机构批准的其他业务。除了上述业务外，证券登记结算机构还设有其他性质的服务，但在履行过程中需经过国务院证券监督管理机构的批准。

5. 证券服务机构

一个产业的出现，会促成多个配套行业的形成和发展。比如说，有卖汽车的，必然就有修理汽车的。有房地产交易，肯定会出现房屋中介公司。股市的蓬勃发展，也伴随着证券服务机构的形成和发展。

证券服务机构是为证券的发行、交易和相关投资活动提供专业服务的中介机构。包括：证券投资咨询公司、信用评级机构、会计师事务所、资产评估机构、律师事务所、证券信息公司等。

这里仅简单介绍一下平日里与股民接触最多的证券投资咨询公司。证券投资咨询公司又称证券投资顾问公司，是指向普通证券投资者和证券发行人投资或筹资提供咨询的专业机构。

对于众多中小投资者来说，既没有足够的经验和技巧应付复杂多变的市场行情，也没有充足的时间对来自股市中的各类信息进行系统分析。对于证券发行者，特别是初次发行者来讲，由于没有证券筹资的经验，所以对证券市场的需求情况和发行形势缺乏必要的了解，这时，为上述人群提供咨询服务的证券投资咨询公司也就自然而然地出现了。

证券投资咨询公司主要从事以下业务。

（1）介绍证券投资的常识性内容。

（2）编辑出版有关证券投资的资料，举办证券知识讲座。

（3）培训证券专业技术人才。

（4）根据投资者的要求进行市场调查和前景预测。

（5）根据筹资者发行证券的需要，代为制作发行证券的有关文件。

另一方面，证券投资咨询机构里的从业人员，通常不得有下例行为。

（1）代理委托人从事证券投资。

（2）与委托人约定分配证券投资收益或者分担证券投资损失。

（3）买卖咨询本公司提供服务的上市公司股票。

此外，证券投资咨询公司在进行咨询服务时，应对自己分析报告的真实性负责，但不对投资者接受咨询后的投资结果承担法律责任。在接受投资者的咨询服务时，应当本着客观公正的原则，不能有欺诈或恶意误导行为。

6. 证券业协会

每一个庞大行业都是由若干细小分支组成的，具体职能部门之间不能形同散沙，证券业协会的诞生便是为了协调这一问题。

按照国际通例，证券业协会是由券商和证券从业人员自愿组成的同业公会，因此也称证券业同业公会。它依法对证券行业进行自律性管理，是具有法人资格的社会团体组织。

中国证券业协会成立于 1991 年 8 月 28 日，具体履行以下职责。

（1）教育和组织会员遵守证券法律和行政法规。

（2）依法维护会员合法权益，向证券监督管理机构反映会员的建议和要求。

（3）收集并整理证券信息，为会员提供服务。

（4）制定会员规则，组织会员单位从业人员进行业务培训，并开展会员间的业务交流。

（5）对会员之间、会员与客户之间发生的纠纷进行调解。

（6）组织会员就证券业的发展、运作及有关事宜进行研究。

（7）监督、检查会员行为，对违反纪律、行政法规或者协会章程的，按照规定给予纪律处分。

（8）履行证券业协会章程规定的其他职责。

7. 证券监督管理机构

证券交易所对其会员和上市公司有监管之职，但它的权力行使范围有限，故被称为一线监管。证券交易所本身实施的是自律性监管。那么有没有一个行使范畴与权限更大，且凌驾于众多证券行业之上的监督管理机构呢？答案是肯定的。它就是中国证券监督管理委员会，简称中国证监会。

中国证券监督管理委员会是国务院直属事业单位，是全国证券期货市场的主管部门。它依法对证券市场实行监督管理，维护证券市场正常秩序，保障其合法运行。

事实上，在我国证券市场设立之初，对其监督、管理的职责是由中国人民银行承担的，后来在1992年10月成立了国务院证券委员会和中国证券监督管理委员会，其中国务院证券委员会属于非常设性机构，只存在于过渡时期。随着国内证券市场的发展与成熟，1998年国务院决定将原国务院证券委员会和中国人民银行履行的证券管理职能全部划转中国证券监督管理委员会，建立起全国统一的证券监督管理机构。

在对证券市场实施监督管理的过程中，证监会具体履行下列职责。

（1）依法制定有关证券市场监督管理的规章、规则，并行使审批或核准权。

（2）依法对证券的发行、上市、交易、登记、存管、结算进行监督管理。

（3）依法对证券发行人、上市公司、证券交易所、证券公司、证券登记结算机构、证券投资基金管理公司、证券服务机构的证券业务活动进行监督管理。

（4）依法制定从事证券业务人员的资格标准和行为准则，并监督实施。

（5）依法监督、检查证券发行、上市和交易的信息公开情况。

（6）依法对证券业协会的活动进行指导和监督。

（7）依法对违反证券市场监督管理法律、行政法规的行为进行查处。

（8）履行法律、行政法规规定的其他职责。

证监会在依法履行职责时，有权采取以下措施：

（1）对证券发行人、证券公司、证券投资基金管理公司、证券服务机构、证券交易所、证券登记结算机构进行现场检查。

（2）进入涉嫌违法行为发生的场所调查取证。

（3）询问当事人和与被调查事件有关的单位和个人，要求其对与被调查事件有关的事项作出说明。

（4）查阅、复制与被调查事件有关的财产权登记、通讯记录等资料。

（5）查阅、复制当事人和与被调查事件有关的单位和个人的证券交易记录、登记过户记录、财务会计资料及其他相关文件和资料；对可能被转移、隐匿或者毁损的文件和资料予以封存。

（6）查询当事人和与被调查事件有关的单位和个人的资金账户、证券账户和银行账户；对有证据证明已经或者可能转移及隐匿违法资金、证券等涉案财产或者隐匿、伪造、毁损重要证据的，经国务院证券监督管理机构主要负责人批准，可以冻结或者查封。

（7）在调查操纵证券市场、内幕交易等重大证券违法行为时，经国务院证券监督管理机构主要负责人批准，可以限制被调查事件当事人的证券买卖，但限制期限不得超过15个交易日；案情复杂的，可以再延长15个交易日。

8. 投资人

有了证券发行人及设施齐全的交易市场和制度完善的监管机构等后，最后还要有投资者。股市投资者是指投入现金购买股票，以期获取利益或利润的自然人和法人。

从资金实力方面衡量，其大致可划分为两类。

（1）个人投资者。个人投资者的资金实力都较为有限，但根据所投多寡，又可细分为散户、中户、大户与超大户。

①散户：以业余股民为主，技术水平大多一般，可用资金常在数万元左右。

②中户：以半职业股民居多，他们除了拥有正式工作以外，股市投资也是其事业中的重要组成部分，可用资金常在数十万元左右。因为投入较多，在巨大的经济利益牵扯下，已不能再敷衍了，所以这些人大多具有较为系统的专业知识。

③大户：是以股市为生的职业炒家，技术水平就不用说了，可用资金常在百万元以上。

④超大户：可用资金常在数千万至上亿元之间，有些甚至间接或直接地参与坐庄。

个人投资者中的绝大多数都是市场趋势的跟随者，他们没有能力左右股价涨跌，因此刻苦学习投资技巧，提高看盘水平，熟练跟随庄家，变成了其在股市中长久生存下去的唯一途径。

（2）机构投资者。

机构投资者是指在金融市场中从事证券投资的法人机构。他们除了拥有雄厚的资金实力外，还拥有专业的投资团队。

这类特殊投资者主要包括保险公司、养老基金、投资基金、证券公司、银行及具合法身份的境外投资机构等。其资金额度大多分布在数十亿至数千亿元之间。

机构投资者是市场主要趋势的制造及推动者，有足够的能力操控股价涨跌。投资风格为重点把握宏观经济动向，深入研究上市公司基本面，选择具有战略潜力的上市企业。

四、新股民如何入市

1. 新股民如何办理开户手续

如果您想在股市中进行交易，就必须先到证券公司旗下的营业部或证券登记机构开立股票账户，这是投资者进入股市的通行证。

股票账户分为上海证券公司股票账户和深圳证券公司股票账户两种。持有前者，只能从事在上海证券交易所内上市股票的交易活动。持有后者，只能从事在深圳证券交易所内上市股票的交易活动。投资者可以根据需要，决定办理其中一种或两种。

绝大多数股民都是在其居住地附近的证券营业部办理开户手续的，具体步骤如下。

（1）携带本人身份证原件及身份证复印件前往所在地营业部。如本人不能亲自办理，可以委托他人代办，但被委托人需要携带《委托授权书》和本人身份证原件及身份证复印件。

（2）向工作人员出示本人身份证原件及复印件，并填写相关材料，办理沪、深两市证券账户。

（3）开立资金账户卡，设置交易密码和资金密码，开通交易委托方式，如网上委托、电话委托等。

（4）办理第三方存管，到预定或指定银行办理签约手续。

（5）完成开户手续，转入资金。

完成开户手续并转入资金后，深圳证券公司股票账户当日即可交易，上海证券公司股票账户需次日完成指定后方可交易。

2. 股市交易规则

（1）交易时间。沪深两市每年除去法定节假日外，大概有 250 个交易日，周一至周五开盘，每天具体的交易时间为上午 9：30—11：30，下午 1：00—3：00。

（2）交易单位。股票的最小交易单位为手。1 手等于 100 股，500 股就是 5 手。沪深两市规定，委托买入的数量必须是以 100 股为基础的整数或其整数倍，例如，200 股、500 股、1000 股。配股买入时则不受此规定限制，可根据实际配股数进行申报，如买入 251 股配股。卖出股票也不受该规定限制，比如某投资者拥有四川长虹 1000 股，可以分 358 股和 642 股两次卖出。

（3）报价单位。股票是以“股”为单位报价的。平时所说某股多少钱，就是指该股票 1 股的市价。比如，行情显示“深发展 A 30.23 元”，就表示“深发展 A”的现价为 30.23 元/股。股票交易委托价格的最小变动单位为人民币 0.01 元，即股票的计价单位只精确到“分”，比如，某股价格为 13 元 4 角 7 分。

3. 交易委托

（1）下单。因为买卖股票要委托具有会员资格的证券公司来完成，所以每笔操作都要向券商提供相应的买卖品种、数量、价格等信息，这就是所谓的下单。随着科技的进步，下单过程已由柜台前纸质委托单据的填写、提交，发展到今天在计算机里的电子输入。

（2）预埋单。交易当日的下单行为，除了按市价委托买卖外，还可以在涨跌幅度限制以内的价格上提前埋伏，等到股价涨到或跌到指定的价位后，委托单就会自动成交，这就是所谓的预埋单。预埋单的好处是可以提前布局，达到快人一步的先发效果，不过要求投资者能对当天的股价波动做出准确的判断，否则很可能会导致交易失败。

预埋单通常具有以下作用。

①有些股票开盘后可能涨得很快，预先提交买入预埋单，可避免因涨速过快而导致无法顺利买入带来的烦恼。同样，有些股票开盘后可能一路下跌，填写卖出预埋单，可提高成功出逃的几率。

②如果您对股价后期走势很有把握，但是开市后却没有时间操作，也可

以在开市前提交买卖预埋单，等开市后股价触及预期价位时，就会自动成交。

③大资金投资者可通过预埋单，将买卖单分成不同笔数，在不同价位上分批买入或卖出，这样做可以极大地提高和优化交易效率。

（3）撤单。是指投资者在委托单尚未成交之前，发现情况有变时，对先前的委托买卖行为做出撤销委托。

4. 交易制度

（1）T+1 交收制度。

“T+n”一般用于描述股市交易制度。其中，“T”是指交易当天，后面的数字代表天数。例如，“T+0”就是指交易当天，因为“0”代表没有天数，而“T+1”则表示交易日后的第一天，“T+2”是交易日后的第二天，“T+3”为交易日后的第三天，以此类推。

股票的交收是指其交割和资金收取。目前上海证券交易所与深圳证券交易所的股票交收实行的都是“T+1”制度。也就是说，投资者在当日买进的股票，需要等到下一个交易日，由电脑主机自动办理交割手续后才能卖出。

在提取现金时，由于所卖股票的交割手续是在第二个交易日才办理的，所以这笔钱在交易后的第二日并未正式划入出售者的资金账户。如果想从账户中提收现金，同样需等到卖出后的下一个交易日。

沪深两市对交易资金的使用，实行的却是“T+0”制度，就是说当日卖出股票后，虽然不能立即提取现金，但可以当即使用回账资金重新购买股票。

也许有人会问，上海和深圳证券交易所为什么不将股票交收期限设为“T+0”或“T+2”“T+3”呢？道理很简单，“T+0”周转速度过快，股民所承担的投资风险也会相应加大，而“T+2”“T+3”的周转速度缓慢，不利于市场繁荣。特别是在牛市和熊市期间，还会带有强烈的助涨或助跌作用。

大家可以试想一下，在单边上涨或下跌行情中，股民若要等上好几天才能完成一次股票交易，必然会担心出手不及时而错过行情的最佳节点，所以就会争相交易，这样很容易使涨跌走势趋向极端。

（2）涨跌停板制度。

涨跌停板制度源于国外早期的证券市场。管理层为了防止股票价格暴涨暴跌，引发过度投机，导致市场紊乱，于是对每只股票当天的价格涨跌幅度予以适当限制。通俗地说，就是以股票在前一个交易日的收盘价为基准，将其当天的最大波动范围限制在一个适当的百分比内，如有超出即停止交易。

我国证券市场现行的涨跌停板制度是在 1996 年 12 月 13 日发布，1996 年 12 月 26 日开始实施的。涨跌停板制度旨在保持市场稳定，保护投资者利益，进一步规范市场行为。

该制度规定：除新股上市首日、暂停上市的 ST 股扭亏复牌首日、个股资产重组完成后复牌首日等特殊情况，其他个股于当天一律设涨跌幅限制，以上一交易日的收盘价为参照，股价涨跌幅度不得超过 10%，ST 及 * ST 类股票涨跌幅度不得超过 5%，超过涨跌限价的委托视为无效委托。

在交易过程中，股价达到涨幅或跌幅限制时，即称为涨停和跌停。股价涨跌停后，股票并不是完全处于停止交易状态，涨停后仍可以继续卖出，跌停后也可继续买进，直到当日收市为止。

一般来说，涨停或跌停说明价格的单向运行势头非常强劲，因此在多数情况下分别具有助涨或助跌效果。例如，涨停后第二天股价可能会继续上涨，跌停后第二天股价则可能继续下跌。

5. 办理委托

（1）按委托的形式划分。

在沪深股市交易中，现在共有四种委托方式：书面委托、自助委托、电话委托和网上交易。

①书面委托。书面委托是指股民或其代理人亲自到证券公司营业柜台，用书面的形式向券商表达委托意愿。采用这种委托方式时，股民需要携带身份证、股东账户卡作为身份证明，并按要求填写委托单据，包括身份证号、股东账号、资金账号、买入或卖出股票名称、代码、数量、价格及委托期限和填报单据的时间等。

②自助委托。自助委托是股民借助券商的计算机键盘输入系统将其交易意愿呈报与券商。进行这种委托之前，股民须到券商处办理一个磁卡并设置

密码，以后就可凭借磁卡和设置的密码进行操作。在操作时，计算机的屏幕上都有菜单提示，股民可据此将自己的委托内容一步一步地键入自助委托系统。这种委托的特点是持有磁卡并掌握了密码的任何人，都可利用股民的股东账户和资金账户进行股票交易。只要输入的密码正确，券商就默认其具有委托交易的权力。所以办有自助委托的股民，一定要妥善保管好磁卡，谨防磁卡丢失和密码的泄露。

③电话委托。电话委托是股民通过电话系统将其交易意愿呈报与券商的一种委托方式。进行电话委托的股民，事先需和券商签订电话委托买卖协议并设置委托密码。履行了这些手续后，股民就可以借助一部双音频电话，通过设定的密码进入电话委托系统，根据语音提示进入人机对话，直接在电话机上下达股票交易指令。和电话机连接的电脑会自动检索每一条命令的合法性。股民的委托是否成交，也可通过电话系统来查询。

④网上交易。通过网络获取证券交易所实时行情并利用互联网把自己的委托交易指令传至证券公司营业部的交易方式称为股票网上交易。开通网上交易需要与证券公司签订《证券交易委托代理协议书》并勾选网上交易选项，然后证券公司工作人员即可帮你开通网上交易。网上交易需准备一台能上网的电脑及网络设备，然后在网上下载并安装网上交易软件，输入账号和密码，将关联的银行卡资金转入证券账户，即可进行网上委托交易。

（2）以委托人委托的价格条件划分。

①市价委托。市价委托就是按照场内挂出的买入或卖出价格进行交易，不限制成交价格。市价委托只指定交易数量而不给出具体的交易价格，但要求按该委托进入交易大厅或交易撮合系统时以市场上最好的价格进行交易。市价委托的好处在于能保证即时成交，在市况极具追涨和杀跌价值时特别有用，但是有时会风险很大。

②限价委托。限价委托是指股票交易中，股民对委托券商买卖的股票在价格上附加有限定条件。对于申买委托，其成交价格不得高于客户的报价。如股民以 10 元的价格申请买入某股票，券商就不能以 10.01 元的价格成交，否则视为无效，股民在确认时可不进行交割，而由券商承担一切后果。对于申卖委托，其成交价就不能低于股民的报价。

限价委托的最大特点是，股票买卖可按照投资者希望的价格或者更好的价格成交，有利于投资者实现预期投资计划，谋求最大利益。但是采用限价委托时，由于限价与市价间可能有一定的距离，故必须等市价与限价一致时才有可能成交。此时如果有市价委托出现，市价委托将优先成交。因此限价委托成交速度慢，有时甚至无法成交。在成交价格波动较大时，客户采用限价委托容易错失良机，遭受损失。目前，我国沪市和深市都采取限价委托方式，不可以市价委托交易。

（3）以委托人的委托期限划分。

①当日委托。即委托人的委托只在当日有效的委托。

②五日有效委托。五日有效委托即指开市第五日收盘时自动失效的委托。

③一月有效委托。一月有效委托即指每月末交易所最后一个营业日收时自动失效的委托。

④撤销前有效委托。指客户未通知撤销则始终有效的委托。产生此种委托的理论认为，有的客户深信市场长期发展的作用，因而无须计较暂时的得失，也不计较较长时间的等待。沪深两市现行规定的委托期为当天有效。

（4）以委托数量为标准划分。

以委托数量为标准，可将委托分为整数委托与零数委托两种。前者指委托的数量是交易所规定的成交单位或其倍数。股票交易中常用“手”作为标准单位。通常 100 股为一标准手。一标准手发股票一张；若是债券，则以 1000 元为一手。后者指委托的数量不足交易所规定的成交单位。

虽然证券商一般不接受不足一个成交单位的委托，但经纪人可将客户的零数委托转交给专门从事零数买卖的零数自营商。零数自营商一方面必须在交易厅内零星买进不足一个成交单位的股票，凑成整数股后转卖给佣金经纪人；另一方面又必须在交易厅内买进整数股，然后化整为零地转卖给需要不足一个成交单位的佣金经纪人。这样，零数自营商必须承担一定的风险。

（5）以委托性质划分。

以委托性质划分，委托可分为买进委托或卖出委托。前者指客户委托证券商买进某种证券，后者指客户委托证券商卖出某种证券。

6. 竞价成交

竞价是指通过市场运营机构组织交易的卖方或买方参与市场投标，以竞争方式确定交易量及价格的过程。股市中的竞价，则是买方或卖方为求尽快成交，在股票买卖价格、时间等方面展开的投标性竞争行为。

（1）竞价原则。

在股票交易过程中，如果有很多人买入或卖出同一只股票，那我们应该给谁做优先成交呢？通常，股票竞价是本着价格优先、时间优先的原则进行的。具体来说，就是价格较高的买进委托优先于价格较低买进委托成交，价格较低卖出委托优先于较高的卖出委托成交，相同价位的买卖委托，则按时间顺序优先成交。

（2）集合竞价。

集合竞价与连续竞价是股票买卖过程中的两种竞价方式。

集合竞价通常被使用在股市的开盘或收盘阶段，比如，在股市还没有正式开盘的时候，投资者根据市场前一天的收盘价及对价格走势的预测，事先输入一个自认为合理的买卖价格等待成交。在此期间，所有投资者输入计算机里的预定价格都是平等的，无须要按照价格优先和时间优先的交易原则确定成交，而是本着可撮合最大成交量的方式来确定最终的开盘价格。

集合竞价的结果必须满足以下三个条件。

✍撮合成交量最大化。

✍高于基准价格的买入申报和低于基准价格的卖出申报应全部成交。

✍在与基准价格相同的买卖双方中，只有一方的申报数量会全部成交。基准价格就是被最终确定的成交价格。

集合竞价的时间。上海证券交易所与深圳证券交易所的开盘竞价时间为上午9：15—9：25。其中，在9：15—9：20内，买卖双方可以参与竞价，也可以撤销竞价；但在9：20—9：25却只能参与，不得撤销；到9：25后，可以在交易软件上看到各种股票集合竞价的成交价格和数量。不过，有些个股会因买入者的出价低于卖出者的给价而不能成交，所以该股票的成交价一栏就会是空的。

此外，有时候某些公司因为要发布消息或召开股东大会而停止交易，其成交价一栏也会是空的；在9：25—9：30这5分钟时间内，交易主机可以接收买卖申报，也可以接收撤单申报，但不对买卖申报或撤销申报做出处理，待正式开盘后，所有发生于集合竞价时间内且未能成交的有效委托报单都将自动进入连续竞价。另外，深圳证券交易所在下午14：57—15：00实施收盘竞价，并且不接受参与竞价交易的撤销申报。

根据集合竞价的确定条件，我们在确定买卖后，参与集合竞价时，只需将交易价格输入得略高或略低一些，便可确保及时成交。

（3）连续竞价。

连续竞价是指对买卖申报逐笔连续撮合的竞价方式。在集合竞价结束后，证券交易所开始当天的正式交易，交易系统便按照价格优先、时间优先的原则，确定每笔证券交易的具体价格。

连续竞价的时间为：

上海证券交易所：上午9：30—11：30，下午13：00—15：00。

深圳证券交易所：上午9：30—11：30，下午13：00—14：57。

7. 清算、交割、过户

经常会在买卖股票过程中听到清算、交割、过户三个词汇，它们是每笔交易中必不可少的三个步骤。但是在交易电子化的今天，完成这些事项已不需要投资者去亲力亲为，而是全部交由电脑系统自动处理。

（1）清算。是指将场内投资者于当天买卖股票的数量与金额分别给以抵销，之后再通过证券交易所结算净差额股票或价款的一种程序。我们可以简单地理解为，一座商场在每天结业后的账目清点。

（2）交割。指卖方向买方支付股票，买方向卖方支付价款的过程。证券交易所清算部在每日闭市后，依据当日场内成交单记载各券商买卖各种证券的数量、价格，计算出他们应收、应付价款相抵后的净额，以及各种证券应收、应付相抵后的净额，然后编制出当日清算交割汇总表和各券商的清算交割表分送给清算交割人员。实际上，股票的清算与交割通常是一起完成的。有兴趣的投资者可以在交易后的第二天到证券营业部内的股票交割机前，打印出自己的交割单据，查看一下交易明细。

（3）过户。您以为付了钱后，股票就真的属于自己了吗？理论上不是这样，还需要与原股东办理过户手续。过户是指投资人办理变更股东名簿记载的活动，也就是将股票所有权转移的过程。随着交易的完成，当股票从卖方转给买方时，就表示原有股东拥有的权利已经转让给买方，新的股票持有者成为公司的新股东，老股东丧失了他卖出那部分股票所代表的权利，而新股东则获得了这部分股票所代表的权利。

8. 如何申购新股

（1）申购新股。

一般来说，新股的发行价和上市之后的市场价之间会存在不小的价差，并且是后者明显高于前者。通常，发行企业的发展前景及经营业绩越好，发行市盈率越低，其上市后的溢价幅度就越大。

例如，某绩优股的发行价格是10元钱，那么它上市首日的市场价有可能达到几十元钱。上述现象可令申购者在承担较小甚至是没有风险的情况下获得丰厚的利润回报，这也正是大批股民热衷于新股申购的原因所在。只有在极端恶劣的情况下，新股上市后的市场价才会跌破发行价。

目前上海证券交易所和深圳证券交易所都采用网上公开发行的方式发行新股，这对所有投资者来说都有获中机会。申购者应在申购前仔细阅读招股说明书和发行公告，了解这家公司和有关发行方面的具体情况及申购日期、申购代码等。

待申购日期到来时，只需打开交易账户，和平时买入股票一样输入新股申购代码，交易系统会自动提示您的可用资金以及可以申购的具体股数。按规定，上海证券交易所的申购下限是1000股，深圳证券交易所的则是500股，所以申购数量必须是1000股和500股或其整数倍。

根据两地市场不同，每1000股或500股为一个“配号”。每个账户只能申购一次，如多次进行委托，也只有第一次有效。所有申购者的“配号”由计算机统一进行摇号抽签，最后确定中签者名单。申购新股不收取手续费。申购时间为上午 9：30—下午 3：00。申购后不能撤单。

（2）申购过程。

申购新股的最大缺点是浪费时间，因为它施行的是“T+4”制度。如果我们在申购日当天参与，申购资金要在第 4 天才能冻结。

申购新股的具体过程如下。

①新股配号（T+1 日）。

申购日后的第一天（T+1 日），交易所根据有效申购总量进行“配号”。每一中签号码认购一个申购单位的新股。

②新股中签（T+2 日）。

申购日后的第二天（T+2 日），根据总配号，由主承销商主持摇号抽签并确认中签率，之后在指定媒体上公布中签号码。每一个中签号可以认购 1000 股或 500 股新股。如果有效申购量小于或等于本次网上发行量，则不需要进行摇号抽签，所有配号都是中签号码，投资者按有效申购量认购股票。但是一般情况下申购数量都会远大于发行量。

③资金解冻（T+3 日）。

申购日后的第三天（T+3 日）公布中签号，对未中签部分的申购款进行解冻。申购未中签的资金将在申购日后的第四个工作日自动返还到申购者的资金账户上。

④资金到账（T+4 日）。

申购日后的第四天（T+4 日），未中签的资金到账。

申购结束后，投资者可以在证监会指定的报刊或相关网站上查询由主承销商刊登的中签号码。如果自己“配号”的后几位与其相同，则为中签。另外，也可在 T+4 日申购资金到账日查看自己账户，以确定自己是否申购成功。

9. 交易费用的收取

按规定，在进行每一笔股票交易时，都要缴纳相应的服务费用。

首先，您所在的证券公司会向您收取佣金。通常各地券商的收费标准会略有不同，但都在3‰以下。投资者也可根据自己的资金多少与所在地的券商营业部进行磋商。

其次，还要缴纳3‰的印花税，这属于国家收取的税收。

第三，上海证券交易所每成交1000股股票还要收取1元钱的过户费，不足1元时按1元收取；深圳证券交易所不收取过户费。

另外，上海证券交易所对投资者所做的每笔委托要收取5元钱的委托费，深圳证券交易所不收取委托费。

五、股市常用术语

牛市：股市行情长期看涨，前景乐观，交易活跃。

熊市：股市行情长期看跌，前景向坏，交易沉闷。

猴市：股市行情上蹿下跳，极不稳定。

开盘价：股票当天的第一笔成交价格。

收盘价：股票当天的最后一笔成交价格。

最高价：股票当天的最高成交价格。

最低价：股票当天的最低成交价格。

成交量：股票的成交数量。

整理：股价在连续涨跌过程中所形成的窄幅震荡走势。

盘坚：股价缓慢而有力地上涨。

盘软：股价缓慢而无力地下跌。

庄家：拥有巨额资金并能左右股价涨跌的幕后操手。

回挡：股价在上涨过程中，因涨速过快而出现的暂时性回调行为。

反弹：股价在下跌行情中，因跌速太快而出现的暂时性回升行为。

洗盘：庄家为从中渔利而故意向下杀低股价，诱骗股民抛出筹码的行为。

套牢：预期股价将上涨，不料买进后却下跌，进而把投资者困在其中。

解套：投资者被套的股票恢复到了买入时的价位。

割肉：在处于亏损的情况下卖出股票。

补仓：投资者被套牢后，为摊低持股成本而采取的买入行为。

抄底：投资者认为股价已跌到最低点并预期即将回升，进而实施的买入行为。

建仓：买入股票。

出货：卖出股票。

黑马股：价格可在短期内快速大幅上涨的股票。

牛股：价格可在较长时期内连续不断向上攀升的股票。

利空：能够造成股价下跌的不利因素和消息。

利多：能够刺激股价上涨的有利因素和消息。

多头：也称多方，看好股票的后市行情并积极买进的投资者。

空头：也称空方，看淡股票的后市行情并积极卖出的投资者。

看多：看好后市行情。

看空：看淡后市行情。

多翻空：原本看好行情的多头，后来改变了看法并反手卖出。

空翻多：原本看淡行情的空头，后来改变了看法并出手买入。

死多：本来看好后市，可买入后股价却下跌，但还是坚定看多并死捂不放。

坐轿子：是股市上一种哄抬操纵股价的投机交易行为。投机者预计将有利多或利空信息公布，股价会随之大涨或大落，于是立即买进或卖出股票。等到信息公布，人们大量抢买或抢卖，使股价呈现大涨或大落的局面，这时投机者再卖出或买进股票以获取厚利。先买后卖为坐多头轿子，先卖后买称为坐空头轿子。

抬轿子：指利多或利空信息公布后，预计股价将会大起或大落，立刻抢买或抢卖股票的行为。抢利多信息买进股票的行为称为抬多头轿子，抢利空信息卖出股票的行为称为抬空头轿子。

第二章　投资心理与心态

投资者若想在股市中长久生存下去并获得最终成功，需具备两样必不可少的因素：一，良好的心理素质与投资心态；二，过硬的看盘水平和操盘技术。

有人说，“获得成功就是战胜自己”，这句话用在股民身上十分贴切。比如，您会因股价处于技术低位而无意买进，但当它涨至极限时却又满怀期待。您认为安全可靠的个股实则日日下跌，而被套牢已久的那只却一抛就涨。股市运行仿佛是专门根据人类的性格弱点设计出来的，其每一次跳动都会精确无误地踩到我们的性格缺陷上。

一、新股民常见的 10 种弱势心态

1. 贪婪和恐惧

贪婪和恐惧是人类与生俱来的性格弱点，它会促成许多股市悲剧的发生。

例如，在个股或股市处于上涨峰顶时，在贪婪心理及赚钱效应的驱使下，多半股民会做出疯狂抢购乃至投入毕生积蓄的傻事，其后果必将是血本无归。

当个股或股市经长期走低，面临最后一跌时，又有许多投资者在浓重做空气氛的压迫下产生心理恐惧，惶恐的心态让他们将手中套牢已深的廉价筹

码抛出，之后再没有低价买回的机会。

贪婪和恐惧总令投资者做出与市场走势相反的投资行为，令股民们不断重复追涨杀跌的噩梦。

2. 集体安全感

人类的心理活动十分奇怪，有时候一个人不敢去做的事儿，两个人就敢去做。两人不敢去做的事儿，三个人就敢去做……总之，人一多胆子就随之变大了，反正要死大家一起死。

正是这种“集体安全感”的存在，才使股民有了不论对错，只要参与的人多就盲目参与的习惯。例如，某股民本来对某股票心存忌惮，但看到大家都在买进，便也壮了胆子跟着去买。相反，原本不想卖出的人，看见大家都在抛售，他就害怕起来，于是也跟着争相卖出。

然而无论在任何行业中，成功都只属于少数人！出于集体安全考虑所做出的盲目跟风行为，会使股民在不自觉中放弃原则，而随波逐流只会让人输得一败涂地。

3. 情绪极端化

投资者避免盲从的最好办法是控制自己的情绪，但人类的情绪又非常容易受到周围气氛的感染。20 世纪初，曾有位法国心理学家在他的一本著作中写道：“当一群人聚焦在一起时，大家的个人意志会逐渐消失，取而代之的是一个整体的情绪和意见。他们的想法会受其他人影响而出现偏差，且想像多于实际，又毫无逻辑，分不开主观和客观，用意象去看事物。一个在个人独处时有着翩翩风度的君子，在人群中可能变得冷酷、狂热、激进、迷失，甚至变得非常残忍。”

同理，一些平时十分理智、镇定的投资者，在每逢市场行情波动，尤其是受到其他股民情绪干扰时，很可能会被恐惧所吞噬，或被利益所吸引，不是在最低点卖出，就是在最高点买入，做出与事实截然相反的傻事。

在股市风浪来袭之际，投资者一定要努力控制好个人情绪，不要令自己过分冲动。

4. 总是一厢情愿

股市中有句名言，“市场永远是正确的”。股票的价格走势瞬息万变，我们是普通投资者，只能预测并跟随市场，但不能左右市场。当市场走势与我们的预料结果相悖时，就应及时认错且修正观点，千万不可与它作对，更不能盲目坚持，那样只会受伤更深。从某种意义上讲，“成功的交易是没有预期的操作”。

有些固执的人却偏不这样想，依旧是一副胸有成竹的样子，因为他们在买卖股票之前，已在心中确定了“目标价位”。当实际走势与心理预期间出现偏差后，即主观地认定自己的判断是正确的，并确信市场经过反复后，一定会如他所愿。

事实上，一厢情愿的做法不是令其错失低买良机，就是让到手的利润回吐出去。

5. 梦想一夜暴富

快发财、发大财是每个投资者的梦想，并且所有股民在进入股市之前都怀有这种憧憬。可踏进股市大门后会发现，此处确实有牛市，可熊市存在的时间更久；此处的确有黑马股，但所占比例少得可怜。这是一个风险远大于机遇的投机市场，一夜暴富只是偶然现象。

炒股票是一项高风险性的投资行为，在操作过程中，千万要学会忍耐和等待。人若着急更容易出错，特别是在经济利益的驱动下。

农民种地每个月才收入几百元，工人做工也不过几千元，但最终都会积少成多，投资者也应该将股市投资作为一项长期事业来完成！

6. 一朝被蛇咬，十年怕井绳

在股市中赔钱是很正常的事情，因为这里的风险本就大于机会。但是很多人会在接连失手后产生畏惧心理，不敢再买入股票。实际上这种做法并不可取。俗话说，“敌人是弹簧，你弱它就强”。心里越害怕，就越不敢面对机会。

正确的操作方法是要学会止损。比如，我们把每次亏损的额度都限制在5%以内，并在实践与学习中逐步提高自己。将来只要抓住一次机会便可翻本，甚至获得丰厚的回报。

7. 最忌举棋不定

犹豫不决，举棋不定，也是炒股的大忌。在股价由底部上涨时，你总抱着怀疑的态度等等看，结果错失良机。相反，当它自高位下跌时，你又心存侥幸继续等等看，最终遭到亏损。

错又算得了什么呢！即使真的错了，可以及时认错，还有补救的余地。就怕思来想去，最后连补救的机会都没有了。

8. 过分追求完美

每个投资者都想在行情的最低点买入，在最高点卖出。事实上，没几个人能做到这样。即使做到了，大多也只是凭借运气。

过分追求完美的人，在买进股票时，会期待价格最低点的出现，但是股价的绝对低点在事实发生前是很难确定的。于是他们一等再等，等到股价反转仍不肯死心，又等到价格进一步上涨，最终只得追高买进。

卖出去的时候也是一样，非要在最高处了结，结果却等到行情下跌，又等至进一步下跌，最终白白损失了一大截利润。

历来股价趋势的最低点与最高点都是可遇不可求的，也不可能操作得那么精确。只要能在次低点买入，次高点卖出，把握住行情发展的主要趋势就已经很了不起了。

9. 回避与报复

假设我们买到一只可能大幅上涨的潜力股，但却没能捂住，而是在其价格略涨后即获利了结了。此后它却一再表现，这时我们已经意识到自己卖错了、卖早了，但是出于心理作用，羞于重新面对并刻意回避该股，最终白白地放跑牛股。

相反，若是遇到了曾将自己套牢并割肉的股票时，也会觉得很不甘心，总想找机会报复，把先前的损失再从它身上捞回来，于是不断地摊低买入，结果令自己身处被动之中。

股市中有句谚语叫“强者恒强”，意思是说股价趋势一旦进入上涨通道，其走强势头就再难抑制。同理，“弱者也会恒弱”，因为价格趋势进入下降通道，便会不断地向下寻求支撑。因此，持有回避与报复心态去炒股，只会一错再错。

10. 不可盲目自信

通常，新股民在进入股市之前都自认为很聪明，可以把握住行情的低点和高峰，但入市后才发现根本不是那么回事儿。旁观与实践完全是两个概念，能做到不在实盘操作过程中高买低卖就已是万幸了。

此外，不少经验丰富的老股民也有盲目自信的通病，或对自己的预期目标过于执着，或在熊市里逆势操作。国内外证券市场中曾声名显赫的很多大炒家，最终都毁于过分自负。

切记，股市行情飘忽不定，什么情况都有可能发生。任何时候都要给自己的操盘计划留有余地。

二、炒股三种错误的心态

股市中为什么多数人亏损？这是因为进入股市就受到了不正确的教育，产生了错误的思维方式。这种错误的思维让广大中小散户年年亏钱，年年成为套牢族。这里先为大家“洗洗脑“，让大家抛弃原有的错误思维方式，以新的思维方式进入股市，以期赢得最大的收益。

1. 专买底部股

买卖股票的第一步就是选股，可股票该怎么选呢？你可能会说：炒股票就是高抛低吸，不追已涨得很多的股票，低吸高抛，买底部股。但这个底到底在哪里呢？

记得有一位刚入市不久的朋友，发现有一只股票从 10 元跌到 6 元，认为这只股票已经跌了将近一半，是底部了，便大胆买入。一个月后，这只股票又跌了 4 元多钱。这位朋友想，这回应该是底部了，于是又筹集资金进行补仓，没想到还没到一个月，这只股票又跌去 1 元多。到了这种情况，这位朋友心里就没底了，害怕这只股票继续跌下去，于是在 3 元附近忍痛割肉出局。

这其实就是许多散户朋友“抄底”后果的真实写照。底部很少是你所能想象到的价位。试想，如果多数人能够看到这个底部，那么庄家到哪里去收集便宜的筹码呢？

记住，千万别去买便宜的东西，市场上没便宜可占。如果有便宜，你也得付出一点儿代价，最典型的就是时间。

日常闲谈中，常听到一些朋友被套长达两三年时间，甚至更长。但大家进入股市是来炒股赚钱的，不是来做长线投资的。进入股市，就要想着赚钱，想着最大限度地提高资金使用效率。

有人说，低吸我拿不准，高抛总归没错吧？从字意上来说是正确的。但在实际操作中，有几个散户朋友能够享受坐轿的乐趣，真正抛在高处？

2. 只买放量的股票

一只股票其实只有两个阶段是明显放量的，一是在庄家进货阶段，二是在出货阶段。

进货阶段，庄家的操作其实是非常隐蔽的。他可能在破位下行中放量进货，这是一般人最不容易把握的阶段。试想，如果人人都发现庄家正在吸货，那么这个庄家还能收集到便宜的筹码吗？更别谈炒作了。

既然进货阶段不好把握，那么一旦买入出货阶段放量的股票，不就是自投罗网吗？

3. 专炒消息股

有些股民朋友专门收集打听所谓的内幕消息，然后根据内幕消息进行操作。也就是说，对于炒股来说，消息的重要性大于股票的重要性。这个观点并不一定可靠。

这里要说的不是不重视消息的价值，但绝大多数人得到的消息都是不全面的或过时的，因为与董事会成员或操盘手有密切联系的人毕竟是少数。

庄家炒作一只股票，不仅仅是受一个消息或一个因素影响，而是受多种因素的影响。炒股票重要的是顺其势，不是消息，更不是基本面。

三、四个炒股心理分析技巧

在投资前，在冷静的状态下分析所得的结果必定比较客观。其实，投资股票的最高境界就是“手中有股票，心中无股价”。以下提供几个心理面的分析技巧，供各位投资者参考。

1. 不要追逐热门股

一般散户追涨热门股，通常最后的命运就是住进“套房”。不管在多头市场或是空头市场，不同的时期股市都会有所谓的“热门股”，也就是短线题材丰富、涨势迅速的股票。一般投资者喜欢跟随大家追逐热门股，原因是一买就涨，股性活泼。实在很难抵御诱惑。

这种热门股有一个重要的特征，就是各家分析师大肆吹捧，电视媒体不断报道。正由于许多人不停地追逐，让股价真的在短期内如大家所愿不断上涨。其实，翻看该股基本面，可能股价已经脱离合理区很远。这种将风险抛诸脑后，将目光锁定短线利润的做法，无疑是一种赌博。别忘了“十赌九输”。

对于市场中大家熟知的热门股，当作指标股看待就好。如果要买，就买一手当作试盘、盯盘的工具。不要抱着短线的心态操作热门股，因为什么时候走势会反转，市场中没有人知道。

对于热门股这种超高的投资标的，买入后短期或许有些利润，但一旦走势反转，带来的损失恐怕一般投资者无法承受。不要以为你的运气永远那么好，总是能够买到跌停，卖在涨停。

2. 不要听小道消息

如果你的买卖操作都是根据别人传递的消息，这样的投资方法是不明智的。股票市场各种消息、谣言满天飞，投资者到底要听谁的？

2006 年底，油价由高点每桶原油 76 美元、77 美元，大幅滑落至 50 美元附近。这时有人说，油价还会再跌。也有人说，短期回跌至此已经修正完毕，很快就会涨势再起。这样的消息，也曾让很多股票涨涨跌跌，一般投资者的心情也会随着它的股价上上下下。在这种情况下，投资者还如何做出理性决策？

所谓的“内线消息”，听来总是十分诱人，但有多少人分析过它的“可信度”呢？又有多少人质疑消息是如何得来的？当你听到这种消息，不妨问问自己：“他是如何得到这个消息的？”在确定资讯的正确性后，再来拟定交易策略也不迟。

股票本来就是一个高风险高回报的投资工具，即使经过专家分析，仔细研究基本面、技术面与筹码面结构，都不能有效避免各种投资风险，更何况没有任何依据的“明牌”。依据消息炒股，肯定是报酬有限，风险无穷。

在此奉劝投资者，市场疯炒的股票最好不要买，除非你就是主力作手。即使开始你真的赚了一些小钱，但只要最后一次不小心，就会把你之前所有的获利回吐出去，甚至逆向套牢。

市场大肆炒作的股票，通常主力作手与大股东都会介入。大股东不固守本业，却转过头来介入股价炒作，能说明他们是好的经营者吗？从稳健的角度考虑，这种股票不值得长期投资。就算是短线介入，聪明的散户恐怕也斗不过大股东吧。

3. 远离盘面

成功的投资者大部分是不看盘的。投资大师沃伦·巴菲特擅长投资股票，但他从来不看盘，反而常常在街上闲晃。彼得·林奇也是这样，他大部分时间都花在访问上市公司，寻找未来的产业明星。

远离盘面可以减少许多不必要的心理干扰，尤其是在股价大涨或大跌时，这种情绪冲击更大，决策非常容易受到影响。原先做出的决策，可能就在转眼间全部翻盘，这样临时做出的决定，通常基于错误的判断。

远离盘面，就是希望投资者不要受到短线影响，否则每天受到股价波动影响，投资会变成很痛苦的事情。所以远离盘面，是避免短线震荡的最好选择。

4. 当众人受市场情绪影响时，逆向操作

所谓“逆向操作”，就是当股价大跌，大多数投资者因为心生恐惧不敢投

资时大胆买进，或是当股价大涨，投资者因为心生贪婪勇于抢进时果断卖出。

逆向操作之所以有效，理由很简单。如果市场中大多数人看好上涨趋势，此时进场投资的人早已因为一致看好而大量买进，造成超买现象。想进场的人都已经在市场内了，能推升股价的动能所剩无几，反而造成潜在性的供给大于需求，这时只要出现利空，股价必定会迅速跌回。

反之，如果大多数投资者都认为股价会继续下跌，此时市场中的人早已因为看坏走势而大量卖出，造成超卖现象。此时卖出股票的人都已经离开市场，所以卖压变小，潜在性的需求大于供给，只要利多出现，股价必然会迅速拉升。此时就算市场上还有利空不断放出，也会被解读为“利空出尽”。

四、六招让你调整好炒股心态

1. 操作前要做认真细致的准备

有些投资者操作十分草率，在还不了解某只股票的情况下，仅仅是因为看到股评推荐或亲友的劝说，在无法确认内幕消息可信性的前提下就贸然买入。

买入之后，心态往往会受股价涨跌的影响而起伏不定，股价稍有异动，就会感到恐惧。

尽可能多地了解选中个股的各种情况，精心做好操作的前期准备工作，是克服恐惧的有效方法。

2. 操作中要有完善的资金管理计划

合理控制仓位结构，不要轻易满仓或空仓。如果投资者的投资组合中品种过于单一，就会加重个人持股的非系统风险，投资者的心态也会因此变得非常不稳定。

如果投资者的仓位结构不合理，比如仓位达到100%满仓或100%空仓时，最容易出现恐慌心理。

3. 培养冷静乐观的投资态度

任何股市都有涨有跌，不要说股市的天不会塌下来，即使股市真的遇到某种不确定因素，出现悲剧性的股灾时，恐惧又有什么用。

在暴跌行情中，重要的是冷静。只有冷静才能审时度势，采用合理的操作手段，将损失减少到最低限度。

乐观如同一根针，能轻而易举地刺破不断膨胀的恐惧气球，使自己快速恢复到冷静的状态中。

4. 要树立稳健灵活的投资风格

如果投资者的投资风格是倾向于长期投资，选股时要重点选择那些有长期投资价值的蓝筹类个股。买入这类个股，在遇到股价出现异动时，往往不容易产生恐惧。

相反，那些致力于短线投机炒作的投资者，心理往往会随着股价的波动而跌宕起伏。特别是重仓参与短线操作时，获取利润的速度很快，但判断失误时造成的亏损也会很巨大。

投资者要适当控制投资与投机的比例，保持稳健灵活的投资风格，这将有助于克服恐惧心理。

5. 学会坚持和忍耐

当大盘临近底部区域时，投资者对于市场中出现的一些非理性下跌声音，要采取容忍的态度。

历史规律表明，真正能让投资者感到恐惧的暴跌行情，一般持续的时间都不会太长，并且能很快形成阶段性底部。所以越是在这种时候，投资者越是要耐心等待。

6. 要提高自己的趋势判断能力

容易产生恐慌心理的投资者，一般都对行情的研判能力比较弱，对大盘的未来发展趋势感到心里没底。

如果能够提高自己的趋势判断能力，对行情走向及性质有大致的了解，将有助于克服恐慌心理。

第三章　基本分析

投资者对股市的研判可分为基本分析和技术分析两大类。基本分析是从经济、政治、行业、企业财务等多方位的基本现状对股价走势做出预测，它是除技术分析以外最常用的分析手段。

一、宏观基本面分析

1. 经济周期与股价走势

人们常说“股市是国民经济的晴雨表”。没错，它的确是国家经济发展阶段与水平的缩影。但从根本上讲，国民经济的兴衰交替决定了股市大级别牛熊行情的周期性转换。

通常经济运行周期可以分为复苏、繁荣、衰退和危机四个阶段，它们会分别引发股市的连锁反应。

（1）复苏期。宏观经济在经过最低谷的挣扎后出现了复苏迹象，这时上市公司生产的产品也会渐渐打开销路。这样一来，企业的收入就会增加，并能给股东分发一定的股息和红利了。投资者慢慢觉得持有股票可能会有不错的收益，便纷纷购买，进而促使股价不断回升，市场开始走牛。

（2）繁荣期。当经济由复苏发展到繁荣阶段时，社会消费能力进一步提高。随着企业产品的需求量不断扩大，产销两旺的火热局面促使公司盈利大增，这让股息、红利进一步提高，人们也对股市表现出了前所未有的热情，于是便大量地疯狂买进。自然地，这时股价也会由经济复苏时的低点上涨至最高点。

（3）衰退期。物极必反，当国民经济经过繁荣阶段的疯长后开始逐步衰退，社会购买能力也随之削弱。同时企业产品出现了滞销现象，进而促使企业减产，公司利润下降，接着又导致股息、红利分配减少。持股者见势不妙，便纷纷抛售，结果促使股市持续下跌。

（4）危机期。当经济状况由衰退蔓延到危机时刻时，整个国民经济已经处于瘫痪状态中，企业纷纷亏损，甚至倒闭。持股者因对形势判断过于悲观，纷纷卖出手中筹码。整个股市一跌再跌，市场气氛处于迷茫与绝望之中。

从理论上来说，国民经济由复苏到繁荣，是股市经历牛市的过程；反之，由衰退到危机，是股市经历熊市的过程。事实上，股市的运行总要快过国民经济一步。因为国民经济是实体经济，发展变化总要有一个较为缓慢的过程；股市则是虚拟经济，具有一定的预见性，所以会立竿见影。因此往往在国民经济触底回升之前，股市已经率先走强。在国民经济过热还未滑坡时，股市会领先下跌。

2. 政经决策与股价走势

通常，熊市与牛市的形成条件相差许多。形成熊市似乎不需要什么理由，只要股市涨得过久、过高，自然就会下跌。

后者就不一样了，必须要有成熟的技术条件和足够的利好刺激才行。因为股价上涨比下跌需要耗费更多的能量。有人说国内股市是政策市或资金推动的市场，这话没错。纵观 A 股市场历年来形成的大级别上涨行情，无一不是在管理层的各项重大政治与经济利好决策带动下形成的。因此只要把握住高层重大政经决策，就等于把握住了股市行情的涨跌转机。

例如，从 2001 年 7 月开始，国内股市便一路下跌。在其将近 4 年的走熊过程中，上证指数由当初的 2245 点跌至 2005 年 6 月的 998 点，期间盘中个股的表现可以说是惨不忍睹，很多个股下跌幅度已超过了80%。

如果按照价值投资的标准来衡量，当下股市早就具备了大幅上涨的基础条件。不过，在现实中还须有重大利好政策来引导场外大规模资金集体入市才行。恰巧在2005年中旬，股权分置改革办法开始落实，这也意味着股市中的每位持股者将陆续获得30%左右的股权红利。

此项重大政经决策一经公布，便立即吸引大批场外资金踊跃入市，直接促成股市行情由跌转升。此后上证指数由最低时的998点，一路升至两年后的6124点，形成了中国股市有史以来最大规模的牛市行情。

虽说熊市的形成不需要借助太多外力，但重大的利空消息会让本已摇摇欲坠的股市雪上加霜。2008年全球性金融危机爆发，使本就见了顶的上证指数在其后一年左右的时间里，便迅速从6124点跌至1664点，下跌场景惨烈。

随后，我国政府为保持经济稳定增长，推出了4万亿的经济刺激政策，并在2009年初由银行每月放贷1万亿，共持续4个月。由于这笔巨额场外资金有相当比例流入股市，在此政策利好的刺激下，上证指数于该年内转而上升了一倍有余。

3. 通货膨胀与股价走势

简单来说，通货膨胀就是货币贬值了。它与大盘指数一样，可以通过曲线表现在走势图中，并与经济增长保持同步运行。一般来说，经济增长加快，通货膨胀也会随之增长；反之，则要相应减小。

透过通货膨胀率可以看到很多现实的经济问题，乃至影响到一个国家制定相关的政策。当今，许多经济学者认为，适当的通货膨胀可以促进经济发展，有利于经济繁荣。但它与经济增长又是一对天生的矛盾体，如果通货膨胀太严重，又会危害到经济增长。

例如，人们原来用1000元钱就可维持1个月的生活，出现通货膨胀后，可能2000元都不够用了，这时便会在人们的意识中产生危机和恐慌。政府为了维护社会稳定，势必又采取相应的抑制措施，如资金回笼等紧缩性货币政策，但这会在一定程度上制约经济发展。

从股市方面来看，适当的通货膨胀可以促进流通领域的资金涌入股市，从而推动股市走向繁荣。但通货膨胀后的通货紧缩，又会令社会上的流动资金逐渐变少，进而导致无论企业或个人都舍不得消费，投资机构很难再向银行借贷，大笔资金流出股市，所以股市行情也因此萧条。但从长远上看，这倒是逢低吸筹的大好机会，因为经济状况迟早会出现转机，到时候还会有大量的资金流入股市，推动股价上涨。

4. 银行利率与股价走势

一般来说，政府会在国民经济发展的不同阶段制定出相应的利率政策，以调控宏观经济发展。通常，在整个经济处于萧条和衰退期时，政府部门为刺激经济复苏，会有意降低银行存款利率，以引导储蓄资金流向企业生产及社会建设领域。当经济发展过快，通货膨胀率增高时，为了防止经济过热和抑制通货膨胀，又会用调高银行利率的方式来加快资金回流。

多数情况下，股市涨跌是与银行利率成负相关的：利率提高，对股市来讲是利空；利率降低，对股市来说是利好。因为炒股毕竟是高风险投资行为，当银行利率升高后，必定会有一部分稳健型投资者为了获取毫无风险的利息收益而放弃股市，将资金转存银行。相反，当银行利率降低后，也会有一部分人会因存款利息减少而选择进入股市。

5. 国债发行与股价走势

国债是一个国家中央财政部门代表中央政府发行的国家公债，其目的是弥补财政收支缺口。但随着商品经济的发展和信用体系的建立健全，其已不仅仅是筹资手段，还成为政府部门进行资金流量管理和调控社会货币流量的有力杠杆。

由于流通领域中的投资资金总量是有限的，所以当股市走牛时，债市里的资金就会流向股市。当债市红火时，股市里的资金又会流回债市。两个市场间的关系就如同跷跷板一样，你上我下交替运行。

国债的优点是既有收益性又有安全性，是稳健型投资者的首选。国内的新债发行大多在每年的四五月份进行，届时将分流部分股市资金。如股指也恰好在此时间段走熊或见顶，则应考虑中长线撤出。

但从更深层的角度来说，国债发行已经成为政府部门调控社会资金流量的重要工具，其发行数量的多少，可反映出当时社会经济发展状况和通货膨胀水平高低等宏观经济基本面的态势。若当年的发行数量较多，则表明国家正在加大力度调控过热的经济，对股市而言是利空；反之，就是利好。

二、上市公司分析

1. 上市公司行业分析

行业是指具有相同或相近性质的企业群体，并且它们所生产的产品都具有较强的关联性和可替代性。当宏观经济开始复苏时，并非所有行业都会迎来新一轮的大发展，其中大部分只是经营状况有所改善而已。只有少数符合时代节拍的新兴行业可进入高速增长期，这就是我们所说的夕阳产业与朝阳产业之别。

例如，100 多年前，美国的铁路事业得到了迅猛的发展，因此它成为当时的朝阳行业，铁路股也同时不断走牛。后来，随着科技的进步，航空运输业又迅速崛起，并且更具竞争力，因此铁路行业没落成夕阳产业，而航空运输业则变为新的朝阳产业。

此外，上个世纪末期，互联网行业的迅速兴起，几乎替代了传统的平面媒体产业，与此同时也爆发了一场世界范围的网络科技股行情。

随着社会的进步，会有越来越多的传统行业沦落为夕阳产业。老旧的上市公司即便业绩再好，也仅是在维持而已，很难再有强劲的上涨潜力，取而代之的则是处于高速成长阶段的朝阳产业。

投资者在选择上市公司行业的时候，一定要擦亮眼睛，挖掘那些符合时代潮流的高增长行业。例如，当前的环保、新能源、物流行业等，都有可能成为新时代的朝阳产业。

2. 上市公司的成长周期

企业从成立到倒闭的发展过程，通常可以划分为初创阶段、成长阶段、成熟阶段和衰退阶段四个不同时期。对股民而言，其中每个阶段都对应着不同的操作策略。

（1）初创阶段。公司刚刚成立不久，需要大量资金用于购买生产办公设备，进行产品研发，并且企业产品的销售渠道与销售份额都十分有限，所以这一时期的财务账目大多处于亏损或微利状态。因此多数处于初创阶段的上市公司仅适合于投机而不是投资。后续发展就看它能否挺过这一关了，否则将面临倒闭风险。不过这一时期的公司股价往往偏低，怎样选择就看您的眼光了。风险和收益总是并存的。

（2）成长阶段。经过不懈的产品宣传和渠道扩张后，企业已经立稳脚跟并开始稳步盈利，并且在行业内也具有了一定的竞争实力。随着市场口碑的确立以及新产品不断问世，市场上对该公司产品的需求量也越来越大。企业将部分利润投入到扩大再生产及新品研发中，并由此步入高增长的良性循环轨道。

当企业步入成长阶段后，可以对其进行长线投资，以分享企业高速增长带来的利润回报。有些行业或企业的成长阶段可长达数十年之久，因此有人说“买股票就是买公司”。

（3）成熟阶段。到了这一阶段，企业在本行业内已具有了相当的地位，产品销售与研发都到达了鼎盛时期，市场需求情况逐渐达到饱和状态，生产规模已没必要再继续扩大，只能靠提高产品质量和维护良好信誉，将销售额维持在一个稳定的水平。

一般来说，经历过成熟阶段后的企业，都很难获得进一步的发展，甚至会走下坡路。公司的股票价格大多会跟随股市趋势及宏观经济形势的波动而波动。

(4) 衰退阶段。随着科学技术水平的不断进步，市场上已有更为先进的产品逐渐顶替了该公司产品。公司原有产品的市场需求量也在逐步减少，企业的经济效益变得越来越差，大量设备闲置，没法为员工开出工资，直到亏损倒闭。

处于衰退阶段的上市公司股票，一般是很难再于二级市场上有所表现的，甚至面临着被摘牌的风险。投资者应尽量回避此类上市公司发行的股票。

3. 公司竞争地位分析

欲投资的公司在本行业中的竞争地位，是公司基本素质分析的首要内容。市场经济规律就是优胜劣汰，在本行业中无竞争优势的企业，注定要随着时间的推移逐渐萎缩乃至消亡。

只有确立了竞争优势，并且不断地通过技术更新和加强管理来保持这种竞争优势的企业，才有长期存在并发展壮大的机会。也只有这样的企业，才有长期投资的价值。

(1) 技术水平。

决定公司竞争地位的首要因素在于公司的技术水平。对公司技术水平高低的评价，可以分为硬件部分和软件部分两类。硬件部分如机械设备，单机或成套设备；软件部分如生产工艺技术、工业产权、专利设备制造技术和经营管理技术。

在考察一家企业时，要看该企业具备什么样的生产能力，达到什么样的生产规模，企业扩大再生产的能力如何，企业能创造多少经济效益等。

另外，如果企业拥有较多的掌握技术的高级工程师、专业技术人员等，那么企业就能生产质优价廉、适销对路的产品，企业就会有很强的市场竞争能力。

(2) 市场开拓能力和市场占有率。

公司的市场占有率是利润之源。效益好并能长期存在的公司，市场占有率也即市场份额必然是长期稳定并呈增长趋势的。不断地挖掘现有市场潜力，并不断开拓新的市场，是扩大市场份额和提高市场占有率的主要手段。

（3）资本与规模效益。

有些行业比如汽车、钢铁、造船，是资本密集型行业。这些行业往往是以“高投入，高产出”为行业基本特征。由资本集中程度而决定的规模效益，是影响公司收益、发展前景的基本因素。

以中国汽车工业为例。中国汽车工业三巨头一汽、东风汽车、上海汽车，迄今仍未达到国际上公认的规模经济产量。在沪深两地交易所挂牌的其他汽车生产企业，在生产规模上又逊一筹。

另外，全国还有许多年产量不到千辆的汽车生产厂家，其发展前景更是不容乐观。在进行长期投资时，这些身处资本密集型行业，但又无法形成规模效益的厂家，一般是不在考虑范围之内的。

（4）项目储备及新产品开发。

在科学技术发展日新月异的今天，只有不断进行产品更新、技术改造的企业，才能长期立于不败之地。

商海弄潮如逆水行舟，不进则退。一个企业在新产品开发上停滞，相对于其他前进的企业就是后退。多少百年“老字号”倒闭，都告诉人们这个道理。

4. 公司盈利能力及增长性分析

衡量公司现实的盈利能力，以及通过分析各种资料，对公司将来的盈利能力做出预测，是投资者需要掌握的一项重要方法。衡量公司盈利能力的指标有资产利润率、销售利润率及每股收益率，详见公司财务分析。

5. 公司经营管理能力分析

（1）各层管理人员素质及能力分析。

①决策层。决策层是企业最高的权力机构，应有明确的生产经营战略和

良好的经济素养。他们应具备较高的企业管理能力和丰富的工作经验，有清晰的思维和综合判断能力。

他们必须具备较强的法制观念，严格按照我国的法律、法规、政策行事，能根据法律规范制定生产经营策略和方向，有严明的组织纪律性，知人善用，坚持正确的经营方向。

②高级管理层。高级管理层人员应具有与该企业相关的技术知识，通晓现代企业管理理论知识，有实际的管理经验，有较强的组织指挥能力，有扎实的廉政工作作风。

③执行层。执行层即企业的最基层。各部门的任务要由执行层人员动脑动手操作实施。对本层人员的基本要求是：了解本岗位工作职责，严格执行操作程序，操作技术娴熟，热爱本职工作，能保质保量完成和超额完成生产经营指标，能提出合理化建议，遵守企业规章制度，团结同志，品行端正。

（2）企业经营效率分析。

企业产品的销售，生产原材料的供给，利润的获得，都靠精干的经济活动部门去实现。他们必须按时、按量、廉价采购回原材料或零部件，并把企业生产的产品及时地销售出去，打开国内外市场，争取广大的消费者，得到尽可能高的利润。

这需要经营人员及时地进行产品宣传，利用各种媒介信息，分析市场行情，了解消费者的需求和消费心理，将综合信息以最快的速度、最敏捷的方式反馈到决策层，使企业适时调整经营方向，生产适销对路的产品。从消费指导生产，到生产引导消费，以创造经营活动的最佳业绩。

（3）内部调控机构效率分析。

企业内部应当建立严格的管理制度，共同遵守办事程序和行为准则。生产经营活动经验总结，是对客观规律和自然规律的主观反映。人们在实践中逐渐认识客观规律，把它条例化、文字化，通过一定的组织程序，制定了各项办事规则和行为规范，这就形成了管理制度。

对那些努力工作，忠于职守，表现突出，做出贡献的人，可按企业内部奖励制度予以表彰和提拔。对那些行为不轨，表现较差，没有业绩的，特别是不遵守规章制度，损害集体利益，破坏企业形象的人，应予以除名或调离工作岗位，或给予降职降薪等处分，以调动广大员工积极奉献的精神。企业内部各部门之间、上下级之间、员工之间应和睦相处，精诚合作，尽职尽责，创造更多更好的经济效益。

投资者可根据企业的具体经营目标，看企业内部是否订立各项规章制度，规章制度是否切实可行，各员工是否能够自觉遵守。各部门是否都有自己的办事程序，是否分工明确，职责清楚。权利是否执行，义务是否承担，是否都熟悉自己的业务，技术水平、文化素质是否适应企业发展需要，操作是否娴熟，是否善于处理复杂问题，是否能适应多变的环境，等等。据此可对该企业内部调控机构做出总体评价。

（4）人事管理效率评估。

人事管理是一门科学，其主要目标是合理使用人才，挖掘人的智慧，发挥人的创造精神，做到用其所长，避其所短。同时还要积极教育培养各种专业技术人才，提高职工个人和整个职工队伍的技术和文化素质。

另外，还要合理安排生产劳动力，最大限度地减少人力浪费现象。要根据企业生产经营需要增减机构，根据机构实际情况，做到因事设人。要合理地进行企业内部人才流动。要任人唯贤，稳定企业内部的有用人才和职工队伍，努力防止任人唯亲。

（5）生产调度效率分析。

生产调度要根据目标要求制定各项生产计划，合理安排生产任务，适时调整规模、产品品种、质量、规格、数量和产出时间。要严格按照生产计划进度表办事，提高生产设备的利用率，充分发挥对各类生产设备的协调作用，及时保养、维修，保证生产顺利进行。

同时还要在保证质量的前提下增加产品品种和产量，节约能源，降低单件成本，加强技术改造和技术更新，减少或杜绝残次产品，积极开发新产品，提高产品市场竞争力。

还可以充分利用闲散设备或多余的生产能力，生产市场上需要的零星产品，增加企业的边际收益。

另外，要加强产品质量检测，防止不合格产品出厂，以保证企业的良好信誉，减少经营纠纷，确保企业最大效益。生产计划调度部门要有权威性，以确保对生产线和车间的指挥权与调度权，确保职工安全生产，实现企业总体计划目标。

三、财务分析

1. 财务分析的重要性

在股票市场中，股票发行企业的经营状况是决定其股价涨跌的长期的、重要的因素。上市公司的经营状况都会通过财务报表反映出来，因此分析和研究企业财务统计报表，也就是通常所说的财务分析，就显得尤为重要了。

进行股票投资的投资者在研判股价高低之前，应先了解上市公司的财务报表。不论买卖股票的动机是从事长期投资还是短期投机，不论是长期持股还是短线交易，至少应知道资产负债表及损益表上各项数字所代表的含义。如果能进一步进行财务比率分析，那么就能更深入地了解上市公司的营运情况、财务情况及盈利情况了。

从传统的股票投资定义看，股价即上市公司“实质”的反映，而上市公司的实质，就是它的营运情况、财务情况及盈利情况。了解这些信息最直接、最方便的办法，就是从上市公司的财务分析着手。了解上市公司的财务状况和经营成效及其对股票价格涨落的影响，是投资者进行决策的重要依据。

股票投资财务分析，实质上就是投资者通过对股份公司的财务报表进行分析和研判，用以了解该公司的财务情况、经营效果，进而判断财务报告中各项变动对股票价格的有利和不利影响，最终做出投资某一股票是否有利和安全的准确判断。因此一般认为，财务分析是基本分析的一个重要组成部分。

2. 财务分析的依据

财务分析的对象是财务报表。财务报表主要包括资产负债表、财务状况变动表和损益表。

(1) 资产负债表。

资产负债表是公司最主要的综合财务报表之一。它是一张平衡表，分为“资产”和“负债+股本”两部分。资产负债表中的“资产”部分，反映企业拥有的各类财产、物资、债权和权利，一般按变现先后顺序表示。

负债部分包括负债和股东权益两项。其中，负债表示公司所应支付的所有债务。股东权益表示公司的净值，即在偿清各种债务之后，公司股东所拥有的资产价值。

三者的关系用公式表示如下。

资产=负债+股东权益。

资产负债表的主要项目解释如下。

①资产。资产主要包括流动资产、资产、长期投资和无形资产四种。流动资产主要包括现金、适销证券、应收账款、存货和预支款项，期限通常在一年以内。现金包括公司所有的现钞和银行里的活期存款。当公司现金过多，超过需要的持有量时，公司就要把超额部分投资于短期的适销证券或商业票据。应收账款是由于赊销或分期付款引起的。存货包括原料、再加工产品和制成品。生产企业的存货通常包括原材料、再加工品和成品，而零售企业只有成品库存。

②负债。负债的两个主要内容是流动负债与长期债务。流动负债是指一年以内到期的债务，主要包括应付账款、应付票据、应付费用和应付税款。应付账款表示公司由于赊购而欠其他公司的款项。应付票据表示公司欠银行或其他贷款者的债务。负债通常是由公司的短期或季节性资金短缺引起的。

应付费用包括员工的工资和薪水、到期利息和其他类似的费用，表示公司在编制资产负债表时应付费用的情况。应付税款表示公司应缴纳税款的金额，它与公司的所得税有密切的联系。

长期债务指一年以上到期的债务，主要包括应付债务、抵押借款等项目。一般而言，公司通常借入短期资金来融通长短期资产，如存货和应收账款等。当存货售出或应收账款收回时，短期负债就被偿清。长期债务通常用来融通长期或固定资产，如厂房、设备等。

短期负债利率通常比长期负债要低，原因之一是短期贷款涉及的风险较小。当长期利率水平相对较高，并预计不久将会下降时，企业可能会先借入短期资金周转。等利率下降后，再借入所需的长期资产，以便降低筹资的费用。

③股东权益。股东权益表示除去所有债务后公司的净值，它反映了全体股东拥有的资产净值的情况。股东权益分缴入资本和留存收益两部分。缴入资本包括以面值计算的股本项目。

留存收益表示公司利润中没有作为股息支付而重新投资于公司的那部分收益，它反映了股东对公司资源权益的增加。留存收益通常并非以现金的形式存在，虽然留存收益可能包括部分现金，但其大部分都被投资于存货、厂房、机器设备之中，或用于偿还债务。留存收益增加了公司的收益资产，但其本身却不能再作为股息来分配。

（2）财务状况变动表。

财务状况变动表亦称资金来源和运用表，简称资金表。它是反映两张资产负债表编制日之间公司财务状况变动情况的表格。财务状况变动表是公司每年向其股东或证券管理机构呈交的三种主要财务报表之一。

为了向股东报告公司的财务状况，公司往往编制两个连续会计年度的资产负债表，以说明平衡表上所有资产、负债和股东权益项目的变动情况。财务状况变动表反映了公司资源（或资金）的所有流入和流出活动。它不仅包括公司内部的经营活动，还包括公司外部的融资与投资活动所引起的公司资源的出入情况。其目的是报告在本会计年度里所有流进公司的资金来源，以及这些资金运用的具体情况。

财务状况变动表的主要作用是：向企业股东、管理部门、投资者或货款者以及其他的报表使用者，提供报告期内公司财务状况变动的全貌。财务状况变动表说明了企业资金的各种来源和运用情况，反映了资产负债表初期与末期各项目的增减情况及原因，体现了公司的经营和投资方针。

同时，它还解答了一系列重大的财务问题。如购入新资产的资金来源是依靠企业积累还是靠负债，营业所需的资金与负债资金的比例是否适当等。

财务状况变动表是沟通收益表和资产负债表这两种主要财务报表的桥梁。财务状况变动表是说明企业财务动态的财务报表，它是依据收益表和资产负债表及有关注释中可得到的财务数据，经过分析加工之后编制而成的。

财务状况变动表所提供的资料，是经过提炼之后才有的，弥补了收益表和资产负债表的不足，使净收益和其他收益或损失同资产、负债和其他权益的变化相互结合起来。

财务状况变动表通过反映企业资金来源和运用的具体情况，以体现企业的经营方针和策略，发现公司是在扩张经营还是在缩减经营。财务状况变动表不能反映公司对营业收入、股本或负债依赖性的强烈程度，也不能反映公司的财务政策与过去年份或与同行业的其他公司相比的异同等情况。

（3）损益表。

收益表又称损益表，也是公司最主要的综合财务报表之一，是反映一个公司在一个财政年度里的盈利或亏损状况的表格。这种盈利或亏损是通过营业收入的营业费用对比来体现的。收益表反映了两个资产负债表编制日之间公司财务盈利或亏损的变动情况。

收益表主要有三个部分组成。第一部分是营业收入或销售额；第二部分是与营业收入有关的生产性费用和其他费用；第三部分是利润和利润在股息与留存收益之间的分配。其利润等于营业收入减去营业费用。

①营业收入。营业收入是指企业通过销售产品或对外提供劳务而获得的新的资产，其形式通常为现金或应收账款等项目。对一般公司来说，销售收入是公司最重要的营业收入来源。一般而言，公司的营业收入通常与它的营业活动有关，但也有一些公司营业收入的某些部分与其自身的业务并无关系。因此区分营业收入和其他来源的收入有重要意义。

②营业费用。营业费用是指企业为获得营业收入而使用各种财物或服务所发生的耗费。销货成本是一般公司最大的一笔费用，它包括原材料耗费、工资和一般费用。一般费用包括水电杂费、物料费和其他非直接加工费。与

销货成本不同的是，销售和管理费用包括广告费、行政管理费、职员薪水、销售费和一般办公费用。利息费是指用以偿付债务的费用。上述费用都会导致公司现金开支的增加。

折旧费的摊提费是非现金开支。折旧费增加表示公司固定资产价值下降，摊提费增加，则表示公司拥有的资产或资源价值减少。计算折旧费的方法通常有4种：直线折旧法、折旧年限积数法、余额递减法、成本加速补偿法。

直线折旧法是一种使用最广泛也是最保守的折旧方法。这种折旧法在资产有效使用年限里每年提取等量的折旧费。折旧年限积数法和余额递减法属于加速折旧的方法。加速折旧法在资产有效使用年限初期提取的折旧费较多，以后逐年减少。加速折旧法具有加速资产折旧，推迟初期税款缴纳的作用。直线折旧法与加速折旧法两者应缴纳的总税额相同，但缴纳的时间先后不同。

成本加速补偿法的主要特点是，它放弃了有效使用期限的原始划分，人为地把各种资产进行分类，并规定各类资产的成本补偿期限。这种期限通常比资产的实际有效使用期限短。它可以折旧全部资产价值，不再计算残值，并规定了各种类资产不同年份的折旧率。

③利润。

税前利润由通常的营业收入与营业费用之差来决定。从税前净利润中减去税款，再给非常项目调整后，剩余的利润就是税后净利润。

税后净利润又分为支付给股东的股息和公司留存收益两项。公司若亏损，公司的留存收益就将减少，公司多半会因此停止派发现金股息。若公司盈利，这些收益将首先用于支付优先股股息，之后再由普通股取息分红。

若公司收益不足以支付优先股股息时，则有两种情况出现：若优先股是累积优先股，则本年度的所有股息转入到期未付的债务项下，待有收益时再优先偿付。若优先股是非累积优先股，则优先股与普通股一样不能得到股息。

每股收益等于普通股的收益除以已发售普通股的股数。每股收益的水平和增长情况，是反映公司增长情况的最重要指标之一。

3. 财务分析的内容

一般情况下，应从上述三种财务报表中着重分析以下四项主要内容。

（1）公司获利能力。公司利润的高低、利润额的增长速度是其有无活力和管理效能优劣的标志。作为投资者，在购买股票时，当然首先考虑选择利润丰厚的公司进行投资。所以分析财务报表，先要着重分析公司当期投入资本的收益性。

（2）公司偿还能力。分析该项目的目的在于确保投资的安全，具体从两个方面进行分析：一是分析其短期偿债能力，看其有无能力偿还到期债务，这一点须从分析、检查公司资金流动状况来判断。二是分析其长期偿债能力的强弱。这一点是通过分析财务报表中不同权益项目之间的关系、权益与收益之间的关系，以及权益与资产之间的关系来进行判断的。

（3）公司扩展经营的能力。即进行成长性分析，这是投资者选购股票进行长期投资最为关注的重要项目。

公司外部的成长性指标包括举债经营比率、固定资产对长期负债比率等。公司举债经营比率高，说明公司的信誉度较高，债权人乐于向它投资，公司可以靠举债获得更多资金扩展经营。如果固定资产对长期负债比率高，也表明其尚有余力借入更多的长期债务用于扩展经营。

反映公司内部的扩展经营能力的比率主要有利润留存率和再投资率。利润留存率是指公司税后盈利减去应发现金股利的差额和税后利润的比率。它表明公司的税后利润有多少用于发放股利，多少用于留存收益和扩展经营。利润留存率越高，表明公司发展的后劲越强；利润留存率越低，则公司发展的后劲越弱。再投资率，又称内部成长性比率。这一比率表明公司用其盈余所得再投资，以支持公司成长的能力。这一比率越高，公司扩大经营的能力则越强；反之则不然。

（4）公司经营效率。主要是分析财务报表中各项资金周转速度的快慢，以判断上市公司各项资金的利用效果和经营效率。用于评价公司经营效率的指标主要有存货周转率、应收账款周转率、流动资产周转率和总资产周转率等。

总之，分析财务报表的主要目的是分析公司的收益性、安全性、成长性和周转性四个方面的内容。

4. 财务差额分析法

差额分析法是股票投资者进行财务分析的具体方法之一，也叫绝对分析法，即以数字之间的差额大小进行分析。它通过分析财务报表中有关科目绝对数值大小差额，据以判断上市公司的财务状况和经营成果。

在财务分析中，主要是分析下列数值的大小：

净值=账面价值=股东权益=总资产-总负债。

营运资产=流动资产-流动负债=（长期负债+资本）-固定资产。

速动资产=流动资产-（存货+预付费用）=现金+银行存款+应收账款+应收票据+有价证券。

发放股利=（本年收益+累积盈余）-（保留盈利+已拨用的保留盈余）。

普通股股利=发放股利-优先股股利。

销售毛利=销售收入-销售成本。

营业纯利=销售毛利-营业费用=销售收入-（销售成本+营业费用）。

税前盈利=营业纯利+营业外收入-营业外支出。

税后盈利=税前盈利-所得税=本年净收益。

通过对上述数值的差额分析，投资者可以对公司财务状况和经营效果得到一个初步的认识。例如，营运资金又叫运转资金，乃是一个公司日常循环的资金，它是一年内可变现的流动资金减去一年内将到期的流动负债的差额，表示公司在短期内可运用的流动性的净额。营运资金的大小，不仅关系到公司的经营活动能否正常运行，而且关系到公司的短期偿还能力。所得数字大于流动负债，可以初步了解到该公司的短期清偿能力是有保证的。

差额分析法也有很大的局限性，比如，它无法解释求出的数值大或小至什么程度，也无法说明数值以多大或多小为宜。许多数值如营运资金和流动资产等，并不是数值越大越好，所以不能仅仅满足于差额分析法，还要结合其他分析方法，才能达到财务分析的目的。

5. 财务比率分析法

比率分析法，是以同一期财务报表上的若干重要项目间相关数据互相比较，用一个数据除以另一个数据求出比率，据以分析和评估公司经营活动，以及公司目前和历史状况的一种方法。比率分析法是财务分析最基本的工具。

由于公司的经营活动是错综复杂而又相互联系的，因而比率分析所用的比率种类很多，关键是选择有意义的，有关联关系的项目数值来进行比较。

同时，进行财务分析的主体，除了股票投资者以外，还有其他债权人、公司管理层、政府管理机构等。由于各类主体进行财务分析的目的、用途不尽相同，因而着眼点也不同。作为股票投资者，主要是掌握和运用以下两种比率来进行财务分析。

（1）反映公司获利能力的比率。主要有资产报酬率、资本报酬率、股价报酬率、股东权益报酬率、股利报酬率、每股账面价值、每股盈利、价格盈利比率，普通股利润率、价格收益率、股利分配率、销售利润率、销售毛利率、营业纯利润率、营业比率、税前利润与销售收入比率等。

（2）反映公司偿还能力的比率。可划分为两类。

①反映公司短期偿债能力的比率。有流动比率、速动比率、流动资产构成比率等。

②反映公司长期偿债能力的比率。有股东权益对负债比率、负债比率、举债经营比率、产权比率、固定比率、固定资产与长期负债比率、利息保障倍数等。

③反映公司扩展经营能力的比率。主要透过再投资率来反映公司内部扩展经营的能力。以举债经营比率、固定资产对长期负债比率来反映其扩展经营的能力。

④反映公司经营效率的比率。主要有应收账款周转率、存款周转率、固定资产周转率、资本周转率、总资产周转率等。

在财务分析中，比率分析用途最广，但也有局限性，突出表现在：比率分析属于静态分析，对于预测未来并非绝对合理可靠。比率分析使用的数据为账面价值，难以反映物价水准的影响。

在运用比率分析时，一是要注意将各种比率有机联系起来，进行全面分析，不可单独看某一种或几种比率，否则难以准确地判断公司的整体情况；二是要注意审查公司的性质和实际情况，不要仅着眼于财务报表；三是要注意结合差额分析，这样才能对公司的历史、现状和未来发展有一个详尽的分析和了解，达到财务分析的目的。

第四章　看盘技术

打开股票软件时，最先映入眼帘的就是个股K线、移动平均线和成交量，它们是构成盘面的基本元素。K线的形态、结构及组合，可以从不同角度揭示股价未来的发展趋向。

一、K线起源

K线因其形似蜡烛，故又称“蜡烛图”。它起源于日本，是18世纪日本一位名叫本间宗久的米市富商发明的一种计量米价涨跌的测市工具，他本人也因此而在米市交易中积累了巨额财富。据说，他有过连续100次交易都获利的记录，以至于当时民间流传这样一句谚语：“这辈子一定能挣上领主的宝座，却休想像本间宗久家一样有钱”。

如今，K线已成为金融投资领域最流行、最有效的技术分析手段之一，尤其盛行于亚洲国家。在我国股市、期市、外汇及其他金融衍生品分析软件中，几乎都是以K线来记录价格走势的。

K具有极强的视觉冲击力，运行过程中无时无刻不体现出相辅相成、相生相克的传统文化思想。根据K线分析理论，可以有效地确定交易时机，分析买卖心理，预测趋势变动，是股市入门的必修课。

二、K 线属性及结构

简单来说，K 线是计量单位时间内价格涨跌的工具。在这句话中，共含有两个逻辑点：一是单位时间，二是价格涨跌。

按时间周期来区分 K 线，可分为年 K 线、月 K 线、日 K 线、小时或分钟 K 线等。我们最常接触的是日 K 线，它反映出股票价格在一天内的主要变化情况。

以日线为例，每根标准的 K 线都可反映出规定交易时间内的四种价格信息：开盘价、收盘价、最高价、最低价。

K 线结构上具有实体、上影线、下影线几个元素。涨与跌是两种截然不同的行为，因此 K 线还具有“阳”和“阴”两种属性。(如图 4–1 所示)。

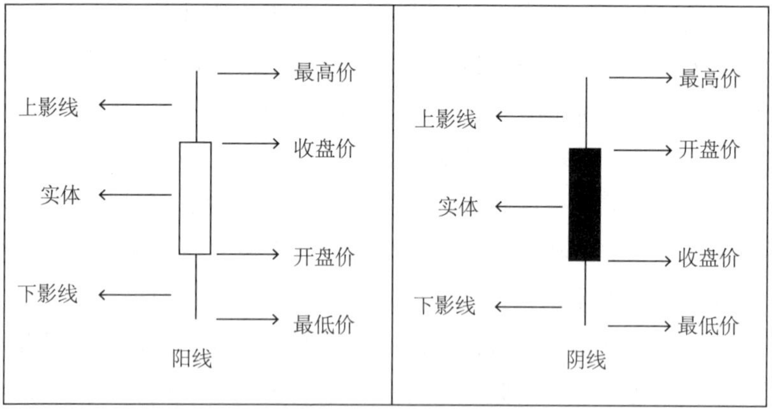

图 4–1

开盘价：每天开盘后第一笔交易的成交价格。开盘价是新一天股价运行的起点，代表着这个交易日内多数投资者对新行情的接受程度。

收盘价：每天收盘前最后一笔交易的成交价钱。收盘价是当天股价运行的终点，代表着这个交易日内多数投资者对目前股价的认可程度。

最高价：每个交易日内股价的最高成交价位。它是这一天内股价上涨的最高点。

最低价：每个交易日内股价的最低成交价位。它是这一天内股价下跌的最低点。

实体：在K线图中，开盘价与收盘价各用一条横线来表示，这两条横线之间的部分就叫作实体。为了便于观看，人们用两条竖线将开盘价与收盘价上下连接起来，所以多数K线的实体部分会在平面图上呈现为长方形形状。通常来说，实体高矮象征着涨跌力度的大小。实体部分越长，说明其上涨或下跌力度越大；反之，则越小。

上下影线：一般来说，在每天的波动过程中，股价向上及向下触及最高价与最低价后未必就站稳。如果站不稳，就会分别在开盘价和收盘价以外留下运行痕迹，这些分别滞留于实体以外的价格轨迹便是影线。影线在K线图中用一条尖利的竖线来表示，位于实体上方的是上影线，位于实体下方的则是下影线。上下影线是股价上涨或下跌过程中被折回后留下的痕迹，因此也是市场买卖力道前进受阻的象征。通常上影线象征着股价上涨势头遭到阻挠与反抗，下影线预示着股价的下跌势头受到阻挠与反抗。影线部分越长，表明其所受阻挠与反抗力度也就越强。

阳线：当股票的收盘价高于开盘价时，绘制出来的K线称作阳线。它象征股价出现了上涨，在走势图中以红色标示。

阴线：当股票的收盘价低于开盘价时，绘制出来的K线称作阴线。它代表股价出现了下跌，在走势图中以绿色标示。

三、单根 K 线

因规定时间内买卖双方对峙力道及结果的不同，K 线可以派生出一些常见形态。

1. 大阳线、大阴线

“大”是形容词，在这里表示 K 线实体部分较长。在涨跌停板制度下，习惯把当日股价涨跌幅度超过 5%的阳线与阴线称作大阳线和大阴线（如图 4-2 所示）。

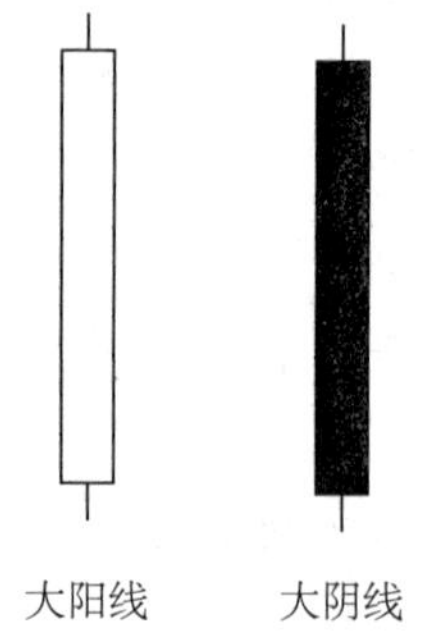

图 4-2

市场特性：大阳线涨幅巨大，涨势强劲，具有极强的做多特性，在多数情况下对后期价格走势具有积极影响。大阴线跌幅巨大，跌势猛烈，具有极强的做空特性，在多数情况下对后期价格走势具有消极影响。

它们若出现在上涨或下跌行情初期，则应顺势看多或看空；反之，如出现在涨跌行情发展末期，则可能是最后一涨或最后一跌。

2. 中阳线、中阴线

中阳线和中阴线的实体长度，通常为价格涨跌幅度的3%左右（如图4-3所示）。

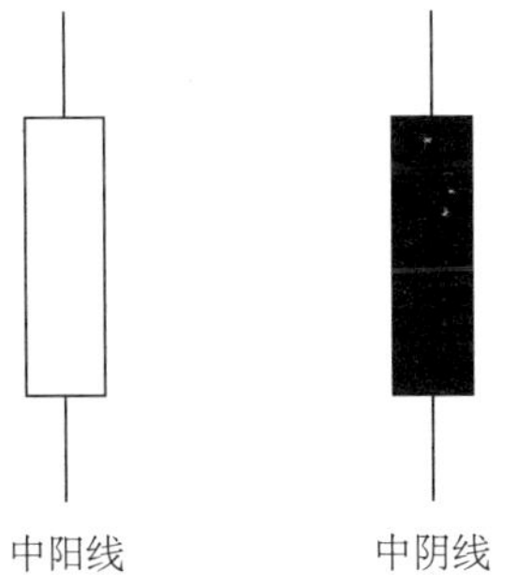

图4-3

市场特性：中阳线涨势偏强，有利于价格趋势持续上涨，在多数情况下对后期价格走势具有积极影响。

中阴线跌势偏强，有利于价格趋势持续下跌，在多数情况下对后期价格走势具有消极影响。

它们多出现在股价的持续上涨或下跌过程中。

3. 小阳线、小阴线

小阳线和小阴线的实体大概只有中阳线和中阴线的一半，价格涨跌幅度通常在1%左右。（如图4-4所示）。

图4-4

市场特性：小阳线涨幅有限，涨势较弱，做多特性不突出，多数情况下对后期价格走势没多少积极影响。

小阴线跌幅有限，跌势较弱，做空特性不突出，一般情况下对后期价格走势没多大负面影响。

二者多出现于股价盘整过程中。

4. 光头光脚阳线、光头光脚阴线

通常这类 K 线只有实体而没有上下影线，看上去十分干净利落，所以被形象地称为“光头光脚”。根据属性不同，它又被分为光头光脚阳线和光头光脚阴线（如图 4-5 所示）。

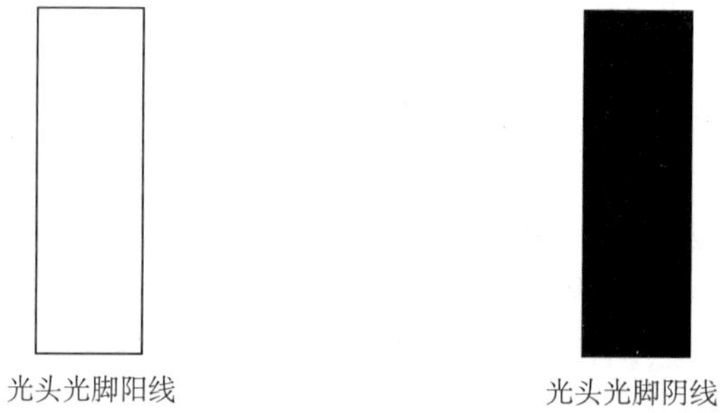

图 4-5

市场特性：没有上下影线，意味着价格在单向运动过程中没有遭到对手盘的强烈抵抗，令涨跌势头呈一边倒局面。具体的涨跌力度，还要视实体部分的长短而定。通常实体越长，涨跌力度就越大。

如果实体较短的光头光脚阳线与光头光脚阴线接连出现于价格底部或顶部伊始，则极易引发连续性的上涨和下跌行情。若实体部分较长的光头光脚阳线与光头光脚阴线接连出现于价格底部和顶部尽头，则意味着多空趋势已经衰竭，应果断采取相应的买卖行动。

5. 光头阳线、光脚阴线

所谓光头阳线与光脚阴线，是指那些在实体上方没有上影线的阳线和实体下方没有下影线的阴线。即阳线的最高价等于它的收盘价，阴线的最低价就是它的收盘价（如图 4-6 所示）。

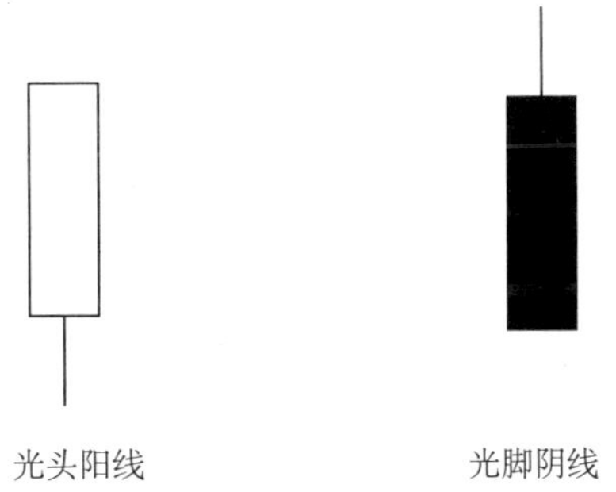

图 4-6

市场特性：阳线和阴线的最高价与最低价分别等于它们的收盘价，说明价格单向走势具有明显的倾向性。

光头阳线和光脚阴线分别出现在上升和下降通道当中，则能增强各自趋势的可持续性。

6. 光脚阳线、光头阴线

光脚阳线与光头阴线，是指那些在实体下方没有下影线的阳线和实体上方没有上影线的阴线。即阳线的最低价等于它的开盘价，阴线的最高价等于它的开盘价（如图 4-7 所示）。

市场特性：以上两种 K 线表现为股价在开盘后便迅速前进，至少是没朝反方向运行，但在收盘价附近却有所反复的发展过程。这说明价格的单向走势在接近尾声时发展得并不顺利，曾受到过顽强的阻挡。

光脚阳线与光头阴线分别出现于上升与下降通道中时，会削弱各自趋势

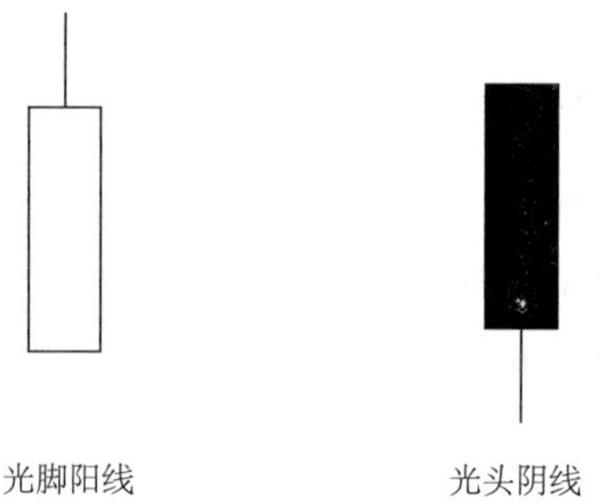

图 4-7

的可持续性，尤其是当它们具备较长的上下影线时。

7. 十字星、长腿十字星

在交易时间内，股价经过上下波动后，最终的收盘价恰巧落在开盘价上，便会在走势图中形成十字星 K 线。如果多空双方当天的争斗行为过于激烈，便会将十字星的上下影线各自拉长，这就是长腿十字星（如图 4-8 所示）。

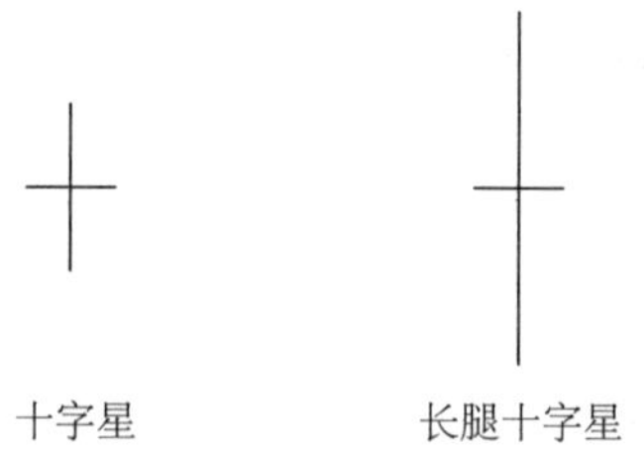

图 4-8

市场特性：它们是买卖双方争夺处于胶着状态的体现。一场激烈的争斗过后，谁也没能压倒谁，股价又回到了起点。

假如十字星出现在连续上涨或下跌行情末期，则具有极强的反转寓意，预示着原有的趋势将无以为继。长腿十字星在趋势末期的反转功效要比十字星更胜一筹。

8. 类十字星

类十字星的外形酷似十字星，但它的开盘价与收盘价没有完全重合。根据属性的不同，它也被划分为阴、阳两种（如图 4-9 所示）。

图 4-9

市场特性：类十字星的特性与十字星基本相同，也是多空双方经过激烈战斗后，形成了暂时性的平衡局面。

如果出现在连续上涨或下跌行情的末期，同样是原有趋势即将发生转折的征兆。

9. 倒 T 字线、T 字线

倒 T 字线和 T 字线是十字星的一种变形。即没有下影线和没有上影线的十字星 K 线（如图 4-10 所示）。

图 4-10

市场特性：倒 T 字线是因开盘后价格不断升高，但在收盘时又被打回原位而形成的。此 K 线形态是股价上升受阻的象征。当它出现于上涨行情的末期时，是明确的见顶信号，因此其在日本又有“墓碑十字线”之称。

T 字线则是因开盘后价格不断走低，但又在收盘时被拉回原价而形成的。此 K 线形态是股价下跌遭到反抗的象征。当它出现在下跌行情末期，是明确的见底信号，因此此类 K 线在日本又有“蜻蜓十字线”及“探水竿”之称。

10. 一字线

一字线是四价合一的表现，在交易时间内股票的开盘价、收盘价、最高价、最低价全部重合于一处。在涨停板制度下，就是股价直接以涨停或跌停价开盘并一直处于封死状态（如图 4-11 所示）。

图 4-11

市场特性：一字线是股价在上涨或下跌过程中表现出的一种极端状态。投资者强烈的做多或做空行为，令价格一开盘就以涨停板或跌停板的形式出现，并一直持续到收盘。

这种情况多数都出现于极度狂热的黑马股及 ST 类个股的主升或主跌行情当中。

11. 锤子线、上吊线

锤子线是 T 字线的延伸。在交易时间内，价格在开盘价下方遭到打压，后又被拉起，但收盘价没能与开盘价准确重合，而是留有小段间隙。

“锤子”在日语里有地板和土地的意思，因此人们通常把股价经过连续探底后出现的此类 K 线称作锤子线。根据属性的不同，它可分为阴阳两种（如图 4-12 所示）。

锤子形 K 线也经常出现于价格连续上涨后的顶部区域。身处高位的锤子

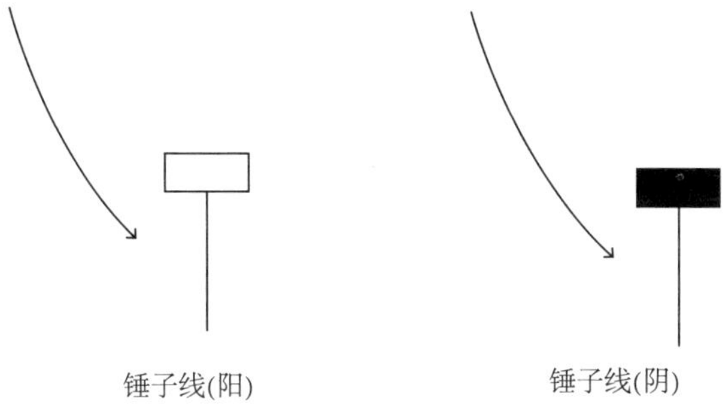

图 4-12

线就好像将人悬空吊起一样，因此形成于趋势顶端的锤子线又被称为上吊线（如图 4-13 所示）。

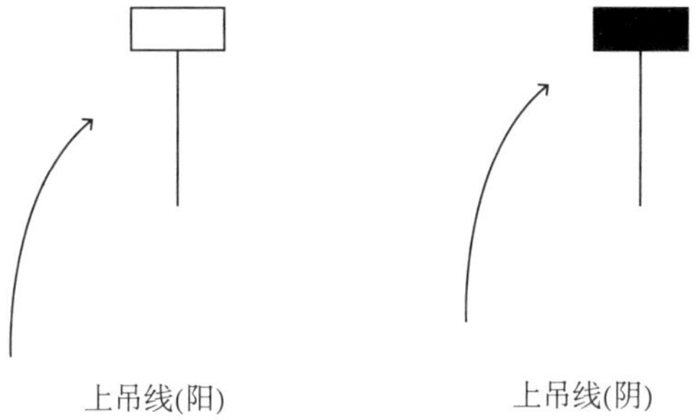

图 4-13

市场特性：锤子线和上吊线都是 T 字线的延伸，因此它们拥有相同的市场含义。如其出现在连续下跌或上涨行情之后，则具有极强的转势寓意。

什么样的锤子最有力？当然是手柄长的。同理，锤子线或上吊线的下影线越长，该 K 线就越具市场意义。

12. 倒锤子线

倒锤子线是倒 T 字线的延伸。在交易时间内，价格在开盘价上方被拉起，后又遭到打压，但收盘价最终没能与开盘价完全重合，而是留有小段间隙。

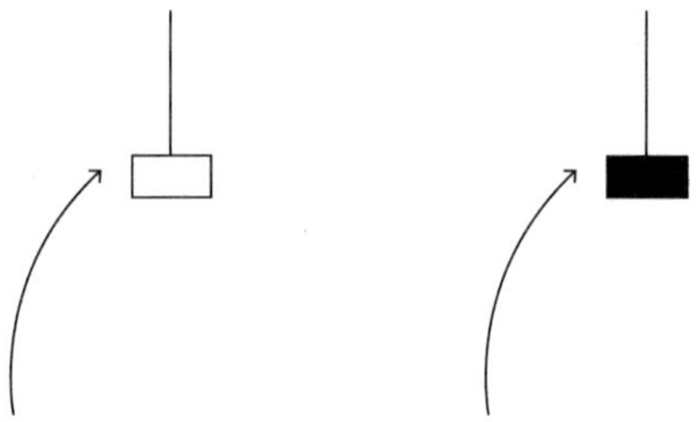

倒锤子线(阳)　　倒锤子线(阴)

图 4-14

根据属性的不同，其又分为阴阳两类（如图 4-14 所示）。

市场特性：倒锤子线与倒 T 字线具有相同的市场属性，如其出现在连续上涨或下跌行情之后，通常具有极强的反转寓意。同样，上影线越长，K 线就越具有市场意义。

四、K 线反转组合

当 K 线的数量由 1 根增至 2 根及多根形成组合后，它所具有的市场功效便会同步放大，并且市场意义也更为明确了。

下面就来介绍几组具有代表性的 K 线反转组合。何为反转？即价格在运行至涨跌极限时所形成的反向运动。

1. 抱线

抱线是两根 K 线的组合，并且第一根 K 线的实体完全被第二根 K 线的实体所包含，就像我们抱住什么东西一样。抱线有阳抱阴和阴抱阳两种组合方式（如图 4-15 所示）。

市场特性：阳抱阴主要出现于下跌行情末期，属于底部反转组合，后市

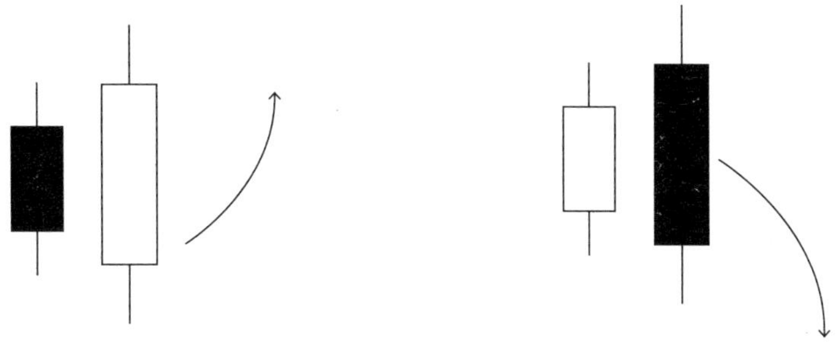

图 4-15

看涨。阴抱阳主要出现于上涨行情末期，属于顶部反转组合，后市看跌，两者都具有较强的反转寓意。

在最具市场意义的抱线组合中，两根 K 线的属性与实体长度应该是相互对立的。如果前一根是小实体阴线，那么后一根则应是大实体阳线，反之亦然。这表明第二天的价格虽然在第一天的基础上形成了惯性低开或高开，但后来还是反方大占上风，且较头一天形成了包围之势，完全掌握住了进攻主动权。

2. 孕线

孕线与抱线是一对表兄弟，也是由阴阳与长短相对的两根 K 线组成的，但是第一根 K 线的实体明显大于第二根，且形成裹挟之势，看上去很像怀孕中的妇女。孕线也有阴孕阳和阳孕阴两种组合方式（如图 4-16 所示）。

市场特性：阴孕阳主要出现于下跌行情末期，属于底部反转组合，后市看涨。阳孕阴主要出现于上涨行情末期，属于顶部反转组合，后市看跌。两者均具有较强的反转寓意。

阴孕阳和阳孕阴中的头一根大阴线与大阳线是空头与多头力量和士气的象征，但它们却遭到了第二天所形成的反方小阳线和小阴线的质疑，使原趋势处于僵持或观望状态。任凭后者再怎么努力，价格走向也始终逃脱不了前一天的笼罩范围，这预示着原有趋势极可能在此发生逆转。

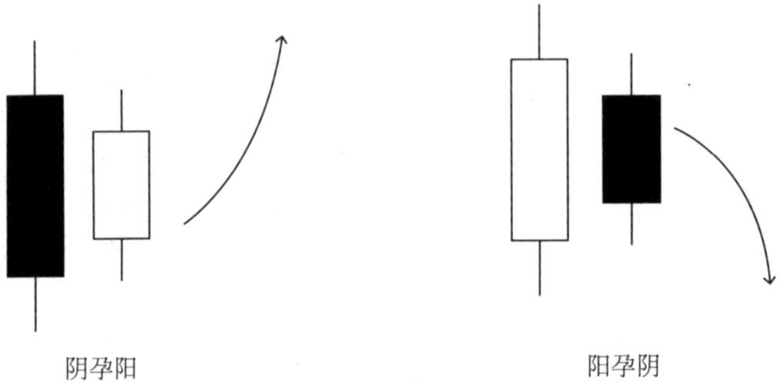

图 4-16

同样，阴孕阳或阳孕阴中两根 K 线的实体大小反差越大，组合本身就越具市场意义。

3. 刺入线

这是两根 K 线的组合。原本有一根代表下跌的大阴线，第二天股价低开高走，拉出一根大阳线，并且此阳线实体大约刺入到先前阴线实体的三分之二处（如图 4-17 所示）。

市场特性：刺入线主要出现于下跌行情末期，属于底部反转组合，后市看涨。

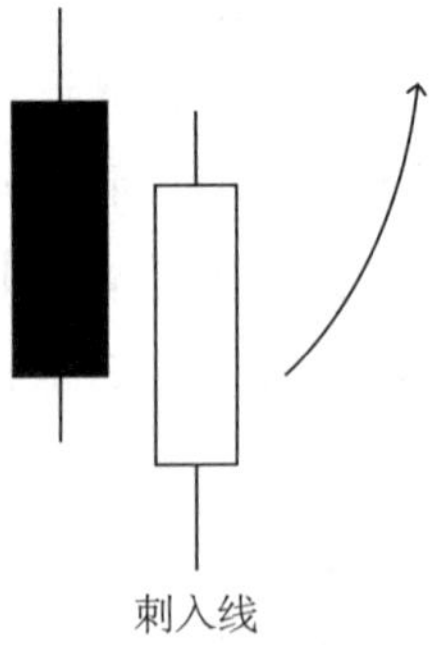

图 4-17

该组合说明在强大的做空力量笼罩下，股价于第二天惯性低开，但此刻市场已是跌无可跌。待空方仅存的余力耗尽后，多头开始绝地反击了。

4. 乌云盖顶

乌云盖顶与刺入线的形成过程恰好相反。原本是一根代表上涨的大阳线，第二天股价乘势高开，却收出了一根大阴线，并且阴线实体已陷入先前阳线实体的三分之二处，形成乌云盖顶之势（如图 4-18 所示）。

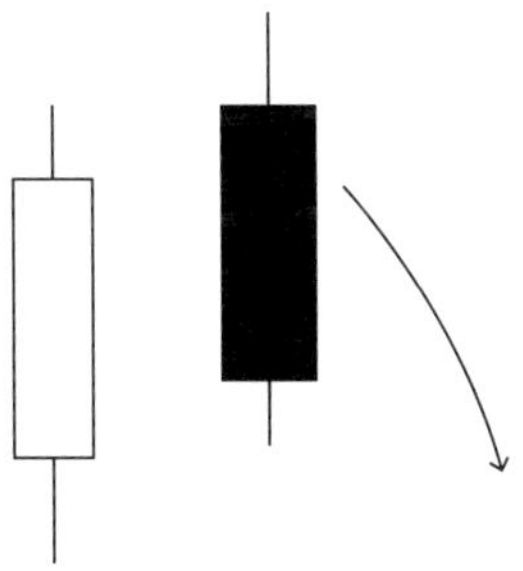

乌云盖顶

图 4-18

市场特性：乌云盖顶主要出现在上涨行情末期，属于顶部反转组合，后市看跌。

乌云盖顶意味着价格在连续上冲过程中因惯性而跳空高开，但最终多方力竭，空方以压倒性优势发动反攻，趋势反转就在眼前。

5. 约会线

约会线是由两根属性相反的 K 线组成的，这两根 K 线的收盘价却处于同一价位上，好像事先约定好了一样。

根据结构不同，约会线又分为看涨约会线和看跌约会线（如图 4-19 所示）。

市场特性：看涨约会线主要出现于下跌行情末期，属于底部反转组合，

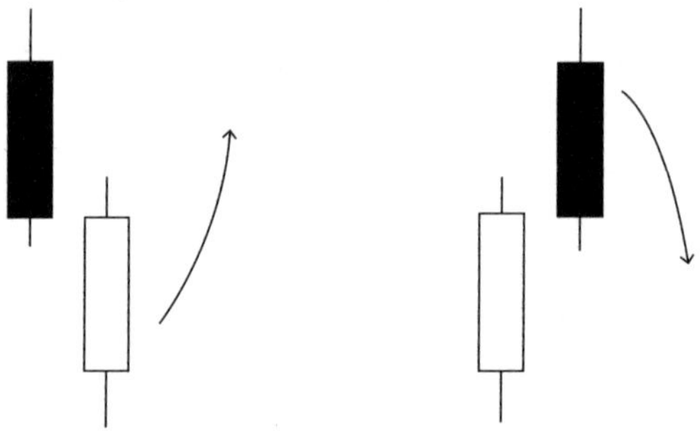

图 4-19

后市看涨。看跌约会线主要出现于上涨行情末期，属于顶部反转组合，后市看跌。

约会线的市场意义与刺入线基本相同，也是旧的势力最终力竭，无法继续向前推进，新势力乘虚而入，但其反转力道要稍弱一些。

6. 递进十字星

这也是两根 K 线的组合。在第一根大阳线或大阴线后，又顺势跳空形成一颗十字星（包括类十字星），这便叫作递进十字星。递进十字星包含看涨递进十字星和看跌递进十字星两种形式（如图 4-20 所示）。

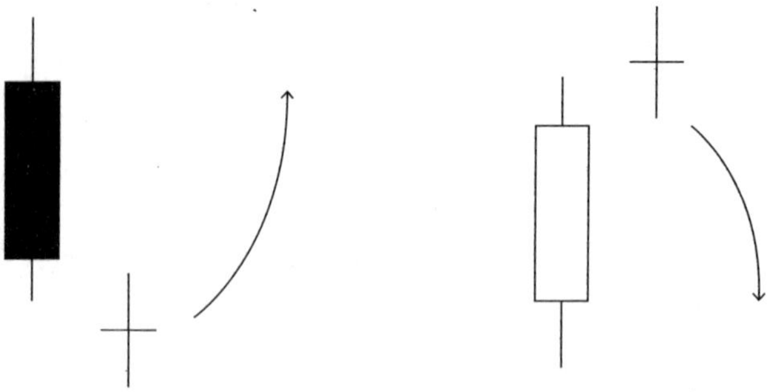

图 4-20

市场特性：看涨递进十字星主要出现于下跌行情末期，属于底部反转组合，后市看涨。看跌递进十字星主要出现于上涨行情末期，属于顶部反转组合，后市看跌。

其市场意义是，价格在顺势跳空开盘后，并没形成突破性进展，而是在开盘价附近裹足不前，这意味着原有趋势的可持续性已受到严峻考验。

7. 启明之星、黄昏之星

这是三根 K 线的组合。在看涨递进十字星与看跌递进十字星的后面，各加一根方向和属性都相反的阳线与阴线，就是启明之星与黄昏之星。也可以说它们分别是前两者走势的延伸（如图 4-21 所示）。

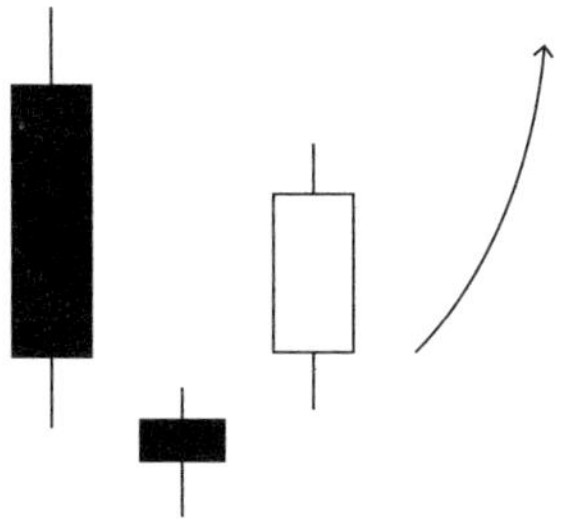

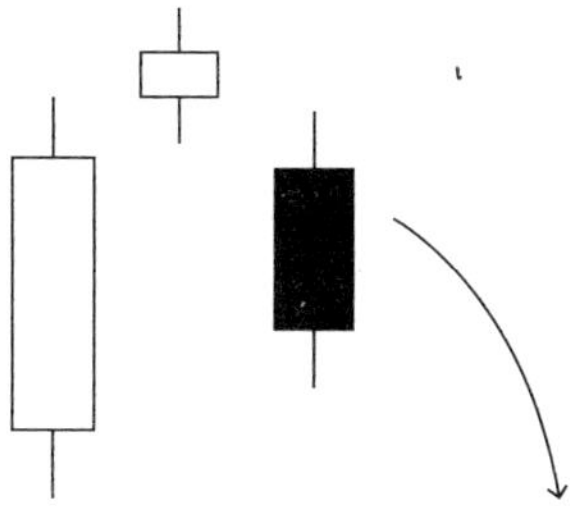

图 4-21

市场特性：启明之星主要出现于下跌行情末期，属于底部反转组合，后市看涨。黄昏之星主要出现于上涨行情末期，属于顶部反转组合，后市看跌。

递进十字星本来就具有较强的反转特性，如果再在它后面加上一根与原趋势相反的 K 线加以确认，其意义可想而知。

8. 双飞乌鸦

双飞乌鸦是三根 K 线的组合。先是在价格上升趋势中形成一根大阳线，然后再于惯性高开的基础上形成两根小阴线，且两根小阴线之间又形成包裹之势，但它们仍与第一根大阳线之间存有缺口，看上去好像两只飞起的乌鸦（如图 4-22 所示）。

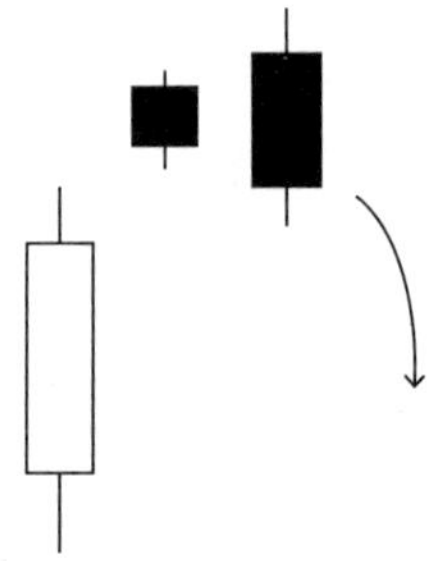

双飞乌鸦

图 4-22

市场特性：双飞乌鸦主要出现于上涨行情末期，属于顶部反转组合，后市看跌。

双飞乌鸦表明在做多氛围的烘托下，股价接二连三地跳空高开。但强大的市场抛盘也在不断涌出，迫使价格趋势始终无法形成有效突破，最终导致行情反转。

9. 两只黑乌鸦

“两只黑乌鸦”与“双飞乌鸦”的结构相似，也是由一阳两阴三根 K 线组成的。不同之处在于，其第二根阴线的开盘价没能超过前一根阴线的开盘价，收盘价却跌落得更深了，乃至完全回补掉前两根 K 线所形成的缺口（如图 4-23 所示）。

市场特性：两只黑乌鸦主要出现在上涨行情末期，属于顶部反转组合，后市看跌。

双飞乌鸦还有两个向上跳空缺口，而两只黑乌鸦只有一个，并且第三根阴线的重心明显向下偏移。这说明空头的反击力量更进了一步，所以应将其视为一种更为明确的反转信号。

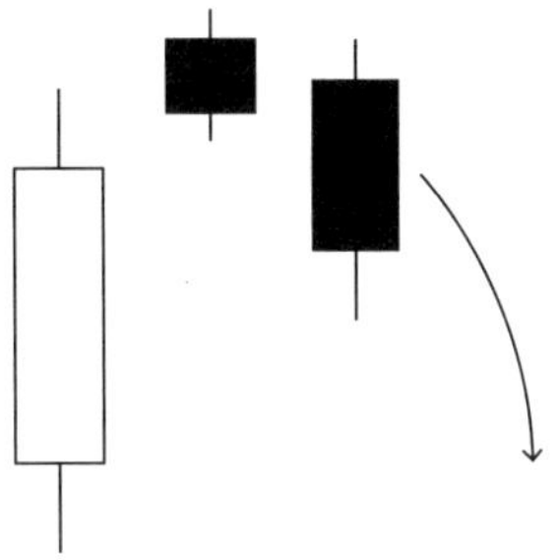

两只黑乌鸦

图 4-23

10. 红三兵

红三兵是由三根 K 线所组成的。价格在底部区域收出一根阳线后，股价每天都会以低价开盘、高价收盘，但低价却不低于前一根阳线实体的三分之一，高价也不高出前一天收盘价的三分之一，从而形成一组相互穿插且逐级攀升的阳线组合（如图 4-24 所示）。

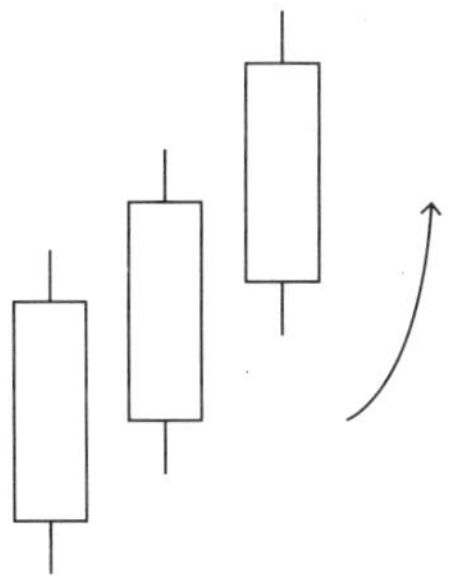

红三兵

图 4-24

市场特性：红三兵主要出现于下跌行情末期，属于底部反转组合，后市看涨。

其市场意义是，在低迷的市场氛围下，上涨变得十分谨慎，股价每天都会向下低开。但场内供求关系已悄然转变，多头势力在不断增强，这又使每天的收盘价都创出新高。因此该 K 线组合是一种稳健而有力的底部反转信号。

11. 受阻红三兵

受阻红三兵是由红三兵形态演化过来的，只不过它后两根阳线的实体比较短，而上影线却比较长（如图 4-25 所示）。

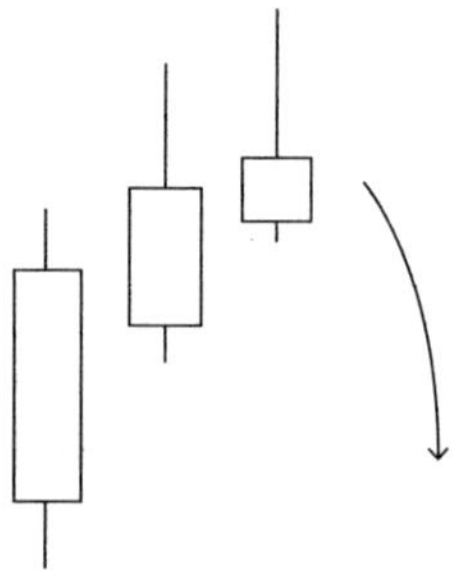

图 4-25

市场特性：受阻红三兵主要出现于上涨行情末期，属于顶部反转组合，后市看跌。

上影线是价格上攻受阻的体现。在受阻红三兵的三根阳线当中，有两根带有较长上影线，这说明原有上涨趋势遭受到了强烈阻挡。

12. 思考红三兵

思考红三兵是红三兵的另外一种变形，它由两根略有重叠的大阳线及一根跳空的小阳线（或十字星）组成（如图 4-26 所示）。

市场特性：思考红三兵主要出现于上涨行情末期，属于顶部反转组合，后市看跌。

该 K 线组合之所以带有“思考”字样，是因为在组合末端出现了象征犹

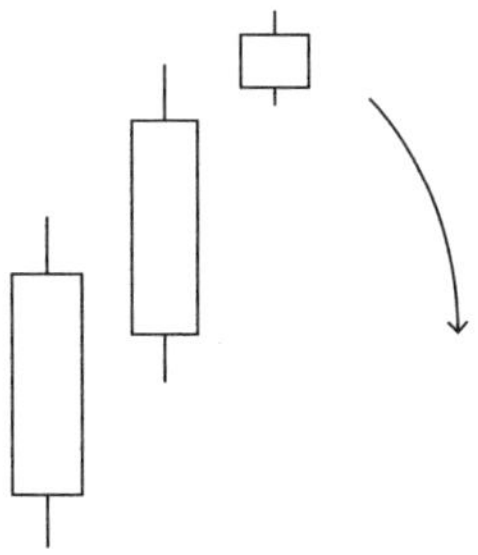

思考红三兵

图 4-26

豫不前、进退两难的小阳线（或十字星）。通常小实体 K 线及十字星线、类十字星等线形，都具有很大的不确定性。随着上涨或下跌行情的持续深入，它们会对原有趋势产生强大的反作用力。一旦思考红三兵出现于持续上涨后的高位，就会显现出极强的反转特性。

13. 三只黑乌鸦

三只黑乌鸦是红三兵的异性朋友，两者结构、市场含义恰好完全相反（如图 4-27 所示）。

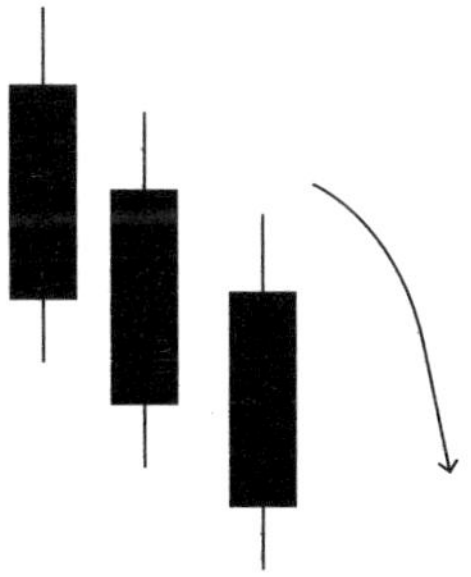

三只黑乌鸦

图 4-27

市场特性：三只黑乌鸦主要出现于上涨行情末期，属于顶部反转组合，后市看跌。

三只黑乌鸦表明在上升趋势之后，虽然多方每天都尽力地将股价高开，但是已无法阻挡住颓势。在一次次高开过后，又一次次地创出新低。

14. 接力三乌鸦

接力三乌鸦是由三只黑乌鸦演变而来，它在顺次下跌的三根大阴线之间几乎不存在跳空缺口或价位重叠现象（如附图 4-28 所示）。

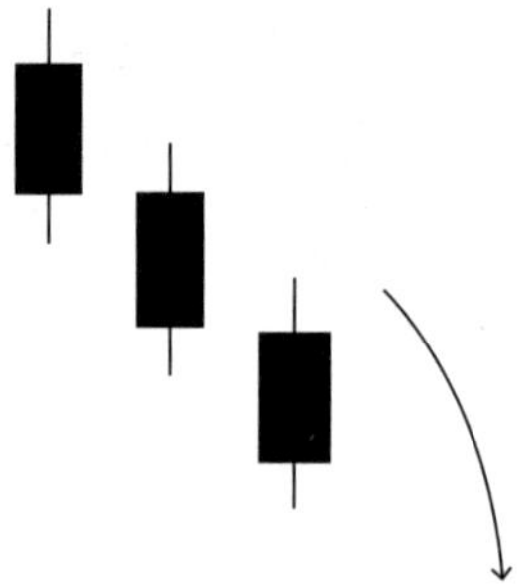

接力三乌鸦

图 4-28

市场特性：接力三乌鸦主要出现于上涨行情末期，也属于顶部反转组合，后市看跌。这种多方势力不做任何抵抗的下跌方式，另有个别名叫做崩盘，其杀伤威力可想而知。

五、K 线持续组合

有些 K 线组合能预示股价趋势发生转折，有些则预示股价在涨跌途中出现休整和巩固，这就是 K 线持续组合。

1. 待入线

待入线是两根 K 线的组合。股价在原有下降趋势基础上形成一根阴线，第二天价格又顺势低开，但是由于低开幅度过大，投资者惜售心理突显，加之部分抄底盘介入，致使价格回升并以阳线报收。但是多方的反击力度有限，令前后两根 K 线之间仍然存有缺口（如图 4-29 所示）。

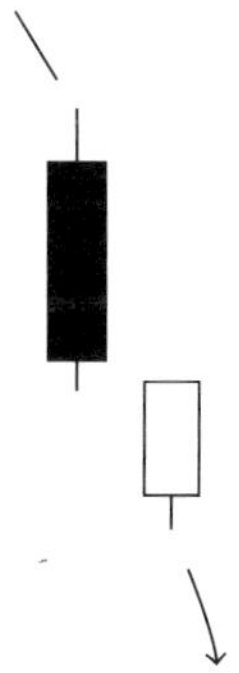

待入线

图 4-29

市场特性：待入线主要出现在股价下降途中，属于下降持续组合，后市看跌。

蜡烛线讲究的是相生相克、否极泰来。股价在下跌过程中形成下降缺口，本来是有利于行情持续向下发展的举动，但如果空头一时用力过大，就会导致后续力量难以为继，反让多头势力乘虚而入。此刻多方的反击力度倘若太猛，又会破坏掉下跌趋势的总体平衡。

在待入线形成过程中，以向下跳空且又涨幅有限的阳线来化解多空矛盾，进而保持整体下跌势头的进一步发展，可以说是做得恰到好处。

2. 切入线

切入线也是两根 K 线的组合，与待入线的形成原理异曲同工。不过“切”

是已经进入，而“待”是还没有进入。切入线后一根阳线的收盘价已经进入到前一根阴线的实体范围之内，但幅度不大（如图 4-30 所示）。

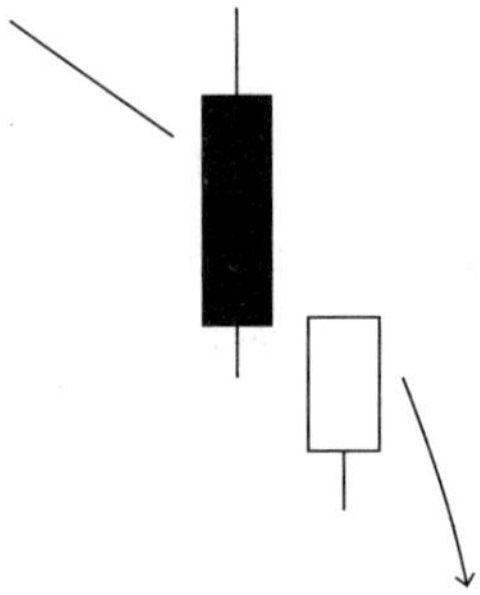

切入线

图 4-30

市场特性：切入线主要出现在股价下降途中，属于下降持续组合，后市看跌。

切入线与待入线的市场含义基本一致，都是在短期严重超跌的情况下，对超卖现象所做的一种暂时性修正。但切入线并不能扭转价格原有的下跌趋势，反而有助于下跌走势细水长流。

3. 插入线

插入线也是两根 K 线的组合。它是切入线的进一步扩张。插入线的后一根阳线更大幅度地进入到了前一根阴线的实体范围以内，但不超过阴线实体的二分之一（如图 4-31 所示）。

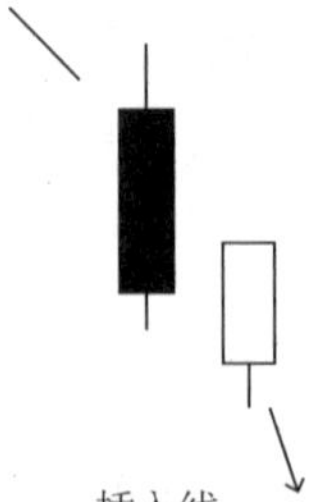

插入线

图 4-31

市场特性：插入线主要出现于股价下降途中，属于下降持续组合，后市看跌。

其功能与待入线、切入线基本一致，只不过助跌效应要稍弱一些。

4. 分手线

持续组合中的分手线是与反转组合中的约会线相对而言的。它是指股价在变动过程中，阴阳相邻的两根 K 线具有相同的开盘价，但收盘价却背道而驰。其又可以分为上升分手线和下降分手线两种形式（如图 4-32 所示）。

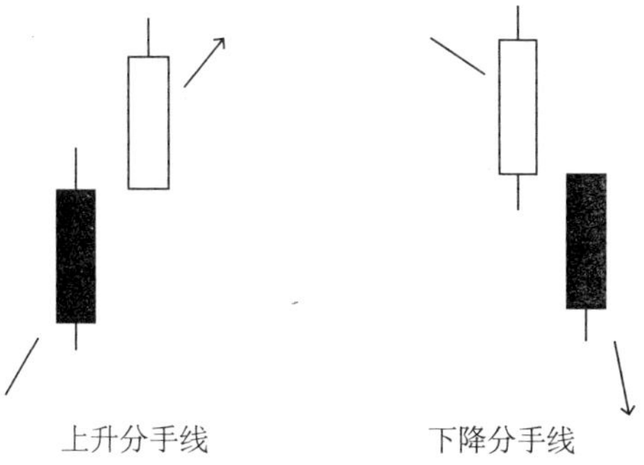

图 4-32

市场特性：上升分手线主要出现于股价上升途中，属于上升持续组合，后市看涨。下降分手线主要出现于股价下降途中，属于下降持续组合，后市看跌。

无论股价处于何种趋势当中，正常的 K 线组合都应是：第二天开盘价顺着第一天的收盘价开出。但是分手线不按常理出牌，而是以大幅高开或低开的方式直接跨越障碍，使股价朝趋势原有方向继续前进。这说明第一根 K 线的走向只是价格的短期波动现象，并没有影响到大局发展，第二天一鼓作气扭转局面方是趋势的本来面目。

5. 向上跳空并列阳线、向下跳空并列阳线

它们是三根 K 线的组合。在上升趋势当中，股价首先拉出一根大阳线，第二天又顺势形成一根向上跳空的中阳线，第三天股价大幅低开高走，且低开至上一根中阳线的开盘价附近，高走到前面中阳线的收盘价附近，这样后面的两根中阳线便在前面第一根大阳线的基础上，形成了并列向上跳空之势，这就是向上跳空并列阳线。

相反，在下跌趋势当中，股价在一根大阴线的基础之上，接连形成了两根并列向下跳空的中阳线，这就是向下跳空并列阳线（如图 4-33 所示）。

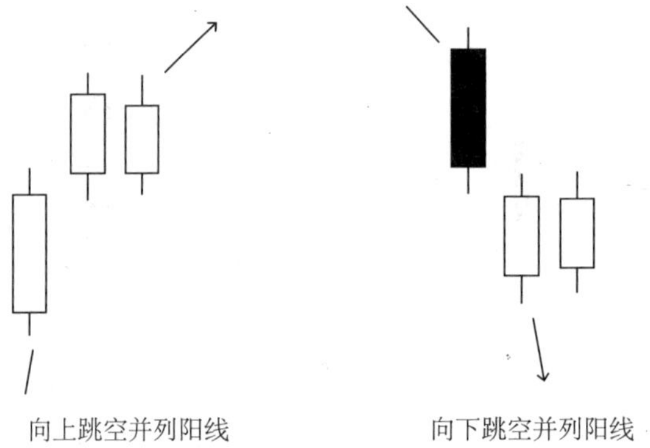

图 4-33

市场特性：向上跳空并列阳线主要出现于股价上涨途中，属于上升持续组合，后市看涨。向下跳空并列阳线主要出现于股价下降途中，属于下降持续组合，后市看跌。

它们的市场意义如下。

价格在原有做多的基础上，第二天股价顺势高开并以阳线报收。第三天部分投资者低价出逃，以至于股价大幅低开。但后来者踊跃跟进，又将股价重新拉起。在此过程中，那些不稳定的空头力量已被有效释放，随后价格还会沿着原有趋势继续上升。

价格在原有做空的基础上，第二天顺势低开，可是很快就遭到了多头的

反击，以至于股价回升并以阳线报收，但却仍然留下下降缺口。第三天股价又是低开高走。

接连两天做多力量都将低开的股价拉起，但却始终没能向上填补缺口，这说明多方实力有限，价格经过短期调整之后，还会延续原来的下降趋势。

6. 向上跳空并列阴阳线、向下跳空并列阴阳线

它们也是三根 K 线的组合。股价在原有做多的基础上拉出一根大阳线，第二天又收出了一根向上跳空的中阳线。第三天股价低开，但开盘价仍在上一根中阳线的实体范围之内，可收盘价却跌落到前两根阳线的跳空缺口之中，不过并没有完全回补掉该缺口，这就是向上跳空并列阴阳线（如图 4–34 所示）。

价格在原有做空的基础上拉出一根大阴线，第二天又收出了一根向下跳空的中阴线。第三天股价高开，且开盘价位于前一根中阴线的实体范围之内，收盘价上涨至前两根阴线的跳空缺口之中，但也并没有将该缺口完全填补掉，这就是向下跳空并列阴阳线（如图 4–34 所示）。

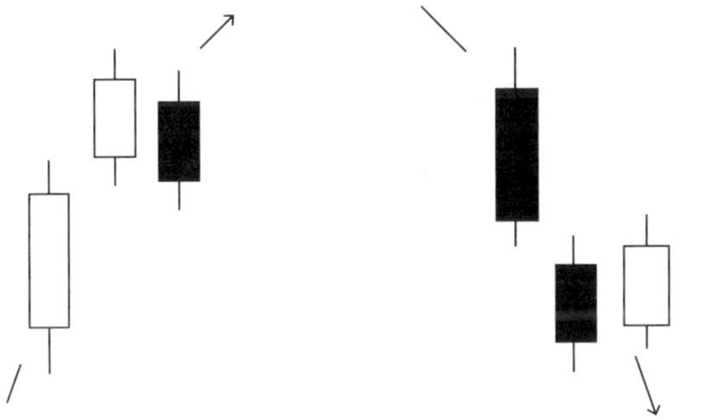

图 4–34

市场特性：向上跳空并列阴阳线主要出现于股价上涨途中，属于上升持续组合，后市看涨。向下跳空并列阴阳线主要出现于股价下跌途中，属于下降持续组合，后市看跌。

这两组 K 线组合的市场意义在于，价格在原有的做多或做空基础上，第二天顺势高开或低开，但做多或做空力量却没能得到较好的延续，最终仅以中阳线或中阴线报收。第三天股价的原有趋势力量似乎彻底消失，价格也朝相反方向运动，但却没能回补先前两根 K 线所留下的跳空缺口，表明反方实力有限。价格经过短期调整后，还会沿原有上升或下降趋势继续运行。

7. 跳空三法

它们也是三根 K 线的组合。股价的上升趋势越走越强，以至于相邻的两根阳线之间形成了向上的跳空缺口。但第三天价格却突然低开低走形成阴线，并且该阴线的实体部分恰好有效地填补掉先前阳线的跳空缺口，这就是上升跳空三法。

相反，在下降趋势中，股价于相邻的两根阴线之间出现了向下的跳空缺口。然而第三天的价格又突然高开高走形成阳线，并且这根阳线的实体部分恰好完全填补掉了先前阴线的跳空缺口，这就是下降跳空三法（如图 4-35 所示）。

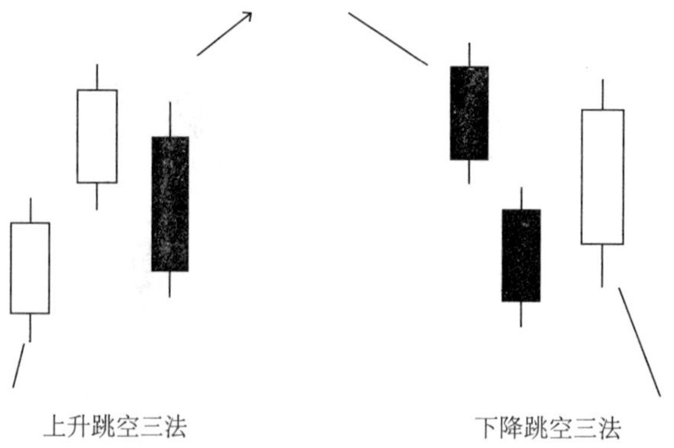

图 4-35

市场特性：上升跳空三法主要出现于股价上涨途中，属于上升持续组合，后市看涨。下降跳空三法主要出现于股价下跌途中，属于下降持续组合，后市看跌。

按照常规理论来分析，股价在连续上涨或下跌过程中出现顺势跳空缺口，是趋势延续的一种强势特征。如果股价再回头将缺口回补掉，就是由强转弱了。

但是技术派人士普遍认为，在价格上涨或下跌途中出现短暂的缺口回补现象，未尝不是一件好事，因为缺口所造成的局部价格真空，不利于中长期力量的持续跟进。

8. 三线直击

它们是四根 K 线的组合。在红三兵后形成一根高开低走的大阴线，并且其实体部分完全包裹住了前面的三根小阳线，这就是上涨三线直击。

反之，在三只黑乌鸦后形成一根低开高走的大阳线，并且其实体部分完全包裹住了前面的三根小阴线，这就是下跌三线直击（如附图 4-36 所示）。

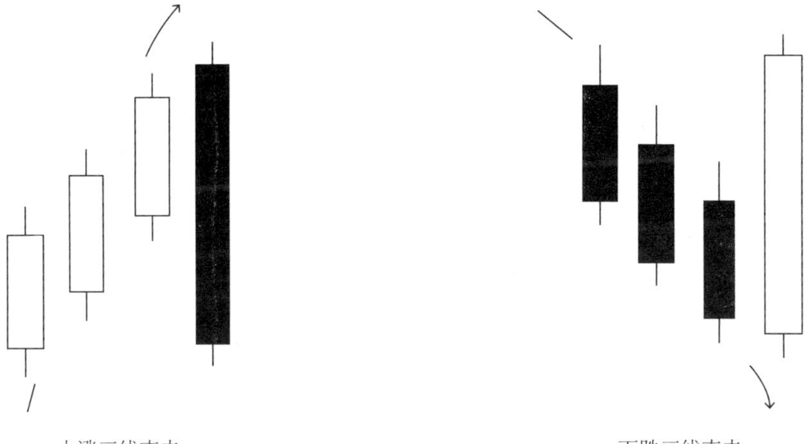

图 4-36

市场特性：上升三线直击主要出现于股价上涨途中，属于上升持续组合，后市看涨。下跌三线直击主要出现于股价下跌途中，属于下降持续组合，后市看跌。

该类 K 线组合的市场意义是，在股价初涨或初跌时期，投资者对原有趋势的惯性思维还没有得到及时的转变，更不会轻易相信机遇或危机已经悄悄来临。此刻只要行情稍有反复，多数人就会争相跟随，所以盘中很容易出现这种一阳包三阴或一阴吞三阳的大幅度起落现象。

9. 上升三法、下降三法

它们是由五根 K 线组成。股价在上涨趋势中拉出一根大阳线，紧接着又连续形成三根依次下跌的小阴线。这些小阴线加到一起，也没能跌出第一根大阳线的实体范围。第五天价格又在最后一根小阴线的基础上小幅高开，最终以大阳线报收，并且该大阳线的实体部分一举吞没了前面的三根小阴线，这就是上升三法。

反之，在股价下降趋势当中，形成两根大阴线包裹三根小阴线的结构，就是下降三法（如图 4-37 所示）。

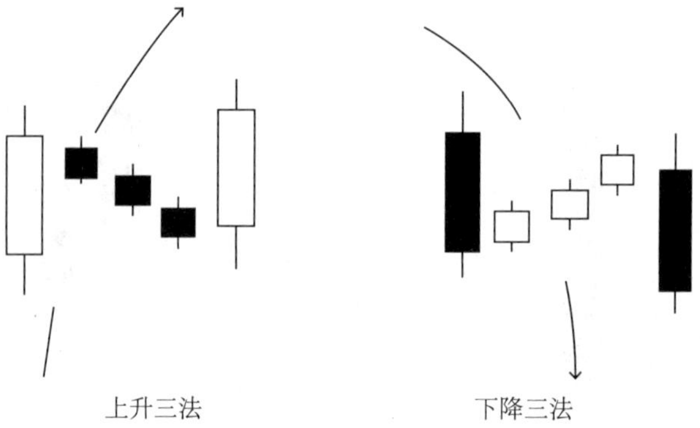

图 4-37

市场特性：上升三法主要出现于股价上涨途中，属于上升持续组合，后市看涨。下降三法主要出现于股价下跌途中，属于下降持续组合，后市看跌。

这类 K 线组合的市场意义是，股价在原有上涨或下跌基础之上，形成了一些不同的声音，但最终又被一股更大的相反势力一举收复，于是价格在经过短期震荡后，又恢复了原有的趋势。

六、移动平均线

如果有人问，在众多技术分析工具当中，构造最简单，应用最广泛，形式最客观，又最不易被人为操控的分析工具是哪一个？答案一定是移动平均线。移动平均线以简洁、优美的造型和实用、准确的功效，赢得了无数证券投资者的青睐。

1. 移动平均线的计算

移动平均线分析法是由美国投资专家葛南维创立的，该方法立足于道氏理论的三种趋势，采用统计学中“移动平均”的原理，将一段时期内的股价平均值连成曲线，以简洁的方式预测股票未来短期、中期、长期的价格走势，为投资决策提供依据。

计算公式：MA_N =（第 1 日收盘价+第 2 日收盘价+…）/N

例如，要求出 5 日的价格平均线，就得将个股在连续 5 个交易日内的收盘价相加再除以 5，此时得出一个平均值。然后通过时间推移，用第 6 天的新价格更换掉第 1 天的价格，以此类推，便可以得到一条均值曲线。

一般来说，现行价格在其平均价之上，意味着市场需求较大，行情看好；反之，则意味着供过于求，卖压较重，行情看淡。

2. 移动平均线的基本特性

移动平均线通常具备如下特性。

（1）揭示市场平均持股成本。这是移动平均线最为本质的特性，也是它的形成原理。例如，5 日移动平均值代表最近 5 天内买入者的平均持股成本，30 日移动平均值则代表最近 1 个月内买入者的平均持股成本。

（2）揭示市场趋势。移动平均线的运行方向通常就是价格发展的趋势方向。

（3）具有稳定的特性。移动平均线可以过滤掉股价走势中的不稳定因素，不会像日K线那样频繁地上下波动，因此其发出的买卖信号也具有较高的可靠性。

（4）助涨、助跌功能。当股价自下而上突破移动平均线后，就会对价格走势形成助涨作用。此后股价再回落至移动平均线附近时，会受到其有力支撑。当股价自上而下跌穿移动平均线后，便会对价格走势形成助跌作用。此后股价再回升至移动平均线附近时，会受到其有效压制。

（5）压力和支撑特性。简单来说，就是股价无论向上突破还是向下跌破移动平均线，都会遇到相应的阻力。

（6）吸附功能。无论价格是向上或是向下远离移动平均线后，都会因受到它的吸引而形成回归。

（7）滞后性。这是移动平均线的最大缺点。因为它是由多天的平均价格移动生成的，因此与现实行情相比具有很大的滞后性。尤其是对形成周期较短的顶部形态进行监测时，会显得更迟钝。

3. 移动平均线的周期选择

移动平均线设置的周期越长，其滞后特征就越明显，反应也越迟钝，但所发出的买卖信号较为可信。移动平均线设置的周期越短，变动就越灵敏，可是相应地也更难于把握。

投资者通常会依据炒作期限的不同，将其应用周期划分成三大类。

（1）适合于短线投资者应用的主要包括5日、10日、20日移动平均线，它们统称为短期均线系统。

（2）适合于中线投资者应用的主要包括20日、30日、60日移动平均线，它们统称为中期均线系统。

（3）适合于长线投资者应用的主要包括60日、120日、250日移动平均线，它们统称为长期均线系统。

其中，30日、60日、120日、250日移动平均线又被分别称作月线、季线、半年线和年线。其中移动平均线的周期系数越大，其对价格走势起到的助涨、助跌、压力、支撑等作用就越突出。

4. 葛南维移动平均线八大法则

对于单根移动平均线的应用规则，最著名的当数葛南维八大法则，其主要内容如下（如图 4-38 所示）。

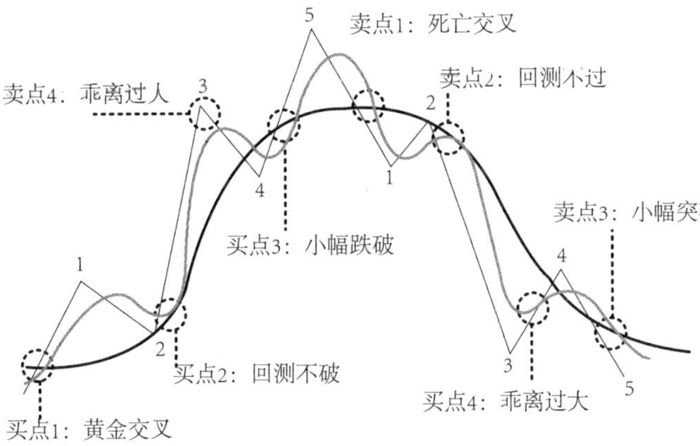

葛南维八大买卖法则与波位

图 4-38

买进时机：

（1）移动平均线从下降逐渐走平，股价从其下方向上突破，为买进信号。

（2）移动平均线上升途中，股价在它上方突然下跌，但未将其跌破，后又重新走强，可以加码买进。

（3）移动平均线上升途中，股价于跌破它不久后又重返其上，为买进信号。

（4）移动平均线由上升渐渐走平，股价跌破并远离它，此时价格极有可能因受其吸附而向上靠拢，是买进时机。

卖出时机：

（1）移动平均线从上升逐渐走平，股价自上而下跌破它，是卖出机会。

（2）移动平均线下降途中，股价在其下方向上回升，但未等触及到它便告回落，是卖出时机。

（3）移动平均线下降途中，股价由下向上突破它，但又迅速返回，是卖出时机。

（4）移动平均线上升途中，股价在其上方逐步上涨并远离它，此时价格很可能因受到它的吸附而向下靠拢，为卖出时机。

5. 黄金交叉、死亡交叉

当移动平均线的数量增至两条或更多时，便会形成交叉现象。它们之间的相互交叉行为，是因其各自的运行速度不同造成的。

一般来说，周期较短的均线运行速度较快。周期较长的均线，运行速度较慢。那么快速线追上慢速线也就成为了不可避免的自然现象。

交叉法则是移动平均线的一项实用理论，其他股市技术指标的判研过程，大都借鉴了这一原理。在两条不同设置周期的均线相遇时，通常会形成下列两种情况：一是黄金交叉；二是死亡交叉（如图 4-39 所示）。

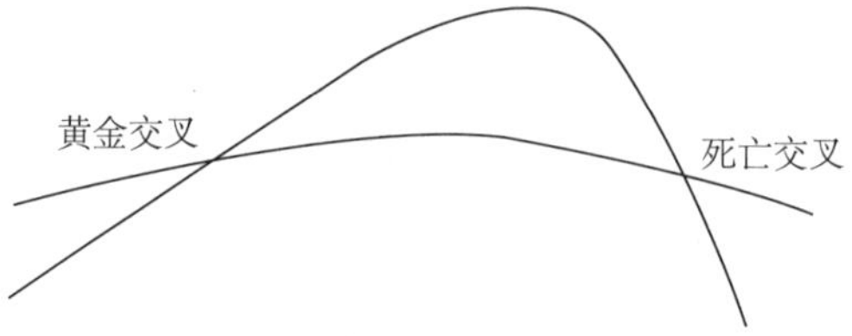

图 4-39

短期移动平均线向上突破长期移动平均线时，形成的交叉就是黄金交叉。黄金交叉对股价走势具有积极影响，预示价格已开始走强。

短期移动平均线向下跌破长期移动平均线时，形成的交叉就叫死亡交叉。死亡交叉对股价走势具有消极影响，预示价格已开始走弱。

实盘案例：

林海股份（600099）的 10 日均线于 2014 年 6 月自下而上突破了其 30 日均线，形成黄金交叉，此后该股股价一路走强。后来在 2014 年 10 月 10 日均线又向下跌破了30日均线，形成死亡交叉，其股价也由此进入疲态（如图4-40所示）。

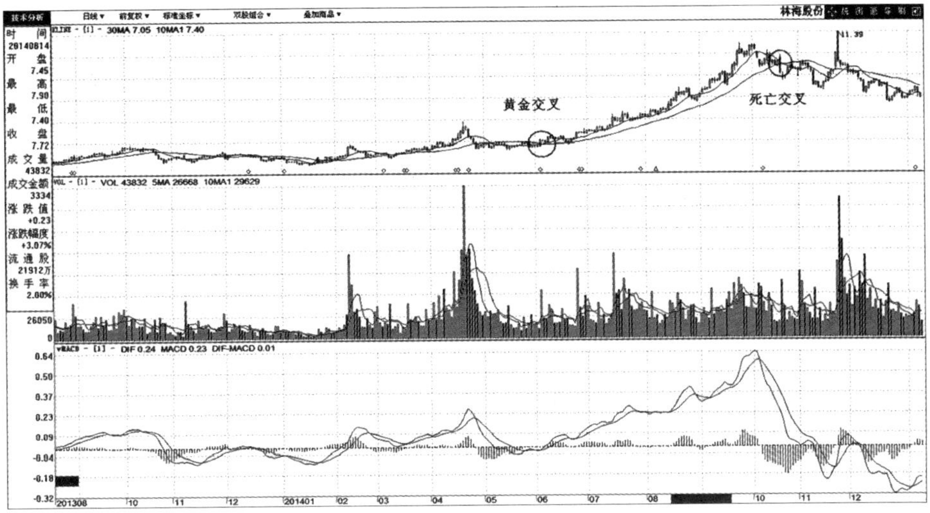

图4-40

6. 多头排列、空头排列

通常投资者都习惯在股票软件中同时设置多条移动平均线，这样可以清楚地了解场内持股者的成本分布情况以及价格在各区域空间内的压力与支撑所在。

均线数目一旦增加，便涉及到它们之间的排列问题。从技术角度来讲，其中有两种排序方式是最能说明当时市场状况的：一是多头排列，二是空头排列。

短期移动平均线、中期移动平均线、长期移动平均线从上至下依次排序，并向右上方移动，称为多头排列。

短期移动平均线、中期移动平均线、长期移动平均线自下而上依次排序，并向右下方移动，称为空头排列。

多头排列表明价格趋势处于强势上涨之中，空头排列表明价格趋势处于弱势下跌之中。

实际案例：

上海建工（600000）在2014年至2015年的持续大涨中，短期、中期、长期三条均线一直处于多头排列状态（如图 4-41 所示）。

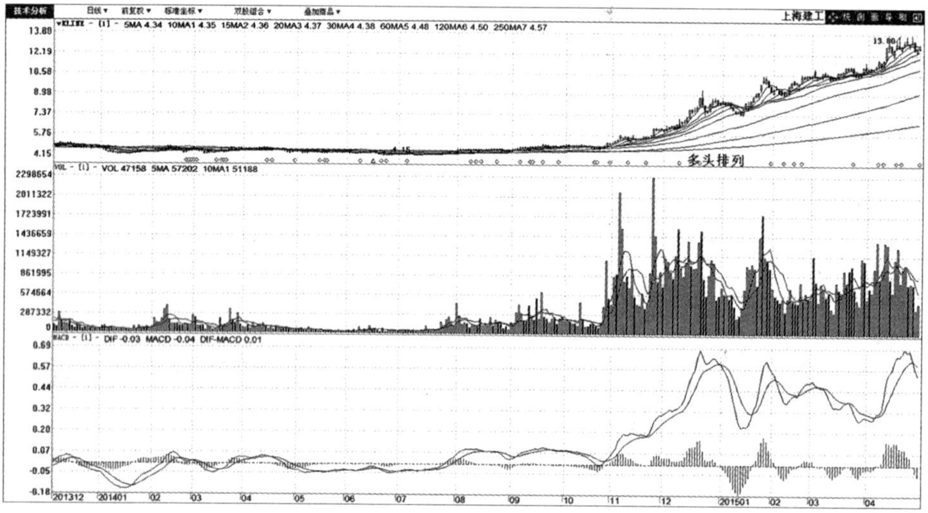

图 4-41

皖通高速（600012）在 2011 年至 2012 年的持续下跌中，短期、中期、长期三条均线则一直处于空头排列状态（如图 4-42 所示）。

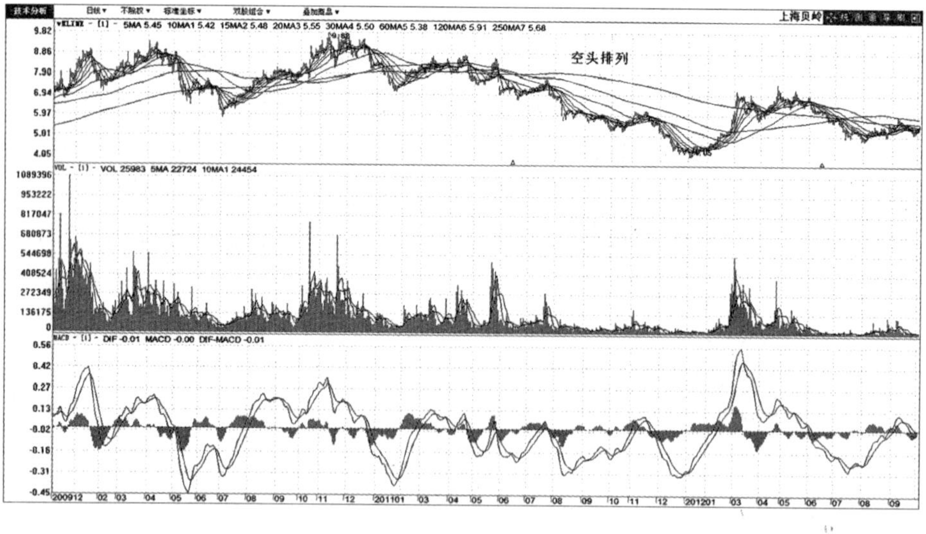

图 4-42

7. 群线转折

移动平均线可揭示持股者的买入成本。因此建议投资者在设置移动平均线时，最好将 5 日、10 日、30 日、60 日、120 日、250 日均线联合使用。因为群线汇聚之处，便是短期、中期、长期投资者的成本相同之处，股价趋势最容易在这里发生历史性转折，并且价格趋势在这里形成的方向性转折也最重要、最可靠。

一般来说，多条均线在某一点交织、交汇，会发出四种可靠且实用的转折信号（如图 4-43 所示）。

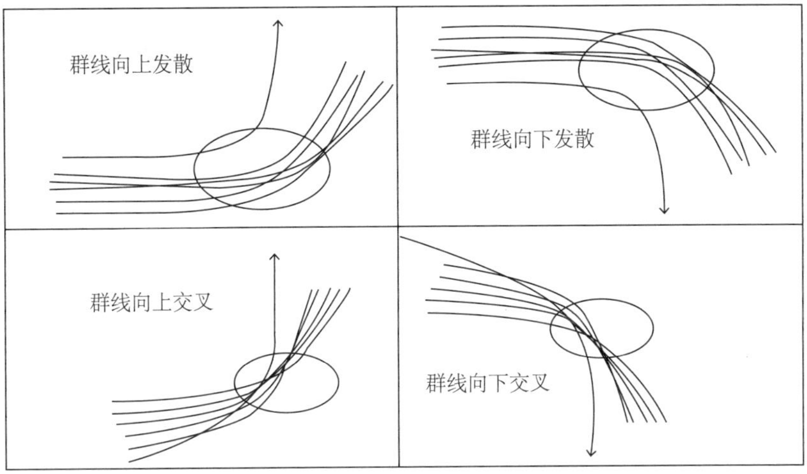

图 4-43

（1）群线依次向上发散。股价长期处于低位盘整状态，靠拢的均线群依次向上发散时，是重要的买入信号。

（2）群线依次向下发散。股价长期处于高位盘整状态，靠拢的均线群依次向下发散时，是重要的卖出信号。

（3）群线交叉向上发散。股价处于低位运行状态，靠拢的均线群向上交叉并且向上发散时，是重要的买入信号。

（4）群线交叉向下发散。股价处于高位运行状态，靠拢的均线群向下交叉并向下发散时，是重要的卖出信号。

实盘案例：

同花顺（300033）的各条均线在 2014 年 5 月形成了群线依次向上发散之势，后来股价一路走牛（如图 4-44 所示）。

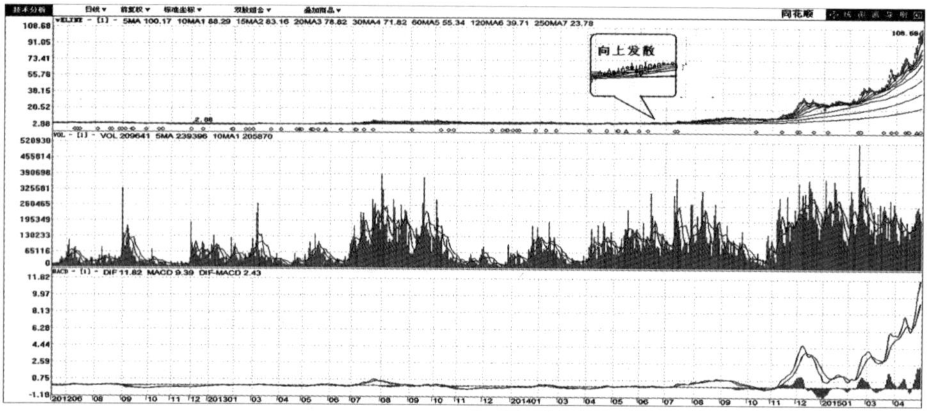

图 4-44

广州控股（600098）的各条均线在 2008 年 3 月形成了群线交叉向下发散之势，后来该股一路走熊（如图 4-45 所示）。

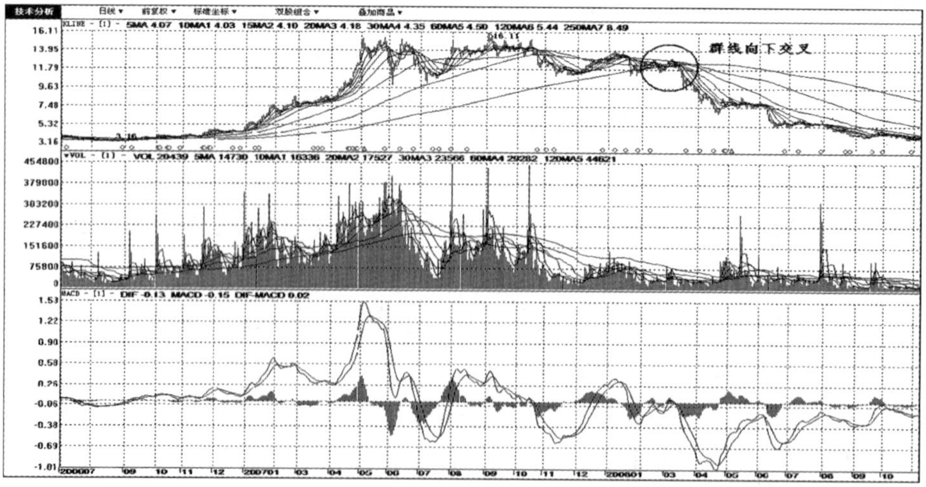

图 4-45

七、成交量

成交量（VOL）是指在某一个特定时间单位内所撮合成交的股数。例如小时成交量、日成交量、月成交量等。

成交量通常在走势图中都以条形实体来表示，也叫做成交量柱。如其上方对应着阳线，则量柱实体就显示为红色；若对应着阴线，则显示为绿色（如图 4-46 所示）。

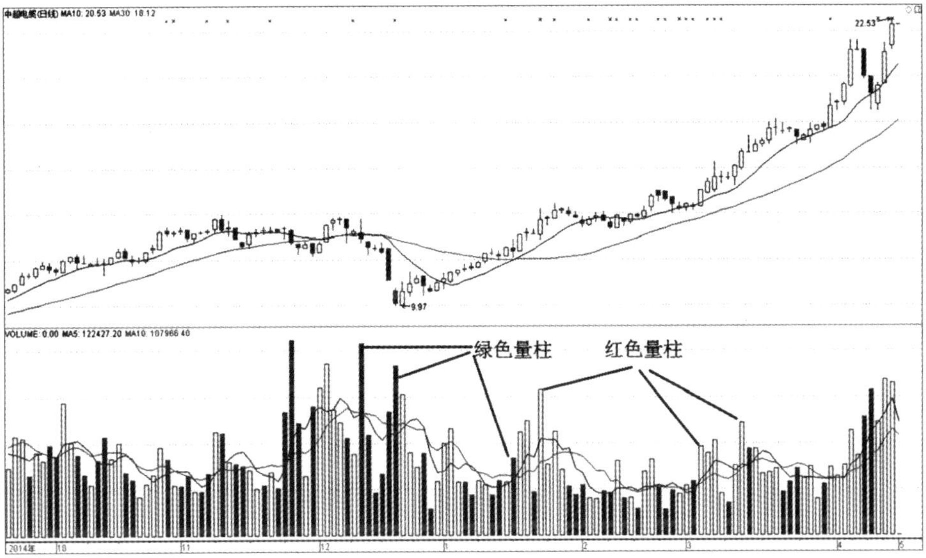

图 4-46

由于成交量是由买卖双方的实质性交易形成的，并且具有其他技术指标所不具备的丰富内涵，所以多数股市实战高手都对其十分青睐，并将它作为判断市场或个股未来走势及买卖交易的重要依据。

1. 放量实用法则

（1）股价持续上涨，需要不断放大的成交量相配合。

成交量是推动股价上涨的动力与源泉，并且价格升幅越高，买方投入的资金量就应越大，这也是其基本特性。(如图 4-47 所示)。

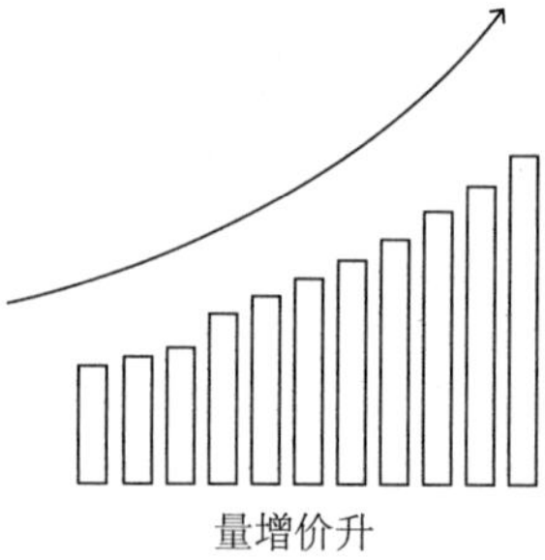

图 4-47

（2）股价突破前高时，需要进一步放大的成交量相配合。

股价在上涨中突破前一浪高位时，释放出的成交量也要比前一次的成交量有所增大。成交量常会在价格的波段性高点下汇集成“堆”，其中既有获利盘，也有套牢盘。这些人都在等待一个理想的目标价位，或是出货，或是止损。当日后股价重返该处时，多方必须投入更多的资金，方能消化掉前期聚集在此处的不稳定筹码，为股价继续上涨提供动力（如图 4-48 所示）。

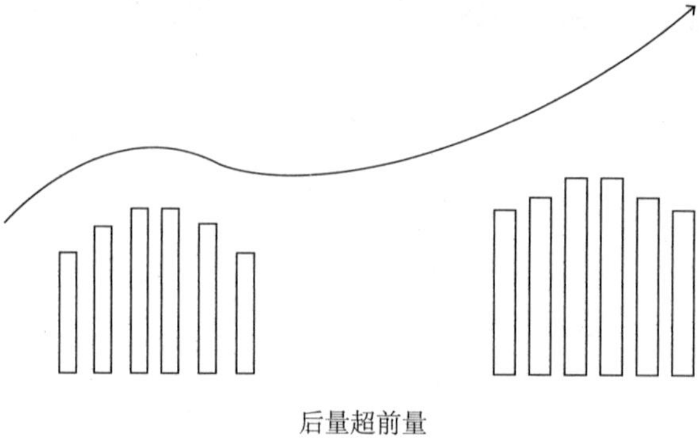

图 4-48

（3）股价在启动升势或突破盘整时，需要放大的成交量相配合。

放量突破是量价理论中的基本规律，市场中有 90%左右的个股在启动上涨行情或突破盘整格局时，需要有充足的成交量协助克服障碍（如图 4-49 所示）。

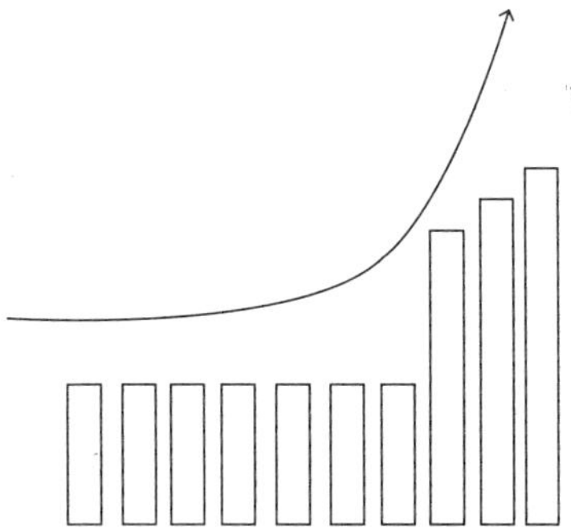

放量突破

图 4-49

（4）股价上涨到顶部区域时，可能会形成放量现象。

俗话说“量大成头”。例如，某些个股人气火爆，涨幅尚在可接受范围以内，那么在它初跌之际，一定会吸引大批股民贪低吸纳。但真正的有识之士会在这里不断出货，兑现收益。内外两股势力在此处相撞，必然会释放出大额成交量堆。最后庄家与散户完成筹码交换，盘面失去主导力量，股价随后应声而落（如图 4-50 所示）。

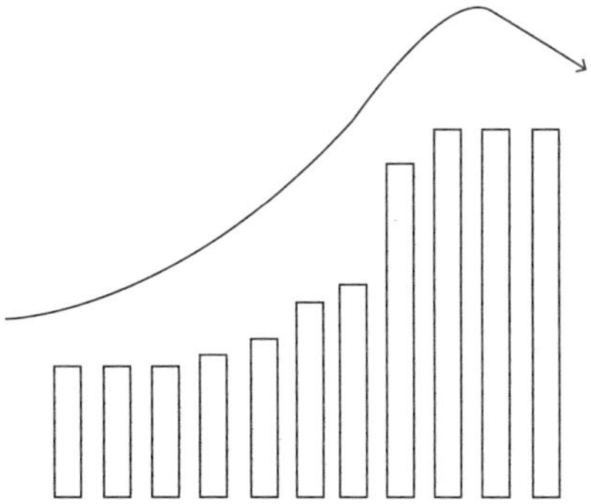

量大成头

图 4-50

2. 缩量实用法则

（1）股价在高位见顶时，有可能会形成缩量现象。

那些受追捧程度有限却涨幅偏高，或在弱市当中表现的个股，在股价回落之后，已经很难再激起场外投资者的购买热情，所以它们在下降之初也注定会呈现缩量局面（如图 4-51 所示）。

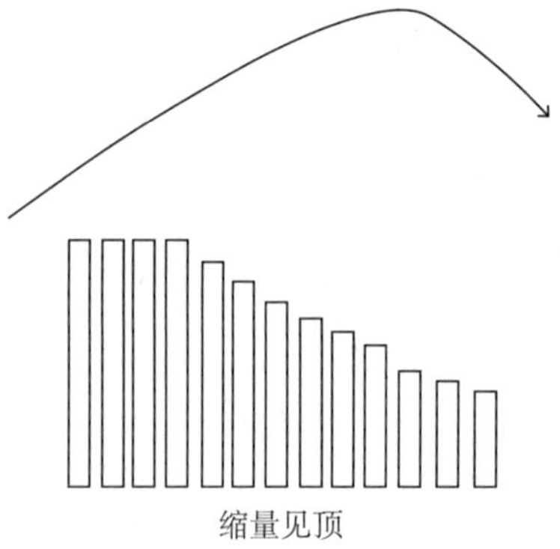

图 4-51

（2）股价在洗盘或回调整理时，会形成缩量现象。

在上涨途中，股价会形成缩量洗盘或回调休整现象。这是盘中浮动筹码被陆续清理出局的具体表现，洗盘或回调整理有助于价格以更轻便的步伐再续升势（如图 4-52 所示）。

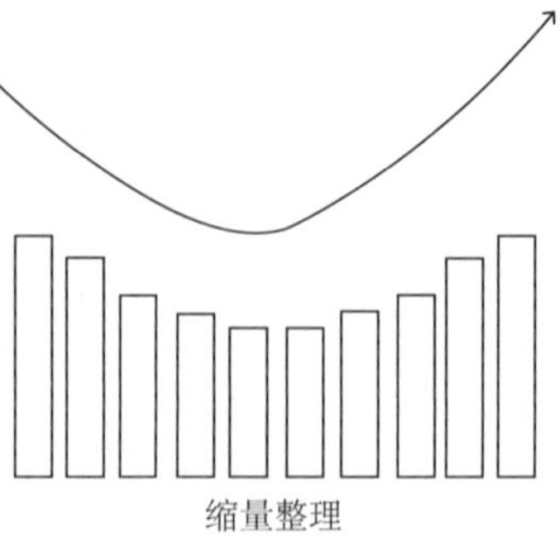

图 4-52

（3）股价在持续下跌过程中，会形成缩量现象。

“下跌不需要成交量”是股民常说的一句话。就像搬运重物一样，拿起它要费很多力气，而丢掉它只需一松手就行了。股价的涨跌同样如此。

特别是在下降趋势已逐渐明朗的情况下，更不会有很多人去伸手接“刀”。所以在连续下跌过程中，多数个股是呈现持续缩量状态的（如图 4-53 所示）。

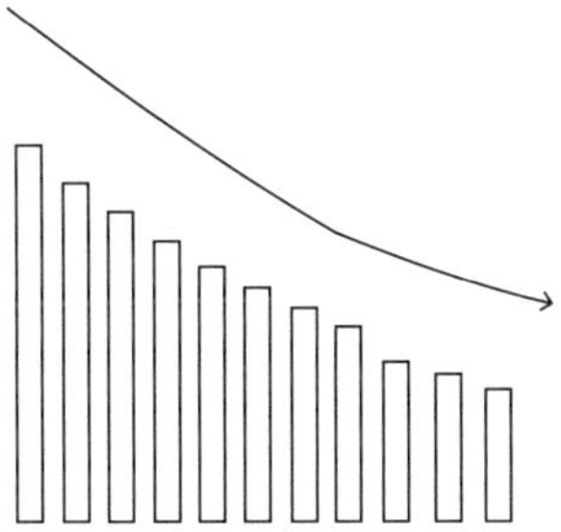

图 4-53

（4）股价在触碰中长期底部时，会形成缩量现象。

与“量大成头”相对的是“量小见底”。道理很简单，股价经过连续下跌后，该出局的投资者都已跑得差不多了，没出局的也因亏损太多而不会割肉。

眼看着遍地的廉价筹码，投机客们脑子里想的都是何时去做反弹。但在没有形成明确的上涨征兆之前，又无人敢去接盘，所以此处的成交量会极为稀少。但只要日后稍有买盘成交，便可轻松将股价拉起，届时抄底盘见状，就会蜂拥而至，股价随即走出反弹或回升行情（如图 4-54 所示）。

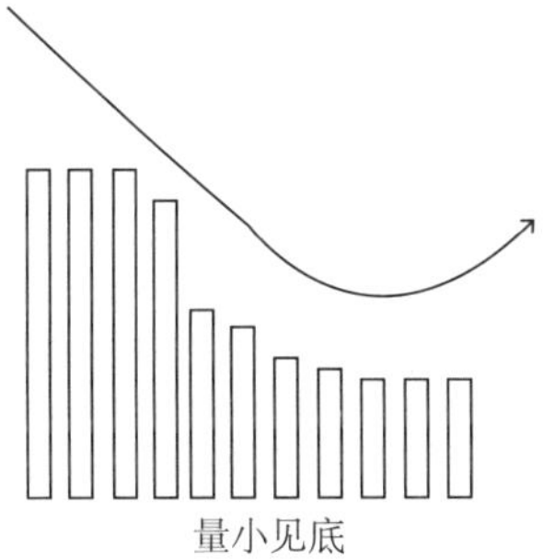

图 4-54

第五章　股价形态与趋势线理论

现在继续对股票的价格走势进行分析。前面讨论了 K 线反转组合和 K 线持续组合，这里要将观察周期放大至几个月乃至于几年的时间，这种大规模的 K 线组合，就是人们通常所说的股价形态。

一、形态种类

价格趋势的形成与发展并非从天而降，而是需要一个较长时期的酝酿。在酝酿期内，股价的走势结构即可称为形态。价格经过长时期酝酿后，带来的通常不仅仅是趋势转折，也有可能是趋势延续，因此形态也分为反转形态和整理形态两种。

反转形态是指股价趋势发生转折并形成与原来方向相反的运行趋势时，K 线走势呈现出来的技术形态。整理形态则是在现行趋势依然有效的情况下，股价在某一时间段和位置进行整理和巩固时所体现出的 K 线技术形态。

无论反转形态还是整理形态，都具有如下特点。

（1）都存在于趋势之中。

（2）形成规模越大，对市场后期走势产生的影响就越大。

（3）它们中的大多数形态都具有预测意义，可以帮助确定目标价格。

（4）在反转形态中，顶部形态的形成时间通常要短于底部形态，但波动性较强；底部形态的价格波动范围虽小，但酝酿周期较长。

二、反转形态

反转形态是指价格趋势在酝酿转折时期所形成的走势，即由涨势变为跌势或由跌势转为涨势期间所形成的 K 线技术形态。

1. 头肩形态

头肩形态是所有反转形态中最著名、最有效的一种技术形态，其余形态大多都由它演化而来。

（1）头肩顶。

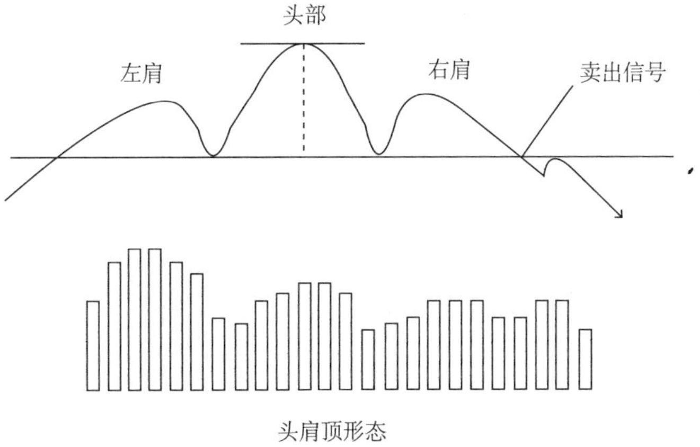

图 5-1

形态结构：它是由一个“头”和两个“肩”构成的，很像一幅人体结构图（如图 5-1 所示）。

市场属性：头肩顶通常出现在股价大涨后的顶部区域，属于顶部反转形态，后市看跌。

形成机理：上涨行情被确认之后，投资者入市情绪高涨，成交量持续放大，多方力量推动价格不断上涨。但就在人们争相看好后市时，空方大举反扑，使涨势由升转跌，左肩形成。

股价经过短期回落后，错过前期升势的投资者逢低买进，引发股价再度上涨，并且价格超越上次高点。虽然此刻市场气氛表面上看起来积极乐观，但同期的成交量已有所缩减。

上涨一段空间后，一些谨慎的投资者以及在上次回落低点买入的短线客纷纷卖出，导致升势再次回落，由此形成头部。

接下来，在后知后觉者的大量介入下，价格形成了第三波上扬。但此时成交量却进一步萎缩，并且股价也无法超越上次高点，随即转头下跌，于是形成右肩。

此时逐渐有越来越多的人察觉到大势不妙，一旦股价跌破头肩顶的颈线位，一波大幅度的下跌行情也随之来临。

应用法则：

①当头肩顶形成后，可以在其“颈部”的两个低点处做连线，画出颈线（如图 5-1 所示）。

②这是一种大级别的市场反转形态，且具有极大的杀伤效应，一旦股价跌破颈线位，预示着行情已发展到了牛市末期，将会进入快速下跌阶段。

③价格在第二个“肩”后跌破“颈线”时，是明确的卖出信号。虽然此时的股价和前期头部高点相比已有了一定的跌幅，但真正的下跌行情才刚刚开始。

④当价格跌破颈线时，可根据形态的最小量度跌幅预测出股价至少会跌到什么价位（颈线到头部最高点的垂直距离）。不过多数头肩顶的实际跌幅都会远大于此。

操作要领：

①头肩顶的左肩和右肩通常是大致等高的，但从细节上来看，右肩往往要略低于左肩，这是人气下降的原因造成的。如果右肩的高度超出头部，则头肩顶形态不成立。

②如果颈线的走向是倾斜向下的，则表明市场极度疲弱。

③价格在跌破颈线时不需要成交量的配合。如有放大，则说明恐慌盘涌

出，会导致股价加速下滑。

④价格在跌破颈线后，很可能会形成反抽，但会在颈线处受阻。这也是场内投资者最后的逃命机会。

实盘案例：

深发展 A（000001）的股价经过大幅上涨后，在 2007 年 7 月至 2008 年 2 月形成了头肩顶形态。其后股价跌幅巨大，已远远超过了其最小量度跌幅（如图 5-2 所示）。

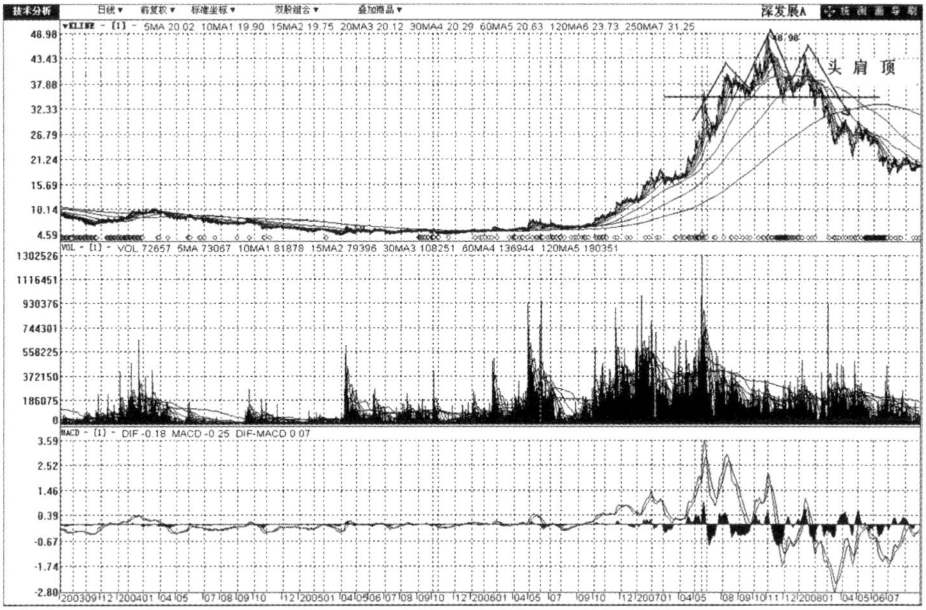

图 5-2

深天健（000090）头肩顶的颈线明显向下倾斜，所以后期跌势更为猛烈（如图 5-3 所示）。

（2）头肩底。

形态结构：头肩底与头肩顶的结构一样，只是将其倒转过来而已，因此又称倒头肩形（如图 5-4 所示）。

市场属性：头肩底通常出现在股价大跌后的底部区域，属于底部反转形

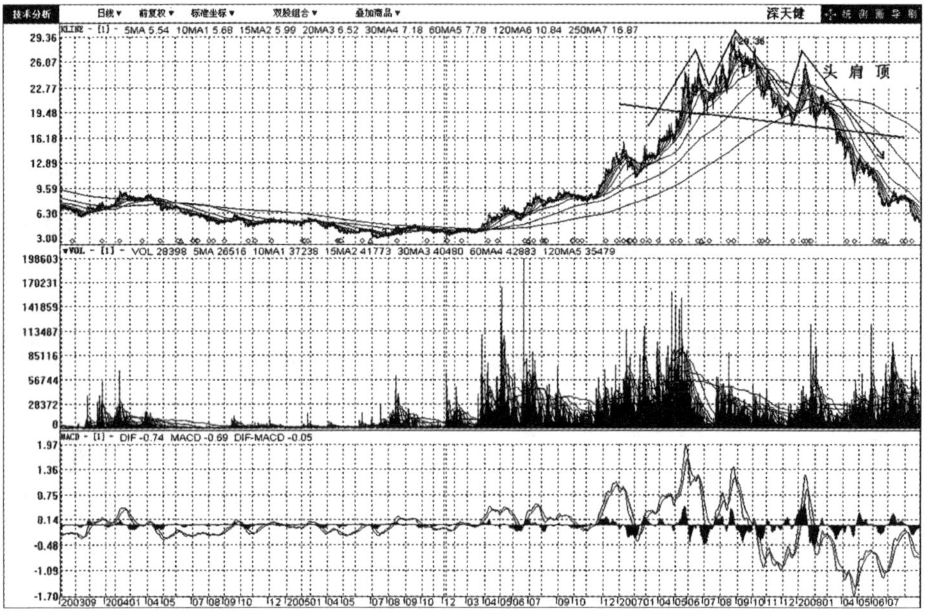

图 5-3

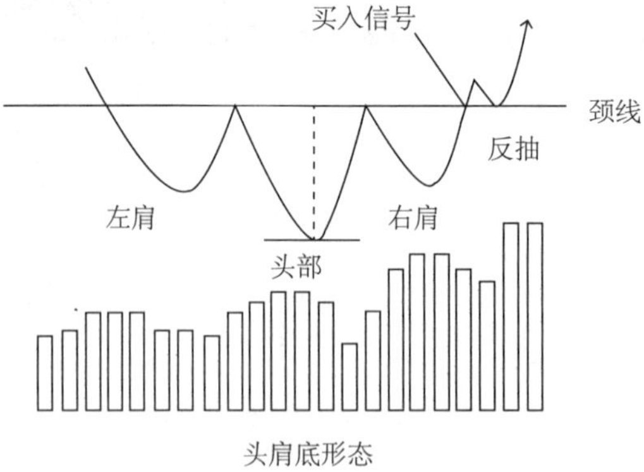

图 5-4

态，后市看涨。

形成机理：价格经过长期下跌后，下降趋势有望扭转，于是在多头和短线势力的努力下，成交量逐渐放大，股价走势向上反弹，“左肩”形成。

然而大跌过后人心不稳，在套牢盘兑现的压力下，股价又一次下挫，并创出新低。但此时个股的市场价值早就凸显，股价已跌无可跌，于是大批有眼光的投资者纷纷进场吸纳，股价也很快又一次调头向上。上升时的成交量与左肩相比，也有了进一步的放大，此时头部形成。

有了上一次反弹失利的经验教训，在落袋为安的操作心理驱使下，股价仅在反弹至上次高点附近便裹足不前了。不过在接下来的第三次探底过程中，股价却并未创出新低，反而吸引来更多的投资者入场。该阶段股价下方的成交量与前两次放量行为相比，也有了更为明显的放大趋势，于是右肩形成。

股价向上突破颈线位后，在新多、老多势力的共同推动下，市场形成了猛烈的上涨行情。

应用法则：

①该形态是一个大级别的市场反转暗示，并且具有顽强的上涨能力，预示行情已发展到了熊市末期。

②当头肩底形成后，可以在其颈部的两个高点处做连线，画出颈线（如图 5-4 所示）。

③价格在第二个肩后放量突破颈线时，是明确的买入信号。虽然此时的价格与前期头部低点相比已经有了一定的升幅，但真正的上涨行情才刚刚开始。

④当价格突破颈线后，可根据形态的最小量度升幅，预测出股价大致会上涨到什么价位。具体估算方法为颈线到头部最低点的垂直距离（如图 5-4 所示）。

操作要领：

①在股价向上突破颈线之时，必须要有明显放量才行，因为股价上涨需要推力。

②股价向上突破颈线后，很可能会形成短期回落，但回落会在颈线处获得支撑。这里也是逢低买入该股的最佳时机。

③如果颈线倾斜向上，则表明市场处于强势。

④股价突破头肩底后的涨幅，一般都要大于其最小量度升幅（颈线到头

部最低点的垂直距离)。

⑤通常头肩底的形态都相对平坦(上下波动幅度较窄),且形成周期较长。

实盘案例:

精工科技(002006)在2008年8月至2009年2月构筑了一个标准的头肩底形态。股价突破颈线后出现回抽,又经过短暂蓄势后,便展开了一小段凌厉的攻势(如图5-5所示)。

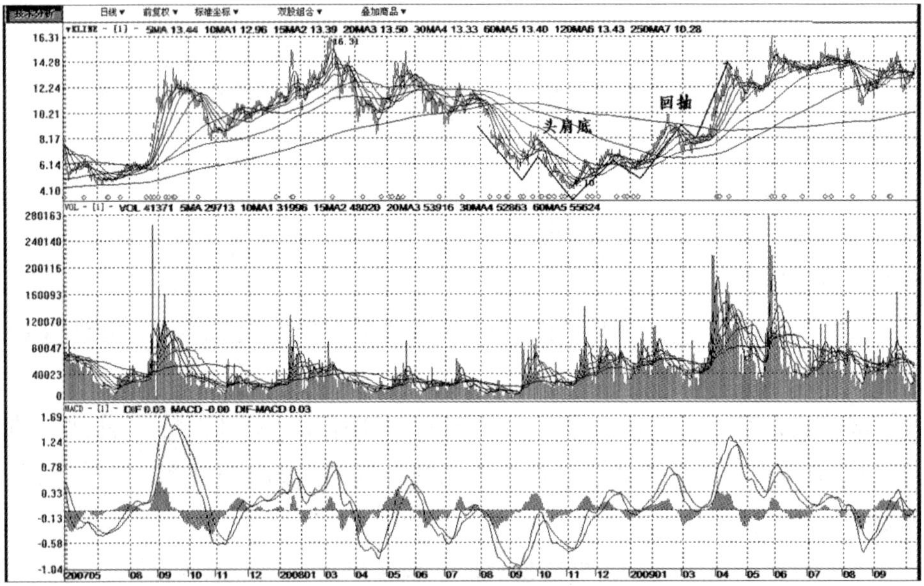

图 5-5

2. 复合头肩形态

复合头肩形态是头肩形态(头肩顶和头肩底)的变形,其走势形状和头肩形十分相似,只是肩部、头部或两者同时出现两次以上,而且还带有强烈的对称倾向。一般都是单个的左肩对应着单个右肩,而双重的左肩则使出现双重右肩的几率增大。

（1）复合头肩顶。

形态结构：

① 一头双右肩形态。当价格走势在高位形成左肩、头部和右肩后，并没有马上跌破颈线，而是在其上方又形成了第二个右肩，此后才成功破位，引发持续下跌行情。

②一头双左肩形态。价格在构筑头部之前，形成了两个高度相当的左肩，但最终却只出现一个右肩。

③一头多肩形态。多数复合头肩顶具有显著的对称倾向，在它形成两个左肩之后，大多会出现两个右肩。

④多头双肩形态。于普通头肩顶的基础之上，价格在构筑完头部之后，又再次攀升至上次高点附近，以致在左右肩当中形成两个头部（如图 5-6 所示）。

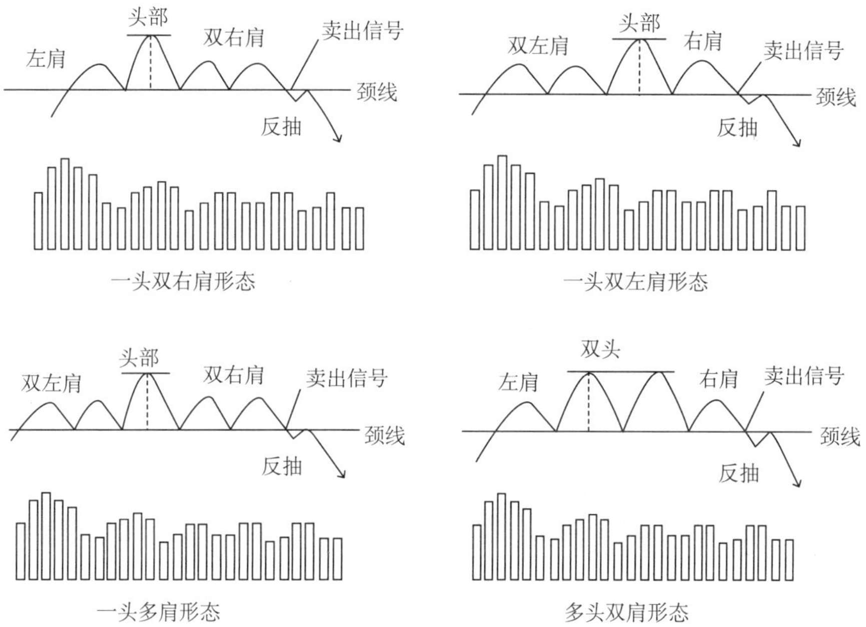

图 5-6

市场属性：复合头肩顶通常出现在股价大涨过后的顶部区域，属于顶部反转形态，后市看跌。

形成机理：复合头肩顶与头肩顶的形成机理大体相同，只不过是在相应的位置上又多出现了一两次价格反复而已。

应用法则：

①复合头肩顶的应用法则与头肩顶基本相同。当它出现在价格顶部时，表示一次长期的跌势行情即将来临。

②复合头肩顶的影响力要比头肩顶稍弱一些，其最小下跌幅度的测量方法也是从颈线到头部最低点的垂直距离，但实际情况往往会更糟。

操作要领：复合头肩顶的颈线较难画出，因为它每个肩和头的回落点不可能全都处于同一条直线上，因此应该取其中最重要的两个短期低点做连线，画出颈线。

实盘案例：

宏源证券（000562）在2007年4月至2008年2月形成了一个双左肩头肩顶形态（如图5-7所示）。

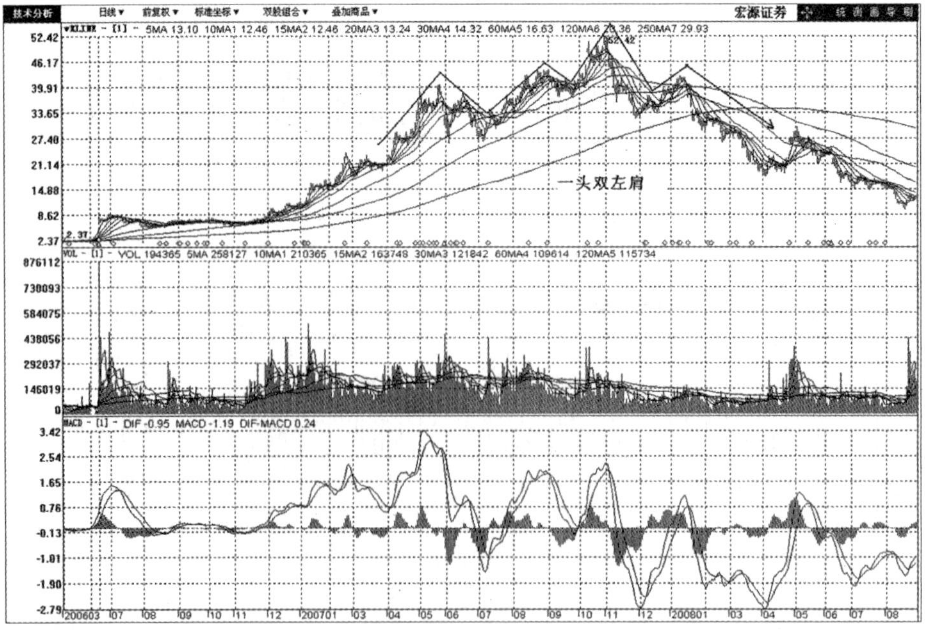

图5-7

渝三峡 A（000565）则在 2008 年 1 月至 5 月形成了一个双右肩头肩顶，其后这两只股票纷纷大跌（如图 5-8 所示）。

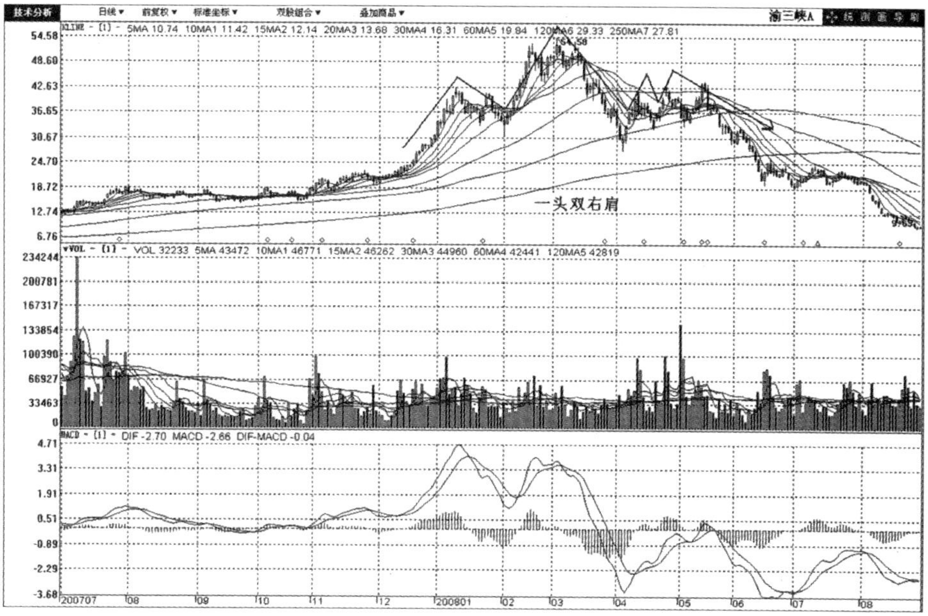

图 5-8

2. 复合头肩底

形态结构：复合头肩底是复合头肩顶的倒转形态，并且也包含一头双右肩形态、一头双左肩形态、一头多肩形态和多头双肩形态四种类型（如图 5-9 所示）。

市场属性：复合头肩底通常出现在股价大跌过后的底部区域，属于底部反转形态，后市看涨。

形成机理：复合头肩底的形成环境与头肩底基本相同，只不过是在相应的位置上又多出现一两次价格反复而已。

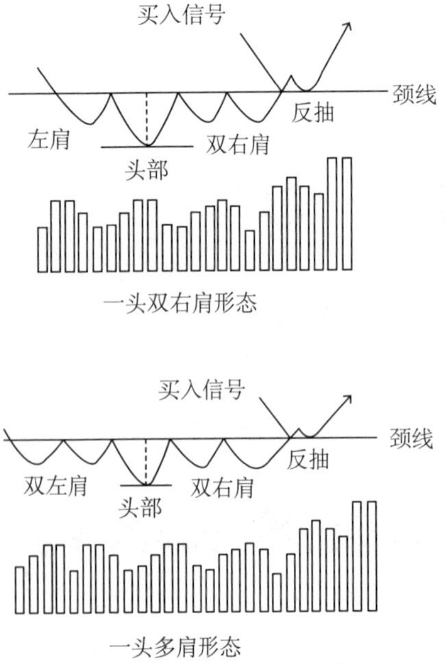

图 5-9

应用法则：

①复合头肩底的应用法则与头肩底基本相同，但是其影响力要稍弱一些。

②其最小上升幅度的测量方法也是从颈线到头部最低点的垂直距离，但超出的概率不大。

操作要领：

①复合头肩底的颈线较难画出，因为它每个肩和头部的回升高点不可能完全处于同一条直线上，因此应该取其中两个最重要的短期高点做连线，画出颈线。

②在它最后一个肩部的价格向上突破颈线时，必须明显放量才行。

实盘案例：

深深房（000029）在 2005 年 4 月至 11 月的走势中，形成了双右肩头肩底形态，其后股价小幅上升（如图 5-10 所示）。

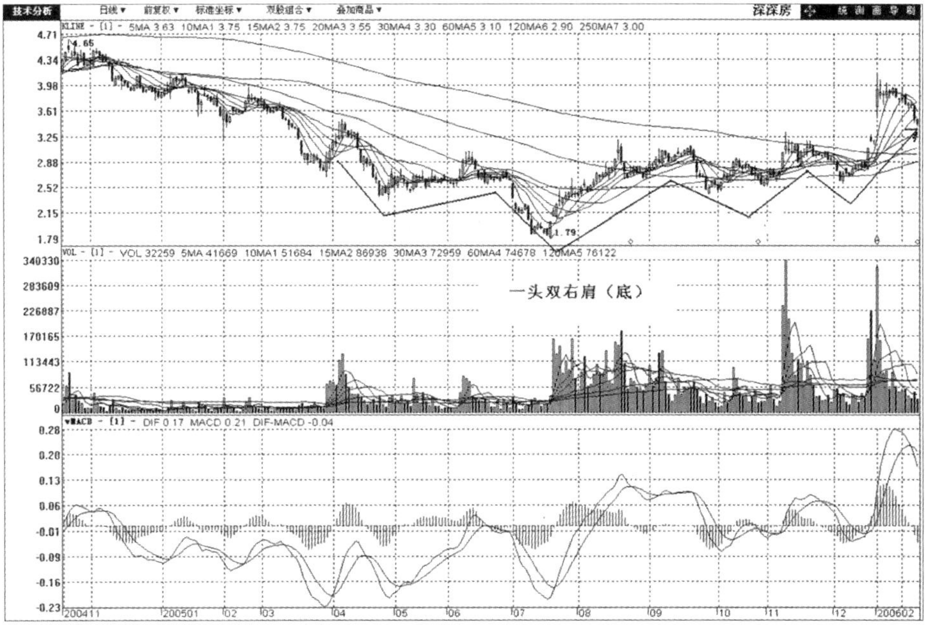

图 5-10

3. 三重形态

如果头肩形态的头部再向内收敛一些，看齐到与左右肩相当的位置，那么就会演化成三重形态。

（1）三重顶。

形态结构：三重顶具有三个高度相当的峰顶（如图 5-11 所示）。

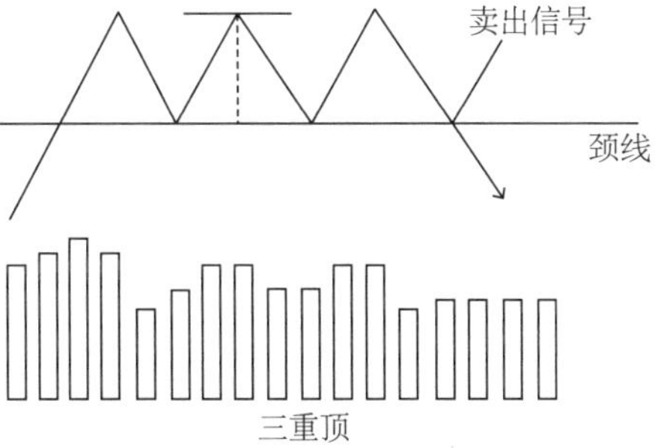

图 5-11

市场属性：三重顶出现在股价大涨过后的顶部区域，属于顶部反转形态，后市看跌。

形成机理：它是股价多次冲高未果，投资者逐步丧失做多信心的产物。

应用法则：

①形成三重顶后，可以在其形态中间的两个低点上做连线，画出颈线（如图 5-11 所示）。

②三重顶形成后，最小量度跌幅为颈线到头部顶点的垂直距离。

操作要领：

①三重顶各波峰间的距离不必相等；三个峰顶高点也不必非要处于同一水平价位上，它们之间允许有上下 3%左右的价格误差。

②当三重顶的第三个头部处于下跌状态时，如果成交量也伴随明显缩小，则表示股价有望持续下降。股价在最后一波向下跌破颈线时，也无须有放大的成交量相配合。

实盘案例：

川化股份（000155）大涨过后，于 2007 年 4 月至 2008 年 2 月形成了三重顶，其后股价持续下跌（如图 5-12 所示）。

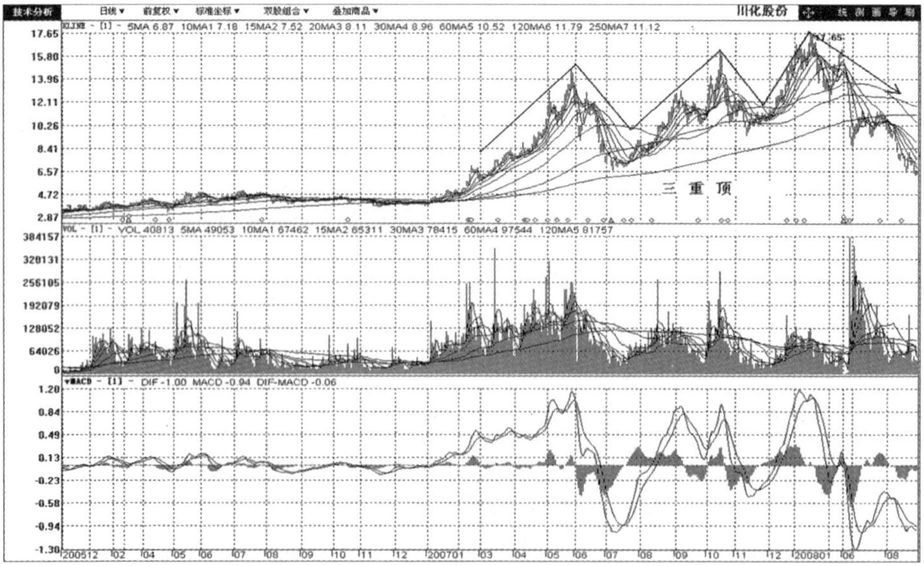

图 5-12

（2）三重底。

形态结构：三重底是由三重顶倒转而来的，并具有三个深度相当的谷底（如图 5-13 所示）。

市场属性：三重底大多形成于股价大跌过后的底部区域，属于底部反转形态，后市看涨。

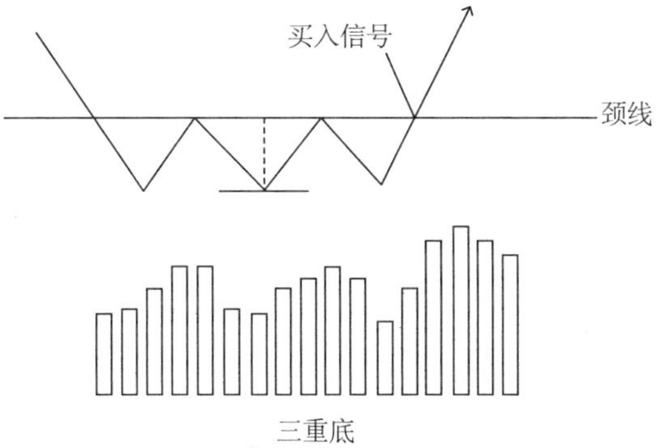

图 5-13

形成机理：股价经长期下跌后企稳反弹，但大跌过后人心不稳，价格没升多高就遇阻回落。

其后在下行至上次低点附近，又有人逢低吸纳，促使股价再次回升。但在空头思维的影响下，股价仅涨到上次反弹高点附近就停滞不前。

接下来又一次回落触底。不过有了前两次探底成功的示范效应，人们的做多心理已经恢复，于是在价格下探至前两次低点处时，又有更多的投资者积极参与，最终导致股价放量大涨。

应用法则：

①当形成三重底后，可在形态中两个高点上做连线，画出颈线（如图 5-13 所示）。

②形成三重底后的最小量度升幅为颈线到底部低点的垂直距离。

操作要领：

①三重底各波谷间的距离不必相等，而且三个谷底低点也不必非要处于同一价位水平上，其上下之间允许有 3%左右的误差。

②在三重底的第三个底部处于上升状态时，若伴随成交量明显放大，则表示股价有望持续上升。在最终向上突破颈线时，必须是伴随着明显的放量状态。

4. 双重形态

三重形态若再简化掉一个波段循环，就变成双重形态了。

(1) 双重顶。

形态结构：双重顶比三重顶少了一个峰顶，因其形状很像英文字母"M"，所以又称"M 头"（如图 5-14 所示）。

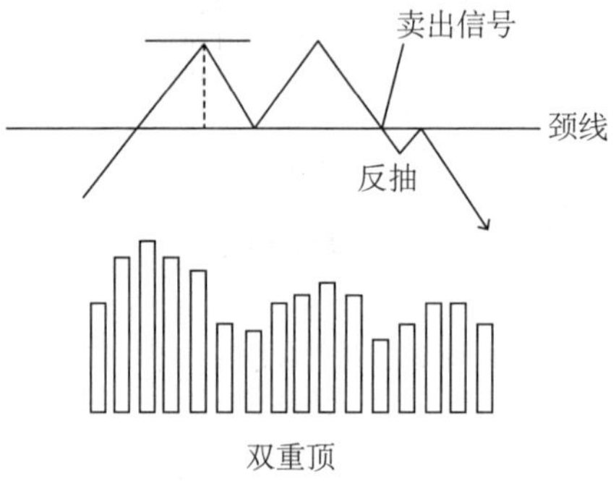

图 5-14

市场属性：双重顶大多出现在股价大涨过后的顶部区域，属于顶部反转形态，后市看跌。

形成机理：双重顶的形成原因和三重顶基本一样，但其参与者的持股心态更为脆弱，因此股价只在高位挣扎了两轮便告大跌。

应用法则：

①双重顶的颈线画法，是在股价回落后触底时的低点处画一条水平直线。

②双重顶在跌破颈线后的最小运行范围，是颈线到峰顶的垂直距离。

③多数双重顶的价格跌破颈线后会出现反抽现象，但大多会止于颈线，所以这里也是最后的高卖机会。

操作要领：

①双重顶只有在股价有效跌穿颈线后，才具有现实指导意义。

②双重顶的第二个头部可能会略高于第一个，原因是多头的买入情绪已被调动起来。但毕竟此时市场内的做多底气不足，所以价格始终无法超越第一个“峰顶”价格的3%。

③如果双重顶的形成周期过短（小于1个月），则极有可能转化为整理形态。

实盘案例：

唐钢股份（000709）大涨之后，在2007年7月至2008年3月形成了一个双重顶形态，其后股价大幅下跌（如图5-15所示）。

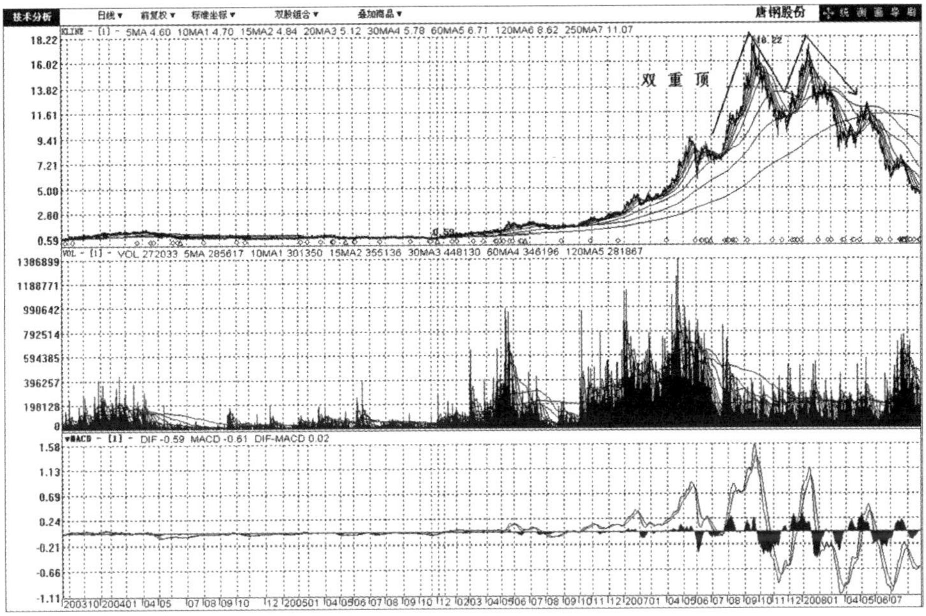

图 5-15

（2）双重底。

形态结构：双重底比三重底少了一个谷底，因其形状很像英文字母“W”，所以该形态又称“W底”（如图5-16所示）。

市场属性：双重底通常出现在股价大跌过后的底部区域，属于底部反转形态，后市看涨。

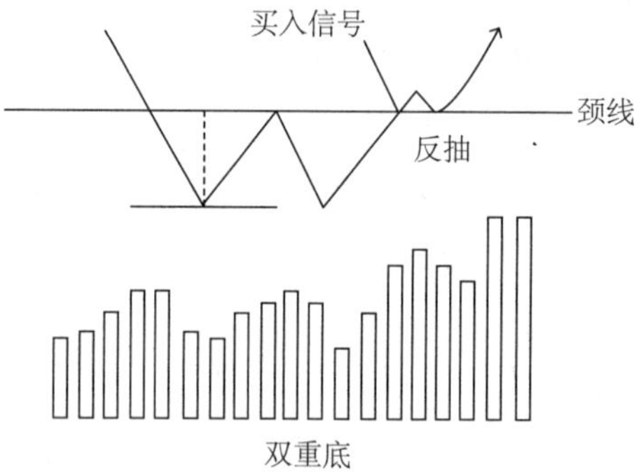

图 5-16

形成机理：双重底的形成原因和三重底一样，只是在形式上简化了一个环节。

应用法则：

①双重底的颈线画法，是在股价触底后的反弹高点处画一条水平直线。

②双重底在突破颈线后的最小升幅范围，是颈线到谷底的垂直距离。

③多数双重底的价格在向上穿越颈线后，会形成反抽现象，但大都会受压于颈线，这里也是最后的低买机会。

操作要领：

①双重底只有在股价有效突破颈线后，才具有现实意义。

②其股价在第二个底后向上突破颈线时，必须要有放大的成交量相配合才行。

③双重底的两个低点不一定处于同一水平位置上，第二个底可能会略高于第一个，原因是获得了稳健型投资者的持续买入，但前后两底之间的价格浮动差距应保持在3%之内。

④如果双重底的形成周期过短（小于1个月），则极有可能成为整理形态。

实盘案例：

上海机场（600009）在2001年8月至2002年4月形成了一个双重底形

态（如图 5-17 所示）。

图 5-17

5. V 形形态

双重形态再进一步简化后，即成 V 形形态。

(1) V 形及其延伸。

形态结构：V 形走势不难想象。延伸 V 形则是在 V 形基础上，在该形态后半部分的上升途中形成短暂的盘整走势（如图 5-18 所示）。

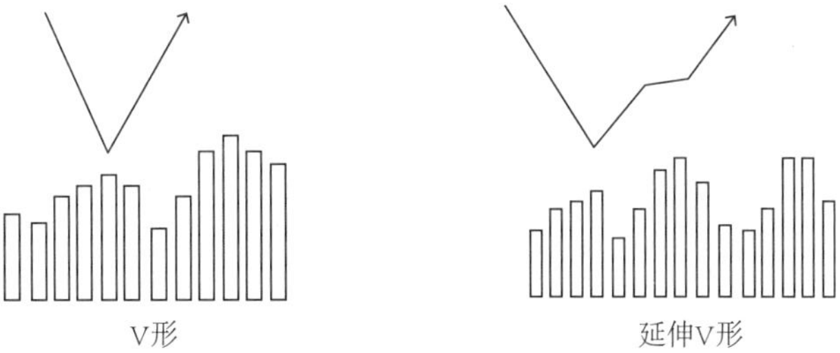

图 5-18

市场属性：V 形和延伸 V 形通常出现在股价大跌过后的底部区域，属于底部反转形态，后市看涨。

形成机理：开始时市场中卖方的力量很大，迫使价格连续大幅下挫。当空方力量消耗殆尽时，买方开始大举反扑，以至于价格以近乎同样的速率大幅上扬，并收复失地。延伸 V 形中徘徊区域的出现，是因为部分市场人士对此类暴跌暴涨走势缺乏信心造成的。但在多空双方打破僵局之后，价格趋势又会朝着原有的方向继续发展。

应用法则：可在 V 形和延伸 V 形初露端倪时及时跟进。

操作要领：V 形通常都具有极大的杀伤力，并且转势过程极快，常令投资者措手不及。大部分延伸 V 形的徘徊区域都略微向上倾斜并伴有缩量现象，但在其价格再次向上拉升时，应有放大的成交量相配合。

实盘案例：

沙隆达 A（000553）的股价在 2007 年 6 月经快速下跌之后，又以差不多同样的速率形成反扑之势，形成 V 形反转（如图 5-19 所示）。

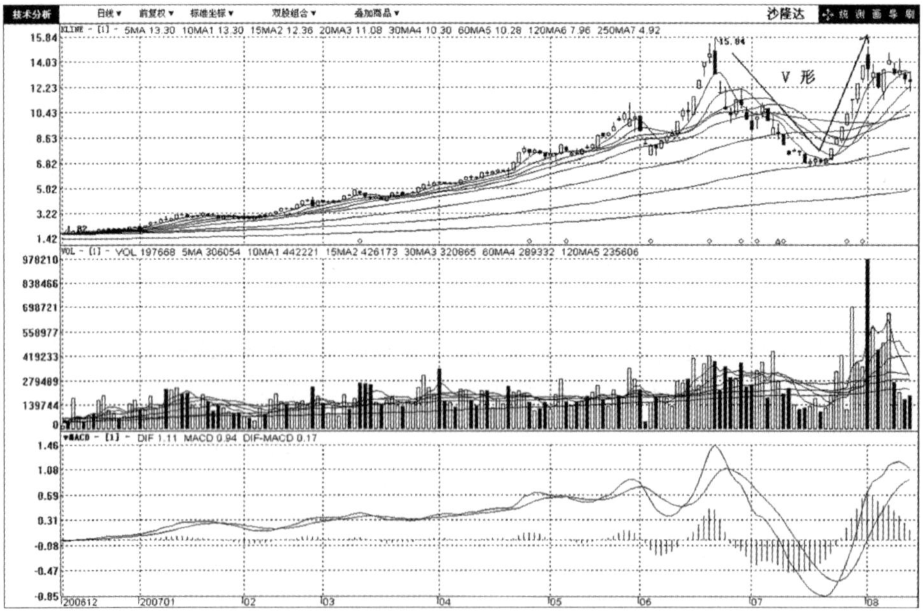

图 5-19

SST 华塑（000509）则在快速下跌后的强烈反弹过程中，形成了一小段盘整走势，最后走势形态发展成延伸 V 形（如图 5-20 所示）。

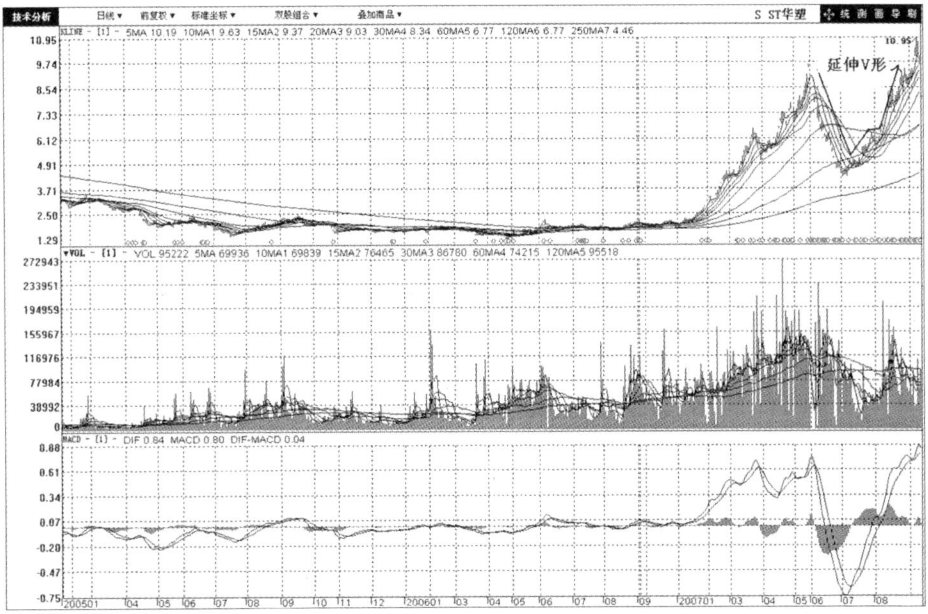

图 5-20

（2）倒 V 形及其延伸。

形态结构：倒 V 形和倒延伸 V 形分别是由 V 形和延伸 V 形倒转而来（如图 5-21 所示）。

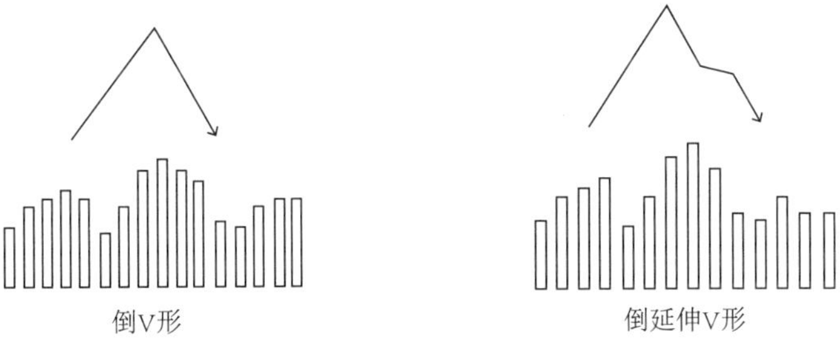

图 5-21

市场属性：倒 V 形和倒延伸 V 形大多出现在股价大涨过后的顶部区域，属于顶部反转形态，后市看跌。

形成机理：倒 V 形的形成是因为先前投资者极力做多，然后再以同样的速率猝不及防地杀个“回马枪”。倒延伸 V 形徘徊区域的形成，是因为部分市场人士对此类暴涨暴跌行为暂时缺乏信心所致。

应用法则：应在倒 V 形和倒延伸 V 形的股价转折处火速离场。

操作要领：通常倒 V 形都具有极大的杀伤力，并且转势过程极快，应当加倍提防。倒延伸 V 形的徘徊区域大都向下倾斜。

实盘案例：

ST 金泰（600385）的股价在快速上升之后又快速下跌，形成了倒 V 形（如图 5-22 所示）。

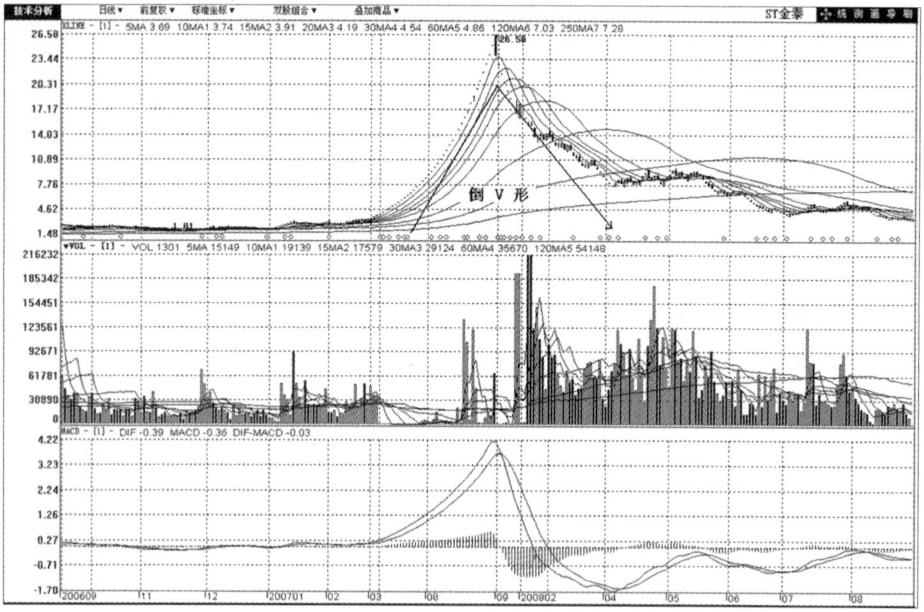

图 5-22

新都酒店（000033）则在快速上涨后的快速下跌过程中，出现了短暂的价格整理行为，结果形成了倒延伸 V 形（如图 5-23 所示）。

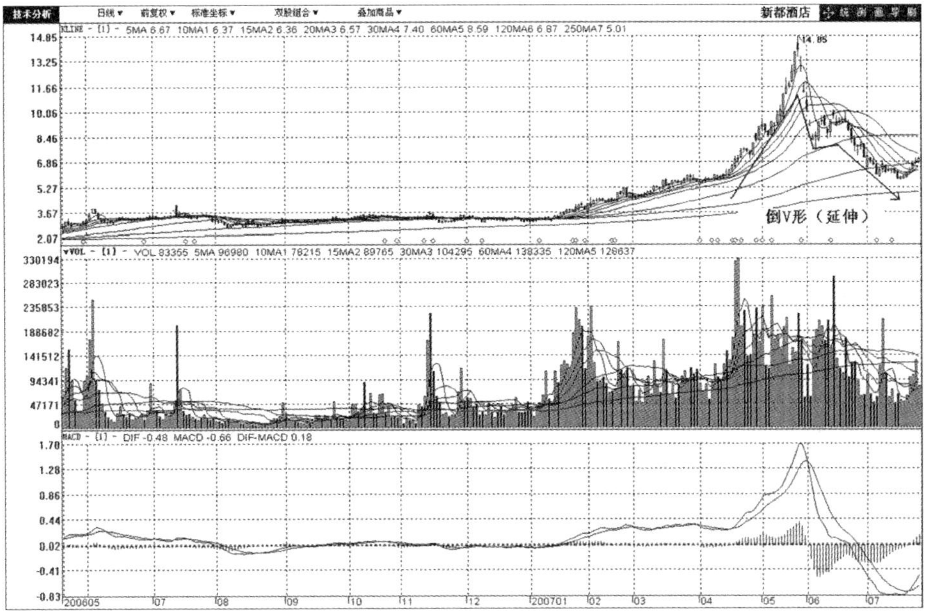

图 5-23

6. 圆弧形态

如果 V 形形态发展得平缓一些，就会变成圆弧形态。

（1）圆弧顶。

形态结构：价格走势先是缓慢攀升并不断创出新高，后又由升转跌逐步下滑，就会形成圆弧顶（如图 5-24 所示）。

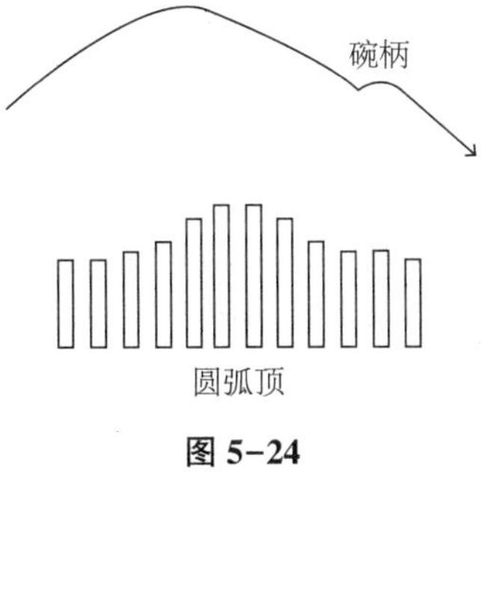

图 5-24

市场属性：圆弧顶通常出现在股价大涨过后的顶部区域，属于顶部反转形态，后市看跌。

形成机理：先是买方力量强于卖方，推动股价逐级上涨。随着股价的上涨，买方力量逐步趋弱，涨势趋缓。后来随着卖方力量不断增强，促使双方力量对比处于平衡状态。最后卖方力量逐渐超过买方，致股价反转下跌。但在下跌初期，价格趋势只是悄悄发生改变，回落迹象并不明显。后来当空头完全控制住了市场局面后，价格便呈现加速下滑之势。

应用法则：

①圆弧顶的形成周期越长，其市场意义也越大。

②在圆弧顶初步形成之后，会于盘面中形成“碗柄”结构。股价在跌穿碗柄后，会进入加速下滑状态。

操作要领：对于圆弧顶形态，股价在下跌时，不需要有成交量相配合。

实盘案例：

名流置业（000667）大涨之后，于 2007 年 4 月至 2008 年 4 月形成了巨大的圆弧顶，其后股价大跌（如图 5-25 所示）。

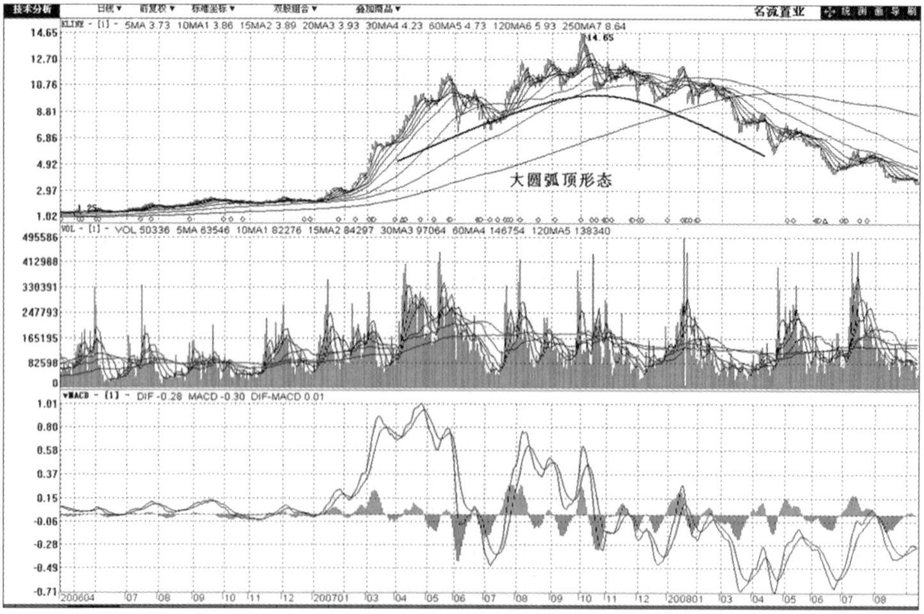

图 5-25

（2）圆弧底。

形态结构：圆弧底是圆弧顶的倒转形态。股价呈圆弧形下降并不断地创出新低，后又逐渐由跌转升（如图5-26所示）。

市场属性：圆弧底通常出现在股价大跌过后的底部区域，属于底部反转形态，后市看涨。

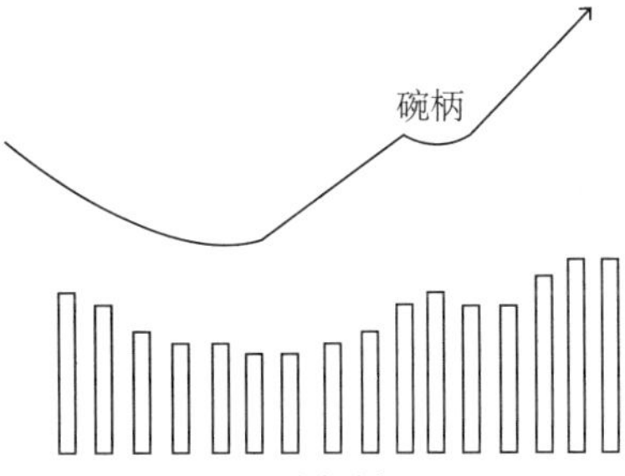

图5-26

形成机理：先是卖方力量强于买方，迫使股价接连下挫。逐步地卖方力量趋弱，跌势慢慢减缓。随着买方力量又不断增强，双方力量对比处于平衡状态。最后买方力量逐渐超过卖方，股价开始回升。回升初期，价格趋势只是悄悄地改变，上涨迹象并不显著。渐渐地多头完全控制了市场局面，于是股价就呈加速上升之势。

应用法则：

①圆弧底的形成周期越长，其市场意义也就越大。

②当圆弧底初步成型后，会于上涨初期形成类似于延伸V形中徘徊区域的整理结构，它被形象地称为“碗柄”。股价在穿越碗柄之后，会进入加速上涨状态。

操作要领：圆弧底股价在向上突破碗柄时，需要有放大的成交量相配合。

实盘案例：

焦作万方（000612）在2004年4月至2006年4月形成了巨大的圆弧底形态，其后股价涨幅巨大（如图5-27所示）。

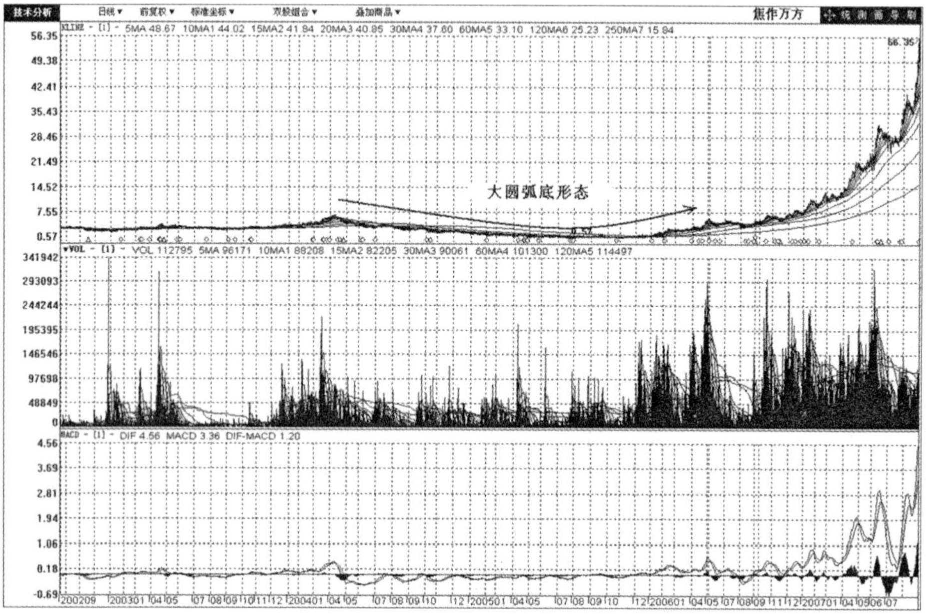

图 5-27

7. 潜伏底形态

如使圆弧底的走势变得再平缓一些，形成周期再延长一些，那么它就会演化成潜伏底。

形态结构：股价在一个狭窄的区域内保持横盘，期间既没有形成明显的上升趋势，也没有形成明显的下跌趋势。如此长期潜伏形成价格平台，这就是潜伏底（如图 5-28 所示）。

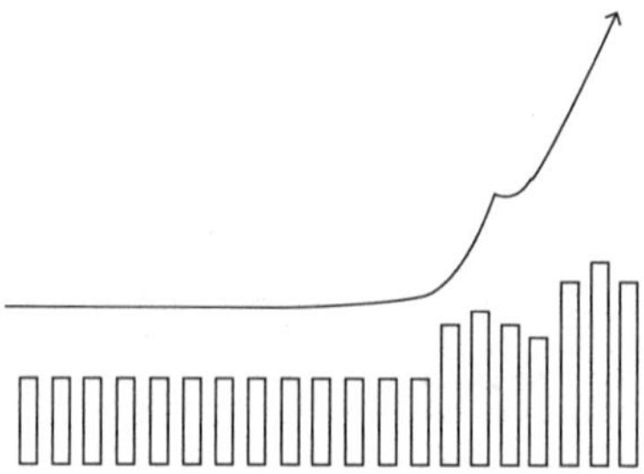

潜伏底

图 5-28

市场属性：潜伏底多出现在股价大跌过后的底部区域，属于底部反转形态，后市看涨。

形成机理：潜伏底长期而稳定的潜伏状态，是源源不断的超强买盘持续支撑形成的结果。

应用法则：

①潜伏底最终一定会被一股强大买方力量或突如其来的利好消息打破，以一发不可收的态势向上发展。

②“横有多长，竖有多高”，这是对潜伏底的上涨空间的最佳描述。

操作要领：

①潜伏底的形成时间较为漫长，要做好足够的心理准备。

②潜伏底在向上突破时需明显放量方可确认。

实盘案例：

2000-2005 年是中国股市大起大落的 5 年，期间多数个股出现了相似的走势。但是中国船舶（600150）和万科 A（000002）的整体股价运行趋势却在这几年当中起伏不大，基本上潜伏在一个相对较窄的价格区间之内，形成一组超大的潜伏底结构（如图 5-29、图 5-30 所示）。最终这两只股票都伴以巨量向上突破，且股价出现巨幅上涨（如图 5-31、图 5-32 所示）。

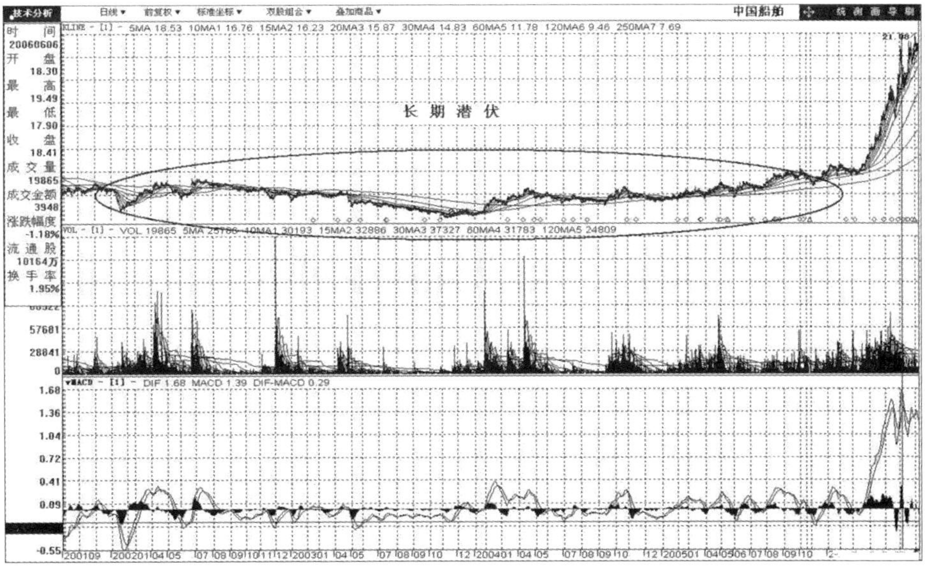

图 5-29

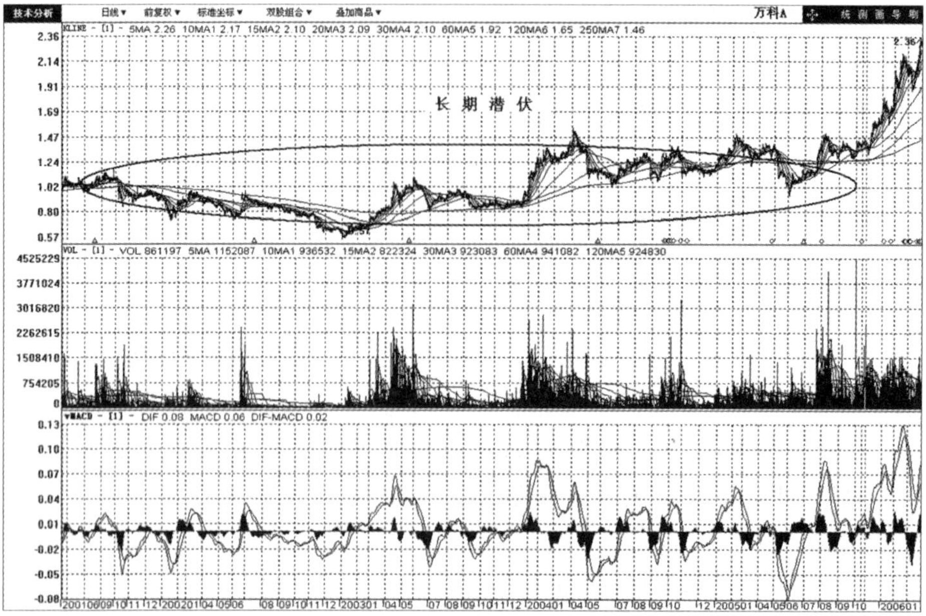
技术分析
日线
前复权
标准坐标
双股组合
叠加商品
万科A
长期潜伏

图 5-30

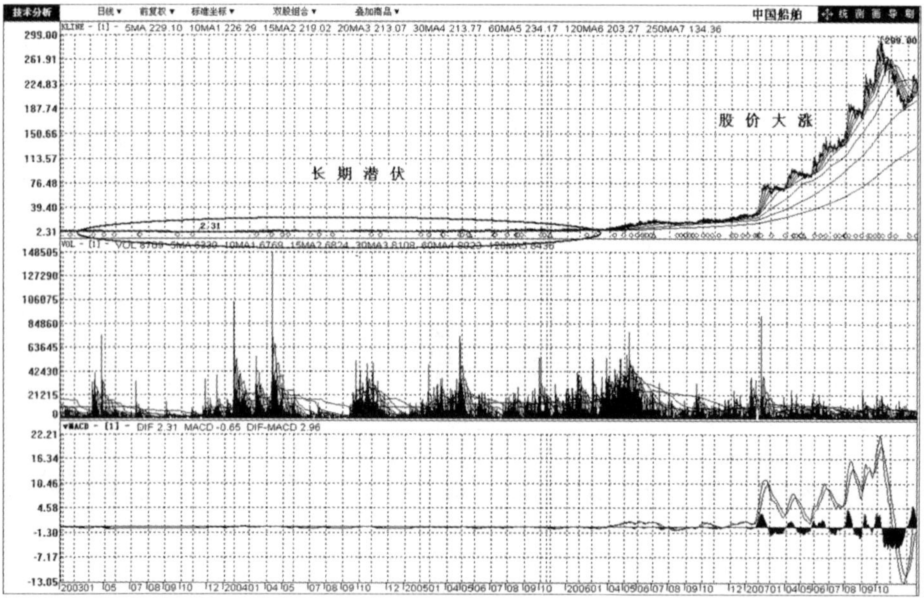
技术分析
日线
前复权
标准坐标
双股组合
叠加商品
中国船舶
长期潜伏
股价大涨

图 5-31

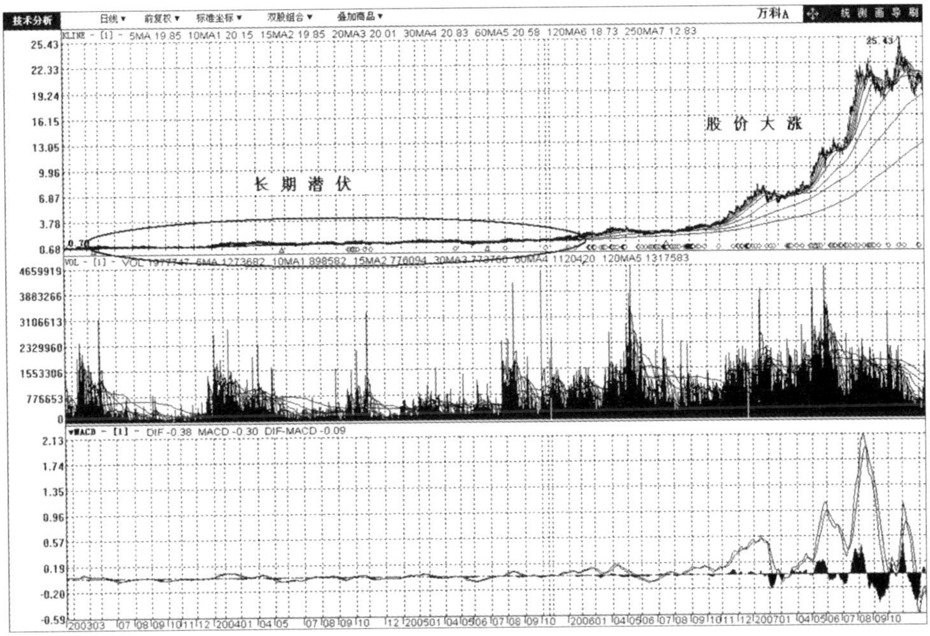

图 5-32

8. 菱形形态

形态结构：菱形又称钻石形，它中间宽两端窄，看起来是由两个对称三角形组合而成（如图 5-33 所示）。

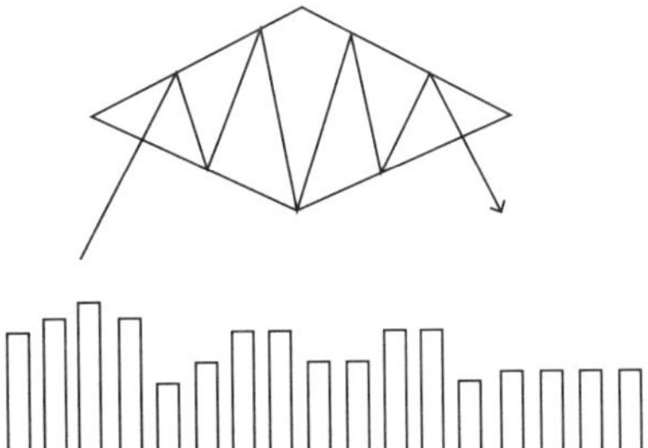

菱形

图 5-33

市场属性：菱形通常出现在股价大涨过后的顶部区域，属于顶部反转形态，后市看跌。

形成机理：菱形是投资者对市场缺乏信心且心情焦虑的外在体现。当股价越升越高后，部分投资者的情绪也变得异常激动，因此在买卖盘此起彼伏的相互拼杀过程中，股价振幅也随之放大。但此刻买方依然占据主导地位，所以股价趋势仍保持震荡上行。

后来多头热情逐渐冷却，卖方力量又占据了场内主导地位，股价的波动范围在随之收窄的同时，也面临着向下破位的局面。

应用法则：它的最小量度跌幅是菱形内两个高低点之间的直线距离，但实际跌幅通常远大于此。

操作要领：菱形极少出现在价格底部区域。当它形成于股价上涨末期时，应火速离场。

实盘案例：

达安基因（002030）就是在股价大涨后，在混乱中以菱形见顶，其后股价出现暴跌（如图 5-34 所示）。

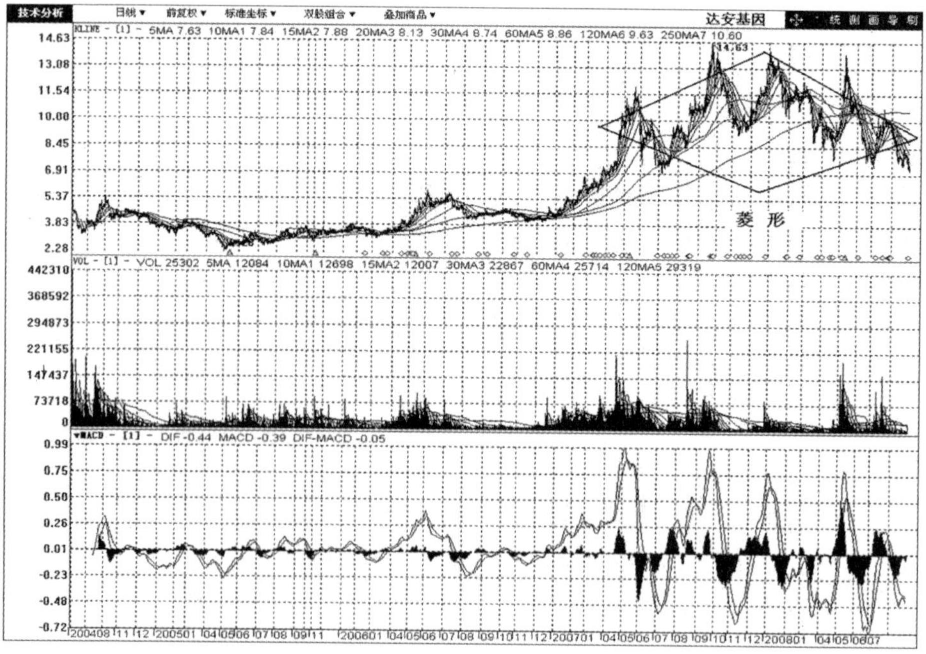

图 5-34

9. 喇叭形

顾名思义，喇叭形形似喇叭，其具体可分为喇叭形、上升喇叭形和下降喇叭形三种形态（如图 5-35 所示）。

形态结构：

①喇叭形。其上下边界分别处于不断抬高和降低的状态。

②上升喇叭形。它的上边界处于不断抬高状态，下边界则处于水平状态。

③下降喇叭形。它的上边界处于水平状态，下边界则处于不断下滑状态。

市场属性：上述三类喇叭形多属于顶部反转形态，后市看跌。

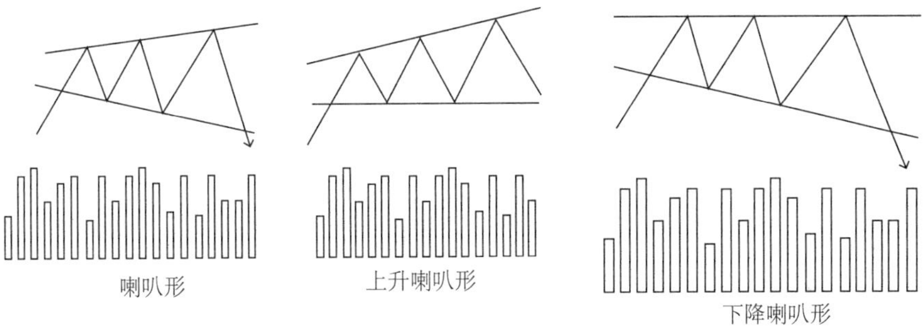

图 5-35

形成机理：喇叭形态的振荡幅度一次次扩大，表明参与者的情绪已逐渐失控，开始走向疯狂状态，不久之后定将酿成大祸。

应用法则：

①标准的喇叭形应该具有三个高点和两个低点，并且三个高点一个比一个高，而低点则呈下降趋势。

②当价格在第三个高点后的回落幅度大于前一个低点时，则形态成立。

③喇叭形态和头肩形都属于五点转向形态。一个较为平缓的喇叭形，可视为一个具有较高右肩和下倾颈线的头肩形态。

操作要领：

喇叭形在极少情况下也会向上突破，但需要放大的成交量相配合。因为在底部低迷的市场气氛中，是很难令投资者产生如此大幅度的情绪波动的。

实盘案例：

巨轮股份（002031）就是在其主升浪后，以喇叭形结束本轮上涨行情的，其后股价暴跌（如图 5-36 所示）。

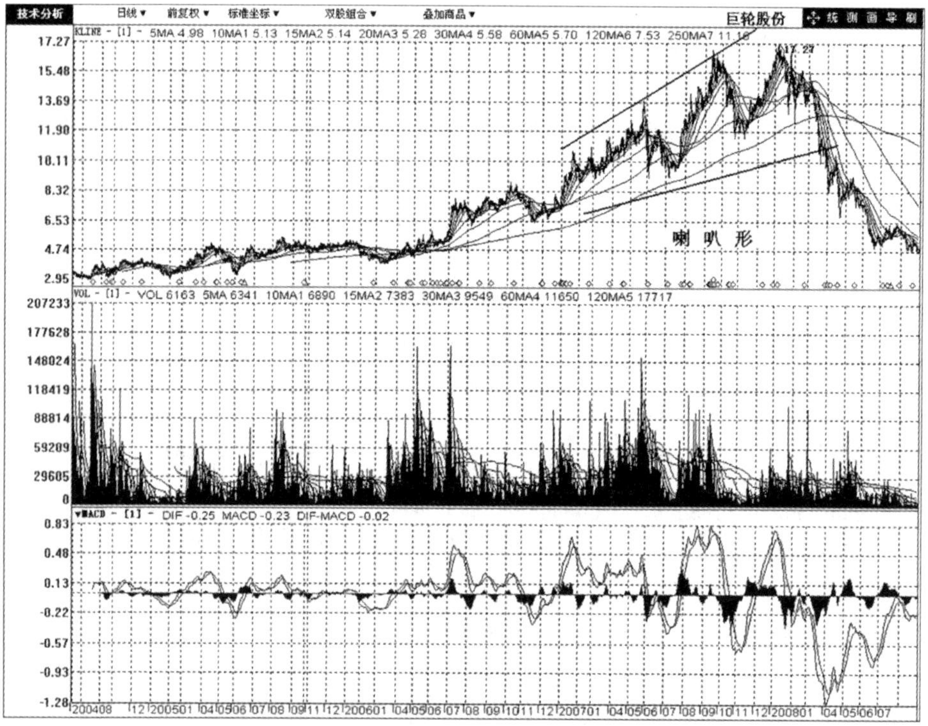

图 5-36

三、整理形态

有时候，价格趋势经过一段时间的快速涨跌后，便开始停滞不前，并在一个相对狭窄的区域内上下波动。等时机成熟后，再继续原来的走势。价格在这个窄幅空间内上下波动的轨迹，就称作整理形态或持续形态。

整理形态又包含上升整理形态和下跌整理形态两大类，前者出现在股价连续上涨途中，后者则形成于股价连续下跌途中。

一般来说，整理形态与反转形态之间没有什么严格的界限，有时反转形态可能会转化为整理形态。同样，整理形态也可能会转化为反转形态，决定它们最终去向的重要因素之一就是时间。通常反转形态的形成周期普遍较长，而整理形态则相对较短（通常都在一个月以内）。

1. 三角形

三角形态是最常见的整理形态之一，其又可细分为对称三角形、上升三角形和下降三角形三种形式（如图5-37所示）。

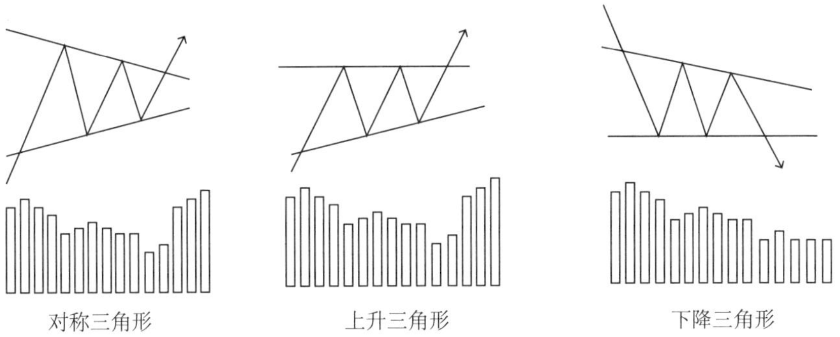

图5-37

形态结构：对称三角形的上下边线对称向内收敛；上升三角形的上边线处于水平状态，下边线稍向上倾斜；下降三角形的上边线稍向下倾斜，下边线处于水平状态（如图5-37所示）。

（1）对称三角形。

市场属性：对称三角形既可以出现在价格上升趋势中，也可以出现在价格下降趋势里。

形成机理：它体现出来的是多空双方的思想分歧在股价僵持期间内逐步缩小，并最终达成一致的发展过程。

应用法则：

①对称三角形至少要有两个短期高点及低点。

②其最小量度升幅是在价格向上突破后，于形态最高点处画一条与底边平行的直线，通常股价只有上升到这条直线附近时才会受到压力。相反，如是向下跌破，则在三角形的最低点处画一条与顶边平行的直线，再以同样的办法找到支撑位（如图 5-38 所示）。

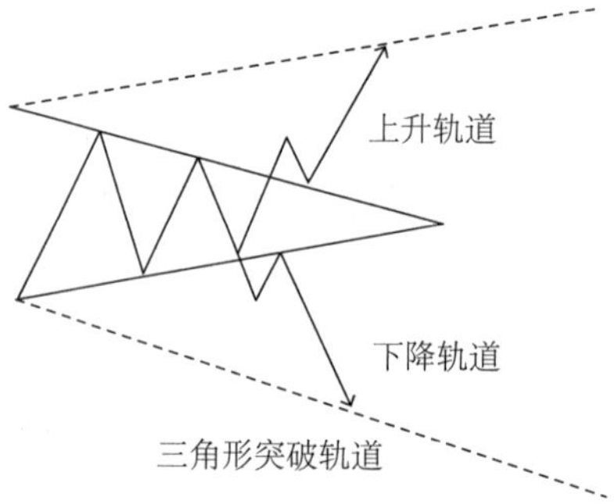

图 5-38

操作要领：

①股价在突破对称三角形的上边线时，需要有放大的成交量相配合。

②对称三角形在向上突破时，其价格走势越接近三角形的尾端，突破后的走势结果越不理想。如果股价最终在形态的末端处向上突破上边线，则可视为突破无效。一般都以在三角形的三分之二处突破为最佳。

③如果对称三角形在跌破下边线时也伴随着极大的成交量，则很可能是一个错误的卖出信号，此后价格并不会继续回落，尤其是当这种情况发生在三角形的末端时，股价很可能会急剧地向上回升并恢复上升趋势。当出现以上情况时，可在走势图中另画出新的三角形。

（2）上升三角形。

市场属性：上升三角形属于上升整理形态，主要出现在股价上升趋势之中，多数看涨。

形成机理：空方在一定的价格上不断地卖出筹码，于是形成了一条水平供给线。然而多方的持续购买能力更胜一筹，每次不等价格回落至上次低点，就已急不可耐地进场买入，这便形成了一条不断向上倾斜的需求线，显示出买卖双方在这一区域的较量中多方势力略占上风。

应用法则：当上升三角形向上突破时，股价必须超过上边线价格的3%以上才能确认。

操作要领：

①上升三角形向上突破时，必须要有放大的成交量相配合。

②上升三角形也有可能向下跌破。

（3）下降三角形。

市场属性：下降三角形属于下降整理形态，主要出现于股价下跌趋势当中，多数看跌。

形成机理：多方在一定的价格上不断地买入筹码，最终形成了一条水平需求线。不过空方的持续出售力量则更强一些，每回不等到价格反弹至上次高点附近，就迫不及待地卖出。这样就形成了一条不断下倾的供给线，显示出买卖双方在该段区域的较量中空方力量稍占上风。

应用法则：下降三角形向下跌破时，股价必须超过下边线价格的3%以上才能确认。

操作要领：

①下降三角形向下跌破时，不必有放大的成交量配合。

②下降三角形也有可能向上突破。

以上三类三角形的形成周期通常在1~3个月左右，如少于1个月，则另作解释。

2. 楔形

楔形的价格也是在两条向内收敛的直线之间波动。和三角形有所不同的是，这两条直线并不对称。

形态结构：楔形具体可分为两种形式，两条边线逐渐向上倾斜并收敛的叫上升楔形，两条边线逐渐向下倾斜并收敛的是下降楔形（如图5-39所示）。

市场属性：上升楔形属于上升整理形态，主要出现在股价上涨趋势中，多数看涨。下降楔形则属于下降整理形态，通常出现在股价下跌趋势中，多数看跌。

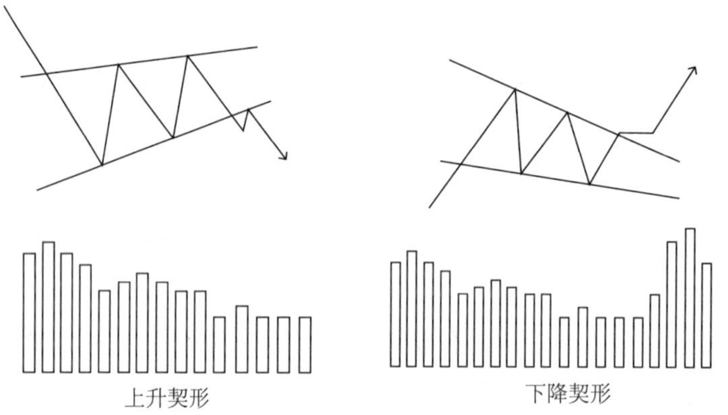

图 5-39

形成机理：上升楔形量价结构体现出的是参与者的心态急躁与不安。从表面上看，买卖双方都未等股价抵达上次低点或高点处就急于出手，从而导致上下边线不断地向内上方倾斜，好像是做多士气十足的样子。但是从其逐级减弱的价格波幅当中，可以看到买方热情及力量正在渐渐减少。最后当买入需求完全消失之时，股价就会应声而下。

下降楔形恰好相反。虽然它的两条边线不断地向内下方收敛，似乎说明市场内的承接力量有限。但每一次价格回落的距离都较上一次有所缩减，这恰好说明空方力量正在逐步地被消化。

应用法则：

①楔形的倾斜方向与主流趋势恰好相反，上升楔形看跌，下降楔形看涨。

②当价格跌破上升楔形的下边线时，是明确的卖出信号。当价格突破下降楔形的上边线时，是明确的买入信号。

③上升楔形的形成周期通常在两周左右，下降楔形的形成周期要稍短一些。

④上升楔形的下跌幅度至少会把整个楔形的反弹高度全部跌掉，通常还

会更多。同样，下降楔形的上升幅度至少会把整个楔形的回落幅度全部涨回，乃至创出新高。

操作要领：

①楔形的上下边线必须明显地收敛于一处，如果上下边线距离太大，该形态就值得怀疑。

②下降楔形在向上突破时，需要有放大的成交量配合；上升楔形在向下跌破时，则不需要成交量配合。

③一般来说，楔形的突破位置是在形态发展的末端，有时甚至要到达顶点处。这一点与三角形完全相反。

④通常来说，上升楔形在价格跌破下边线后，会出现急跌现象。下降楔形在突破上边线后，则可能会展开横向整理，而且成交量也会随之保持低迷，然后才会缓慢放量上扬。

⑤上升楔形有时会改变下跌方向，转而上升。同样，下降楔形有时也会改变上升方向，转为下跌，这时就要对图表进行修正。

3. 矩形

形态结构：价格在上涨或下跌的途中，一段时间在两条平行的水平直线之间震荡延伸，最后又沿着原有趋势继续发展，这种整理形态就叫作矩形（如图 5-40 所示）。

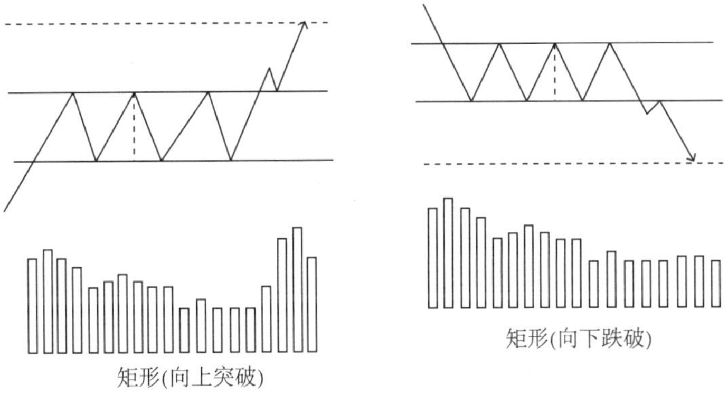

图 5-40

市场属性：矩形和对称三角形一样，既可出现在价格上涨途中，也可出现在价格下跌途中。

形成机理：矩形是多空力量处于阶段性平衡的体现。做多的一方每到价格回落到预期低点时就开始买入，致使价格回升。看空的一方则每等到股价上升到预期的价位后便开始卖出，又致使价格回落。如此往复，直到打破僵局，恢复原有趋势。

应用法则：

①矩形被突破或跌穿之后的最小涨跌幅度，等于矩形本身的宽度。

②矩形被突破或跌穿之后，一般会形成价格上的反抽或反弹动作，但大都会止于上下边线。

③矩形的波动幅度越大（矩形高度），其影响力也就越强。

操作要领：

①在矩形形成的过程中，如果成交量呈现出不规律的分布状态，则该整理形态有可能已经失败。

②矩形在向上突破时，需要放大的成交量相配合，而在向下跌破时则不需要。

③通常来说，窄而长的矩形大都出现在价格的底部区域。宽大一些的则出现在价格的顶部区域，并且极易演化成三重顶之类的顶部反转形态，从而导致股价下跌。当然，在大多数情况下，还是会出现于股价的上涨或下跌途中。

4. 旗形

当矩形的上下边线同时平行上倾或下倾后，就变成了旗形。

形态结构：旗形可分为上升旗形和下降旗形两类。前者旗面向下，后者旗面向上（如图 5-41 所示）。

市场属性：上升旗形属于上升整理形态，主要出现在股价上涨趋势当中，多数看涨。下降旗形则属于下降整理形态，主要出现在股价下跌趋势当中，一般看跌。

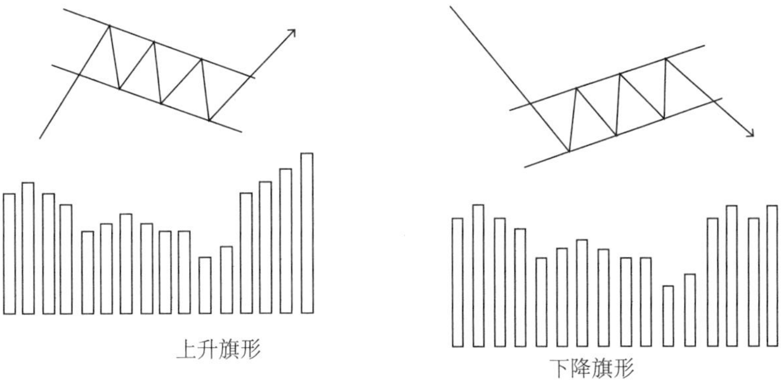

图 5-41

形成机理：价格在短期内的急速上升过程中涨幅过大，导致部分持股者开始获利回吐，于是股价出现了下跌迹象。但多数投资者的做多心理并没有因此动摇，而是借股价调整之际不断地高抛低吸，赚取差价，这就使得股价走势在该阶段内呈现出旗面下倾的上升旗形。

同理，下降旗形则是价格在急速下跌过程中形成的一种规律性反弹行为。

应用法则：

①旗形常出现于激烈的上涨或下跌行情途中。

②一般旗形的最小升跌幅量度都远大于其旗面宽度。

③旗形的形成周期大都在 2~3 周左右。

操作要领：

①上升旗形与下降旗形在向上或向下突破时，都需要有放大的成交量配合。

②如果旗形下方的成交量呈现出不规律的分布形态，而非逐渐缩减，则要警惕该形态有可能是反转形态而并非整理形态。

③上升旗形有可能向下跌破，下降旗形也有可能向上突破。成交量的变化是判研它们确切走向的关键所在。

四、趋势线理论

所谓价格趋势，是指股价运行的长期走向。那么它的表现形式应该是一条直线吗？不是。股价走势时刻受到各类因素干扰，所以它的运行特征一定是蜿蜒曲折，好似一组组前仆后继的波浪，而且具有明显的波峰和波谷。

波峰和波谷的整体走向有可能会逐级增高，也可能会依次降低，亦或保持横向延伸，因此价格趋势也被分成上升趋势、下降趋势和水平趋势（或称横向盘整趋势或无趋势）三类。

既然股价是以趋势方式发展的，那么趋势当中波峰和波谷的高点与低点是随机形成的吗？也不是，它们在无形当中自有约束。

1. 趋势线

上升趋势，即股价在波动运行过程中，形成波峰一顶比一顶高，波谷一底比一底高，整体势头不断向上抬升的走势。

下降趋势，即股价在波动运行过程中，形成波峰一顶比一顶低，波谷一底比一底低，整体势头不断向下滑落的走势。

水平趋势，即股价在波动运行过程中，波峰与波峰以及波谷与波谷之间基本处于同一水平线上，整体势头维持水平延伸的走势（如图 5-42 所示）。

当以上三种价格趋势摆在您面前时，该如何把握其中的交易机会呢？其实最简单的方法就是画出它们的趋势线，然后依此买卖。

上升趋势线画法：根据两点成一线的原理，沿股价上升的前两个谷底画一条倾斜向上的直线，即得到上升趋势线（如图 5-43 所示）。

下降趋势线：沿股价下跌的前两个峰顶画一条倾斜向下的直线（如图 5-43 所示），即得到下降趋势线。

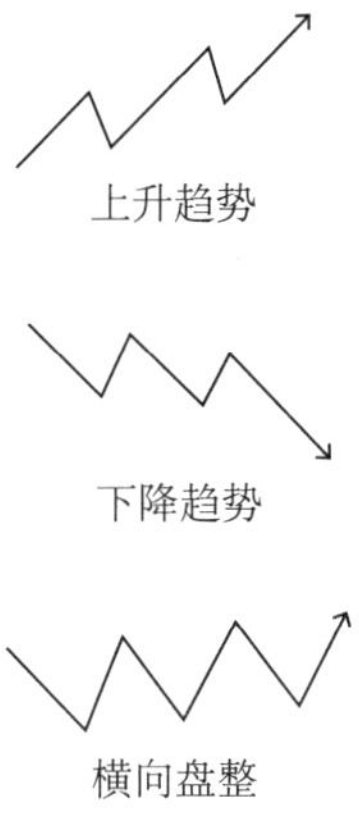

图 5-42

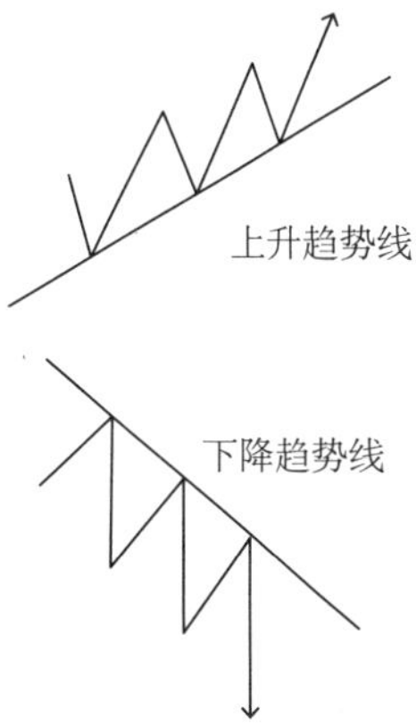

图 5-43

通常上升或下降趋势一旦形成，趋势内的谷底与峰顶将会保持大体相等的幅度和速度向前延伸，因此上升趋势线会对股价的上涨行为起到强劲的支撑作用。当价格每次回调到它的上方时，都会受到支撑而再度上涨。

下降趋势线则会对股价的反弹行为形成很强的压制作用，每当价格反弹到其下方时，都会因受到压力而再度下跌。

在趋势行情中，股价所受支撑与压制，要一直到该趋势终结之际才会完全消失。所以，无论是在上升与下降趋势里，只要价格每向上或向下触及趋势线时，都是极好的买点或卖点。

趋势的终结也可以通过趋势线反映出来，因为这时候原有趋势线已制约不了股价的涨跌了。例如，股价在上升趋势中有效跌破上升趋势线，在下降趋势中有效突破下降趋势线，便可认定本级别的股价趋势已告终结（如图 5-44 所示）。

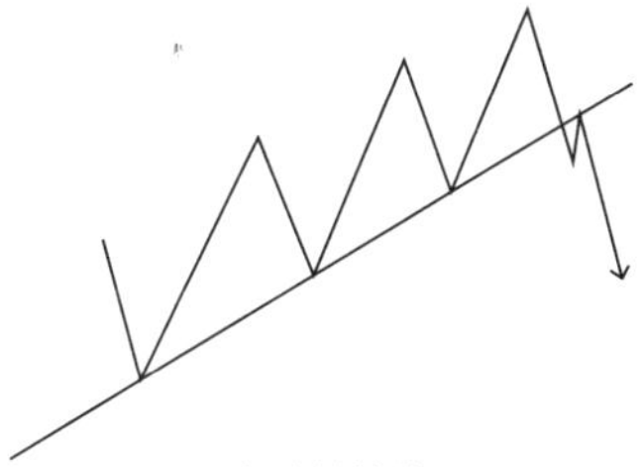

图 5-44

什么是有效升破或跌破？一般认为，股票价格超出趋势线价位的3%，并且停留3天以上未能反转修复，即为有效升破或跌破。趋势线一旦被有效升破或跌破后，将会对股价运行形成反作用力，即原来的支撑变成阻力，阻力变为支撑（如图5-44所示）。

什么样的价格趋势最为健康？

多数投资者认为，倾斜率在45度角的股价趋势最为健康。如果太过陡峭，代表涨跌过程太激烈，这样趋势难于长久维持下去。如果趋势过于平缓，则是软弱无力的表现，这样趋势也很难维持下去。

什么样的趋势线最有力量？

趋势线持续的时间越长，且上面所形成的支撑或压力点位越多，就越有力量，因为它已经经历多次的市场检验。

在趋势形成之初，是以价格回落或反弹的前两个低点或高点为基础画出趋势线的。后来随着高低点位的不断增多，就要对其进行修正，以确保它的实用功效。具体的做法是以趋势中最重要的两个低点或高点为准，重新画出趋势线。

实盘案例：

龙元建设（600491）在2014年末至2015年上半年出现一轮强劲的上涨行情，实战中可沿其在上涨过程中出现的前两个回调低点画出上升趋势线。之后每当股价再回落到该趋势线附近时，便可酌情买进。后来果然出现了这样的机会，之后进入加速上涨阶段（如图5-45所示）。

日照港（600017）在2008年上半年出现了下跌行情，实战中也可沿下跌途中形成的前两次反弹高点画出下降趋势线。其后该股每逢反弹至该趋势线附近时，都因受到强烈压制而再度下跌（如图5-46所示）。

武钢股份（000005）在2007年的上涨行情中，形成了两个重要的回调低点，据此可以画出上升趋势线。后来该股跌破了该趋势线，并且股价在破位后的反抽中受到了该趋势线的阻挡，这表明该股的上升趋势已经完结，趋势线将对股价形成反压作用。后来该股价格在此线的压制下一溃千里（如图5-47所示）。

浙江富润（600070）的股价在2008年3月至11月，因一直受到下降趋

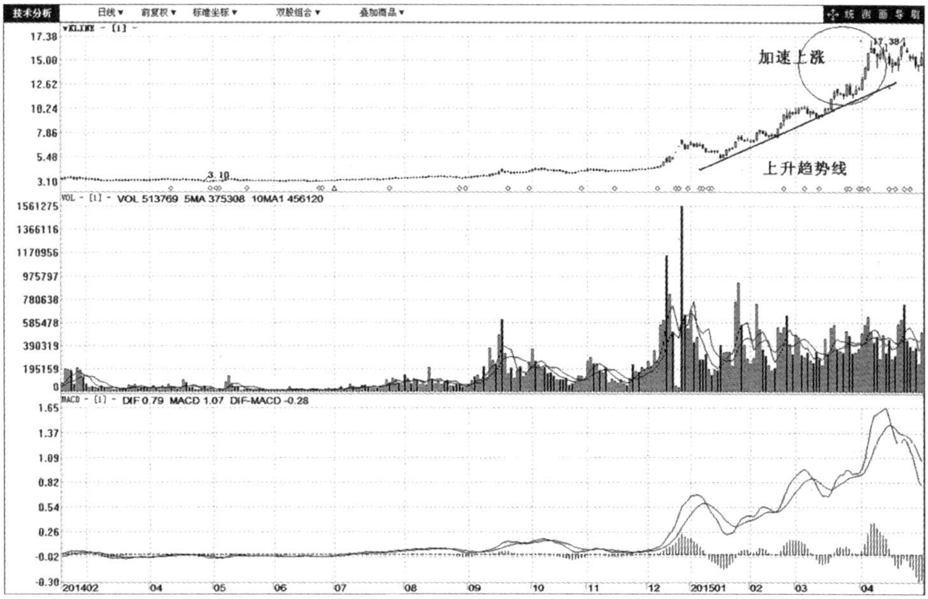

图 5-45

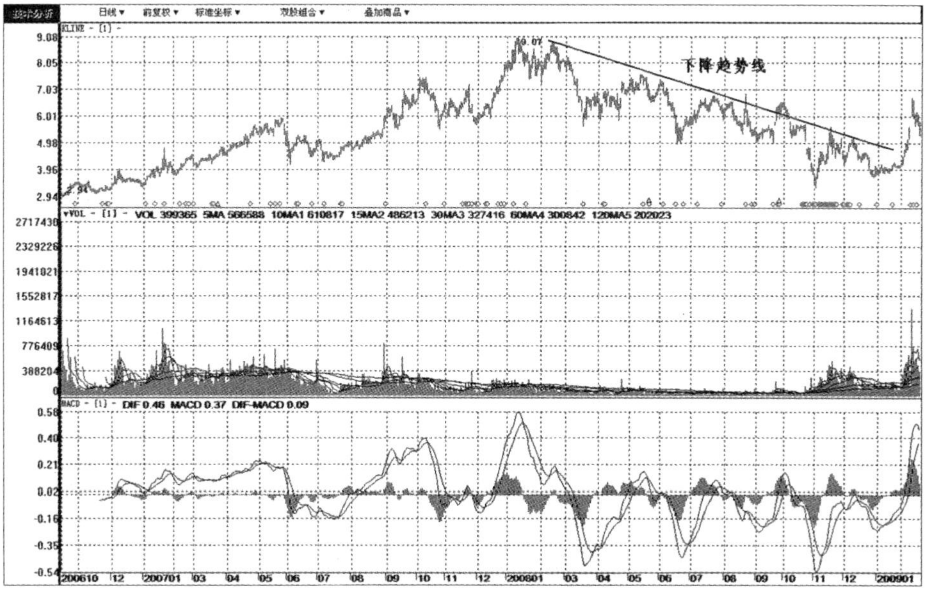

图 5-46

势线的压制而不断走低。11 月末，该股走势一反常态，向上突破了该趋势线，这意味着该股长久以来的下降趋势已经结束。后来这条原本压制股价下行的趋势线反而对股价的上涨起到了支撑作用，该股股价也因此一路走高（如图 5-48 所示）。

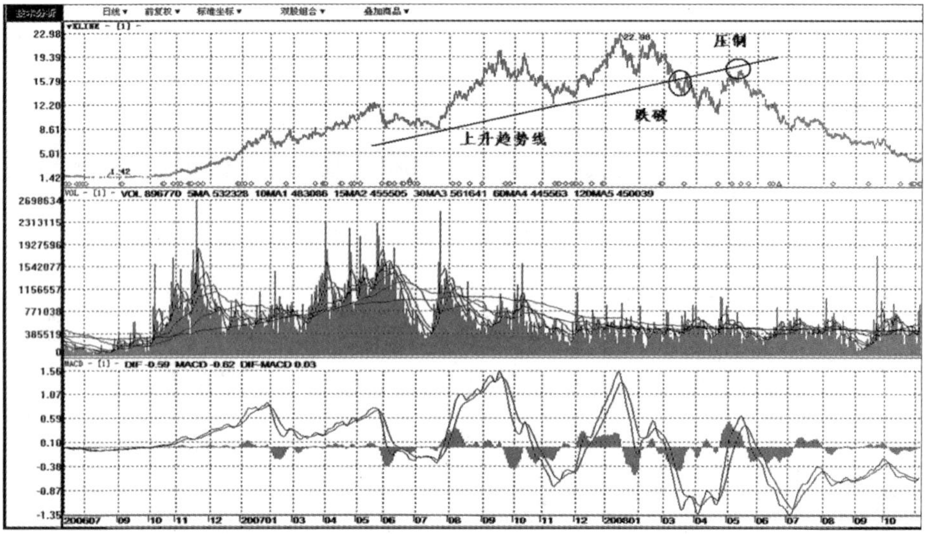

图 5-47

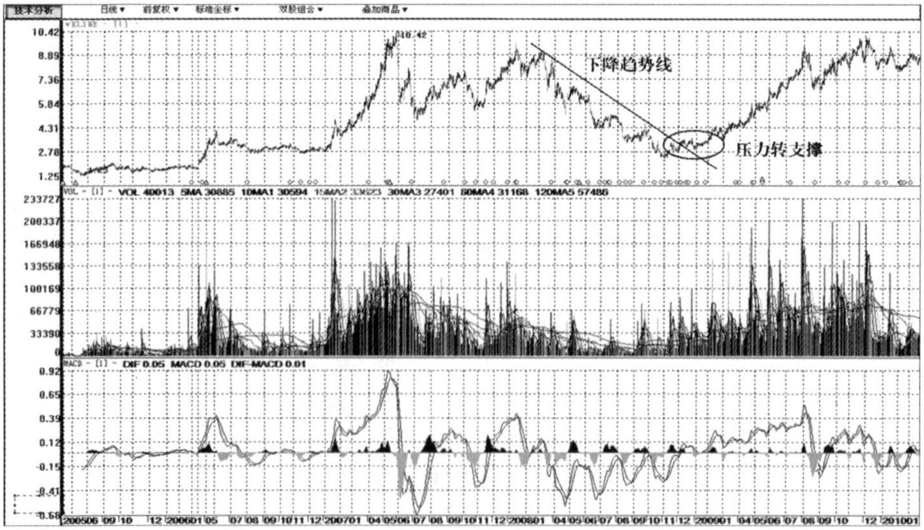

图 5-48

2. 通道线

分别沿上升趋势线及下降趋势线的上下方股价高点和低点，画一条与趋势线平行的直线，该直线便与趋势线一起组成了通道线。（如图 5-49 所示）。

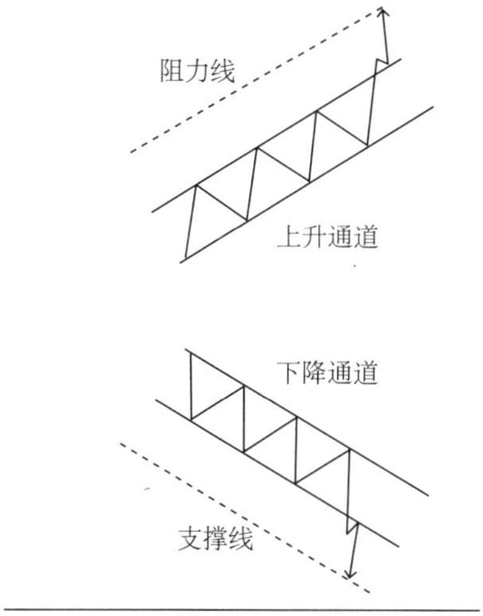

图 5-49

股票在上升通道或下降通道内运行时，其价格的高低点会以通道的上下轨为制约向前发展，这为高抛低吸操作提供了明确的提示。

如果股价在上升通道内向上突破上轨线，则代表其要展开加速上升走势。相反，股价在下降通道内向下跌破下轨线，则代表它将形成加速下跌。

无论是突破上轨线或跌破下轨线，只要价格在突破位再回试轨道线时，就会受到它的反作用力。

当股价远离轨道线，运行至与原通道距离相仿的宽度处，就会受到一股无形力量的阻挡或支撑（如图 5-49 所示）。

投资者也可为整理趋势画出通道，它的上下轨分是价格在盘整过程中，通过重要高点和低点所画出的两条平行直线。当价格有效向上突破上轨线后，会出现加速上涨行情。当价格有效向下跌破下轨线后，会形成加速下跌行情。

当价格在通道内平稳运行时，则可以根据轨道线的提示低吸高抛赚得差价（如图 5-50 所示）。

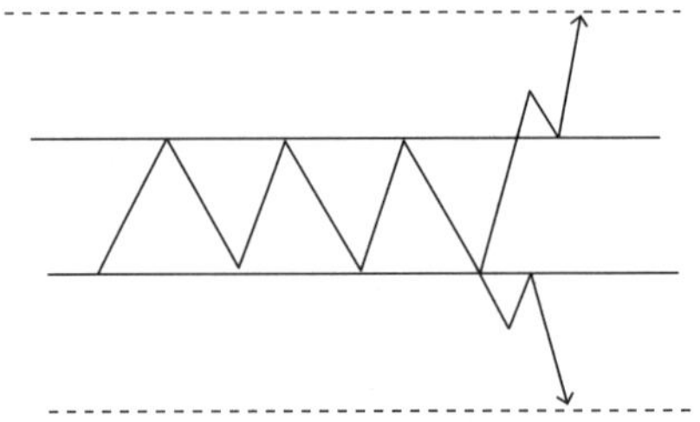

图 5-50

通常，无论是上升通道还是下降通道或者整理趋势，其形成周期越长，上下轨之间的距离越宽，被高低点位验证的次数越多，就越具分析意义。

实盘案例：

华鑫股份（600621）2015 年 1-4 月一直在上升通道内逐级前行，实战中可依此高抛低吸赚取差价。后来股价突破了通道上轨线，意味着其将展开加速上涨行情，后期走势也证明了这种判断（如图 5-51 所示）。

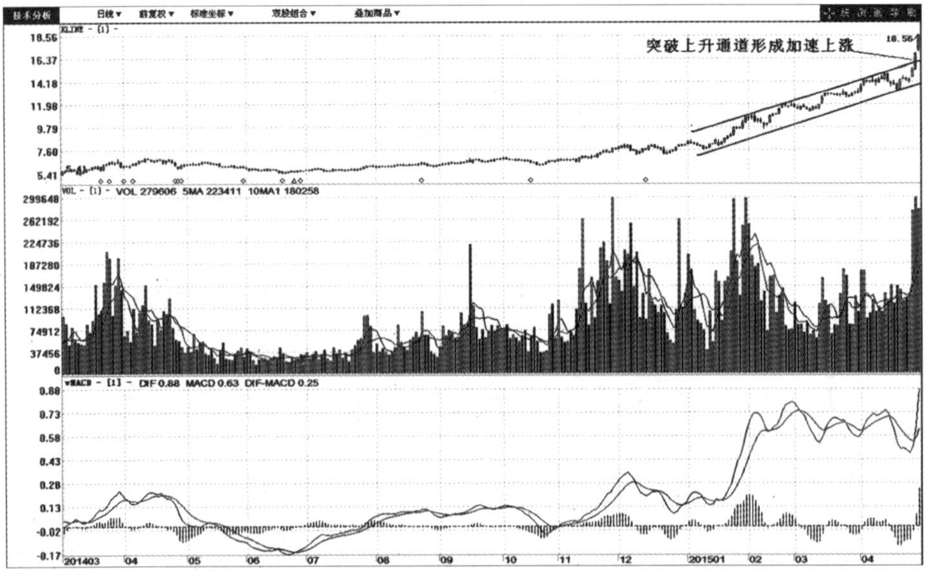

图 5-51

＊ST 明科（600091）2008 年末至 2009 年初一直在下降通道缓慢下行，后来股价跌破了通道下轨线，随即展开加速下跌行情（如图 5-52 所示）。

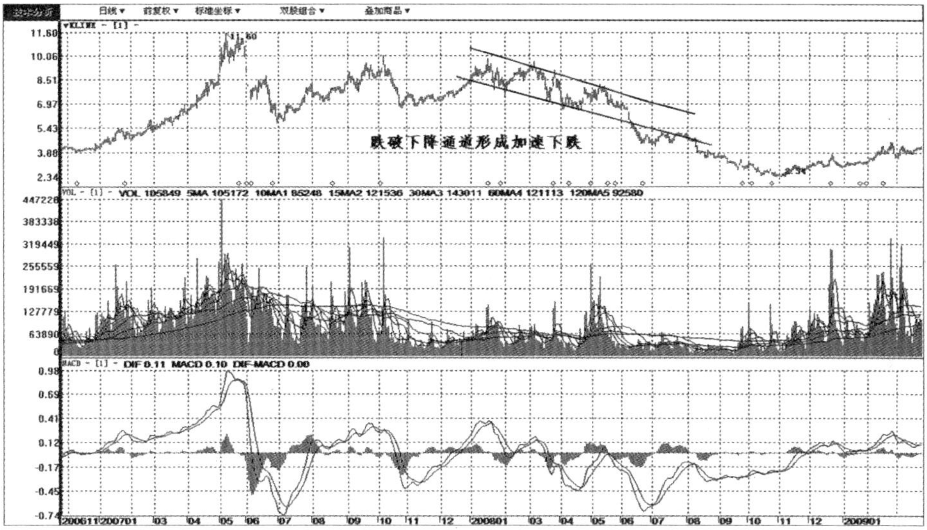

图 5-52

3. 支撑与阻力

在上涨与下跌过程中，股价会遇到许许多多的阻力和支撑，其中有来自人们心理上的，比如价格的整数关口。还有一些是来自投资者持股成本上的，比如股价的各条均线，这里要介绍的则是来自于股价运行过程中的各个波峰与波谷。

在上涨趋势中，股价震荡攀升过程中形成的每一个波峰和波谷，都会对价格的未来上涨和回调形成阻力与支撑。

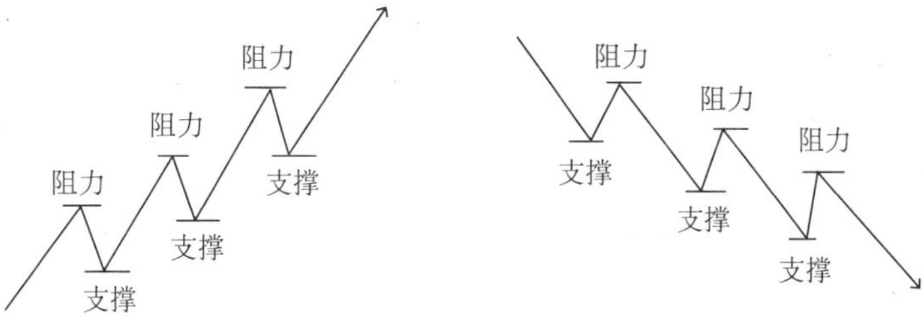

图 5-53

在下跌趋势中，股价震荡走低过程中形成的每一个波峰和波谷，都会对价格未来的反弹和下跌形成支撑与阻力（如图 5-53 所示）。

上述阻力与支撑的强弱，通常主要取决于以下三个方面。

（1）价格在该处经历的时间长短。股价在某个区域徘徊的时间越长，该区域产生的阻力或支撑就越强。

（2）价格在该处释放的成交量多少。股价在某个区域形成的成交量越大，该区域产生的阻力与支撑就越强。

（3）上次阻力位或支撑位距当前的时间长短。上次波峰或波谷距离当前的时间越近，其对股价形成的阻力与支撑就越强，因为这些阻力或支撑市场还来不及消化它们。

除此以外，在价格运行过程中形成的一些历史性高低点及成交密集区，都会对股价的未来发展构成强有力的阻力与支撑。这些阻力与支撑的形成，主要是由历史套牢盘或新增的抄底盘造成的。

原阻力与支撑位一旦被有效攻克，它们曾起到的阻力或支撑作用也将发生相互转换。

实盘案例：

北矿磁材（600980）的股价突破了前期价格高峰与成交密集区的阻力后，走出了波澜壮阔的主升行情（如图 5-54 所示）。

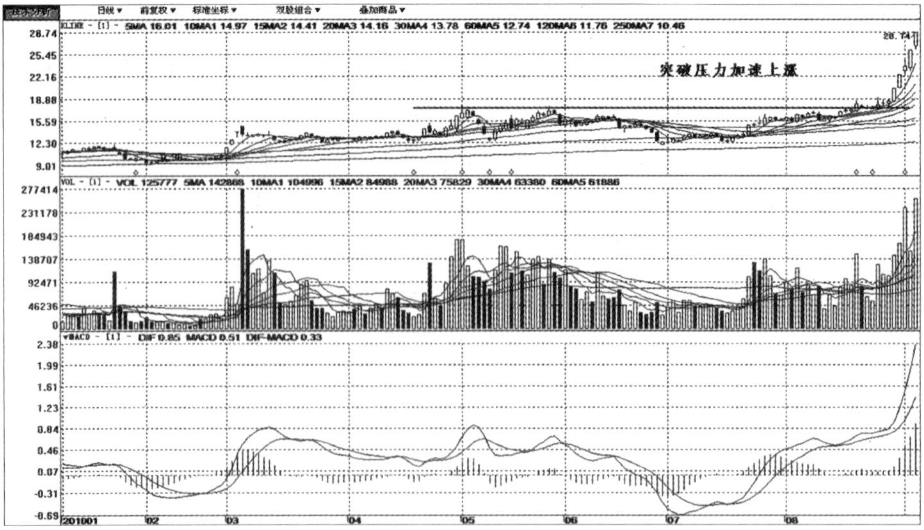

图 5-54

西单商场（600723）的股价则是在跌破了上一个下跌低位形成的支撑后，出现了猛烈的下跌行情（如图 5-55 所示）。

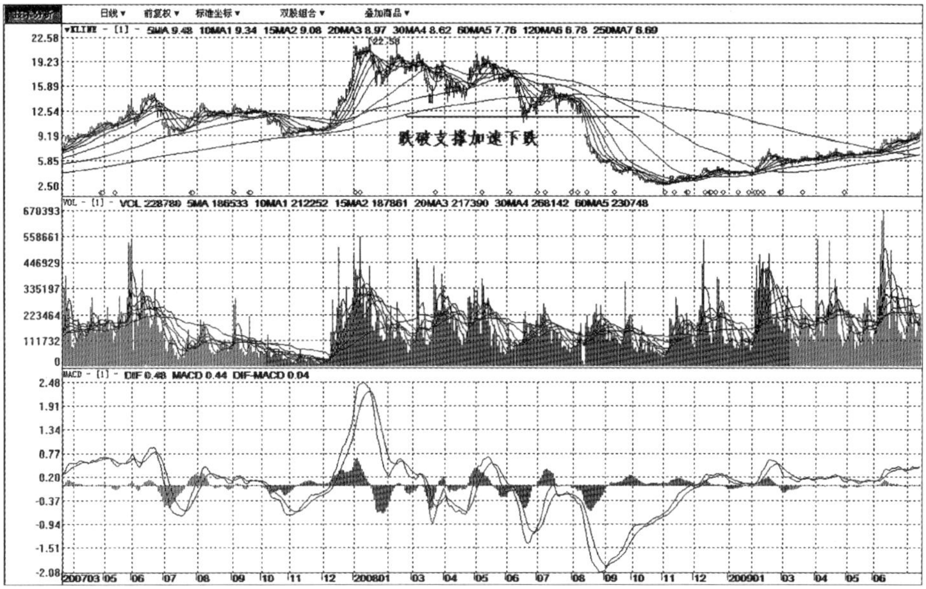

图 5-55

第六章　股市经典技术指标

技术指标是以判断价格趋势变化为目的、以图表分析为技巧的股市行情预测工具。技术指标存在的三个理论基础是：市场行为包容消化一切；价格以趋势方式演变；历史不断重演。

（1）市场行为包容消化一切。技术派人士认为，影响股票价格波动的任何因素，包括经济、政治、心理等，最终都会反映到价格走势中来，所以只要我们把价格走势盯紧就足够了。

（2）价格以趋势方式演变。技术派人士认为，趋势演变是技术分析的核心。研究图表的意义是在一种趋势发生、发展的早期准确地加以揭示，从而达到顺势操作的目的。

（3）历史不断重演。技术派人士还认为，价格的周期走势是不断重复的。当然它不是单纯意义上的简单复制，而是投资者心理状态在不断追求利润的同时，在相似的历史条件下会趋同于一定的模式，仿佛历史在重演。

技术分析的优点在于易学、易懂，理性分析，不带感情色彩。但与现实行情相比，具有明显的滞后性，对市场走势的预测也具有很大的不确定性，这是技术分析的致命缺陷。

一、指数平滑异同移动平均线（MACD）

指数平滑异同移动平均线（MACD）是由查拉尔德·阿佩尔创造的，目前其已成为技术派分析人士手中的头号分析指标。

MACD 指标是利用两条线之间的相互交错和背离来判研价格走势的。股市中的其他技术指标，大多也都采用了这一原理。

MACD 指标的中文名称中带有“移动平均”字样，从中不难联想到，它与移动平均线有密切的关联。不错！MACD 指标就是在移动平均线基础之上发展起来的。

科学技术的发展和进步总是前者启发后者，后者借鉴前者，股市也不例外。指数平滑异同移动平均线借用了移动平均线中快慢两条线的聚合与分离现象，用以判研买卖时机。

根据移动平均线原理：在一段连续的涨势中，快速（短期）移动平均线和慢速（长期）移动平均线之间的差距会越拉越大。当涨势趋缓或发生转折时，两线之间的距离就会缩小，甚至发生交叉，从而发出卖出信号。

相反，在一段连续的跌势中，快速（短期）移动平均线和慢速（长期）移动平均线之间的差距也会越拉越大。倘若跌势趋缓或发生转折，两线之间的距离也会缩小，甚至发生交叉，从而发出买入信号。

当然，MACD 指标中的两条线可不是普通的移动平均线，而是在原有基础上经过特殊平滑处理过的。

计算方法：

MACD 指标中的两条指标线是怎么来的，它与移动平均线之间有何种关系？其中，第一条线是通过移动平均线中的快慢两线之差计算出来的，就是由快速（短期）移动平均线减去慢速（长期）移动平均线所得的差值连接而成，其常用“DIF”来表示。用于计算 DIF 的快速（短期）移动平均线与慢速（长期）移动平均线的设置参数一般分别为 12 日和 26 日。

第二条线的来历就更简单了，它是快速（短期）移动平均线减去慢速（长期）移动平均线所得差值的平均值，也就是 DIF 的平均值，其常用“DEA”来表示，而求平均值的参数大都设为 9 日。

因为指数平滑异同移动平均线是由移动平均线经双重平滑而来，所以除保留前者的诸多优点外，与移动平均线相比要更可靠、更定性，能轻易剔除诸多虚假买卖信号。

综上所述，在 MACD 指标的具体计算过程中，首先要计算出快速（短期）移动平均线（EMA_1）和慢速（长期）移动平均线（EMA_2）的数值，然后再求两者之间的差值（DIF），最后再求 DIF 的移动平均值（DEA）。

下面以 EMA_1 参数为 12，EMA_2 参数为 26，DIF 参数为 9，来讲解一下 MACD 指标的计算过程。

（1）计算移动平均值（EMA）。

12 日的 EMA=前一日的 EMA_{12}×11/13+今日收盘价×2/13

26 日的 EMA=前一日的 EMA_{26}×25/27+今日收盘价×2/27

（2）计算差离值（DIF）。

DIF=今日 EMA_{12}-今日 EMA_{26}

（3）计算 MACD 值。

今日 MACD=前一日 EDA×8/10+今日 DIF×2/10

由于实际计算出的差离值（DIF）有正数、有负数，因此差离值（DIF）的 N 日平均线（DEA）也是有正数、有负数。

正数与负数的分界点是 0，所以 MACD 指标中的差离值（DIF）和差离平均值（DEA），始终会围绕 0 轴上下波动。其中差离值（DIF）是快速线；差离平均值（DEA）是慢速线。

应用法则：

（1）当快速线和慢速线都在 0 轴以上时，为多头市场。当快速线和慢速线都在 0 轴以下时，为空头市场。

（2）当快速线在 0 轴以下向上突破慢速线时，市场以反弹为主，应谨慎买入。当快速线在 0 轴以上向上突破慢速线时，市场以强势为主，可酌情买入。

（3）当快速线在 0 轴以上向下跌破慢速线时，市场以回调整理为主，可适当卖出。快速线在 0 轴以下向下跌破慢速线时，市场以下跌为主，务必尽快清仓。

（4）当股价处于连续上升势头时，快速线与慢速线之间的距离会逐渐加大。当两者间的乖离率过大时，可提前分批卖出股票。当股价处于连续下跌势头时，快速线与慢速线之间的距离也会逐渐加大。同样，当两者间的乖离率过大时，应提前分批买入股票。

（5）在股价横盘时，快速线与慢速线之间会频繁交错并发出虚假信号，此时不必理会。等两者之间的乖离率迅速增大之时，可视为有效突破。

（6）MACD 是为数不多的可用于形态分析的技术指标之一。例如，它在 0 轴以上较高位置形成 M 形、头肩顶等走势时，预示着股价将要回落。在 0 轴以下较低位置形成 W 形、头肩底等走势时，说明股价将要回升。

（7）具有背离报警特性。当股价不断创出新高或新低，而快速线与慢速线却不能跟随创出新高或新低，则预示着行情将要发生反转。特别是其在顶部或底部的钝化过程中形成 M 形、头肩顶或 W 形、头肩底等反转形态时，就更要小心。

另外，用差离值（DIF）减去差离平均值（DEA），可以在 0 轴线上下派生出众多长短不一的柱状线。它们的增减变化会对股价走势产生异常重要的指导和预测意义。

（1）柱状线在 0 轴以上时，说明市场趋势处于强势之中。柱状线在 0 轴以下时，说明市场趋势处于弱势之中。

（2）当柱状线在 0 轴以上持续放大时，表明上涨趋势正在增强。当柱状线在 0 轴以上持续收缩时，表明上涨趋势正在减弱。

（3）当柱状线在 0 轴以下持续放大时，表明下跌趋势正在增强。当柱状线在 0 轴以下持续收缩时，表明下跌趋势正在减弱。

实盘案例：

从 2008 年 9 月起，浦发银行（600000）MACD 指标中的快速线开始上穿慢速线，其后两线持续走高，最终都到达 0 轴上方。同时柱状线也在 0 轴下方逐步缩短，转移到 0 轴上方后又逐步拉长，这些都是买入信号。

此后该股股价也由下降趋势转而走稳，不久之后又持续走高。直到 2009 年 7 月份，股价还在不断升高，但 MACD 已经出现了向下的拐点，同时快速线重新跌破了慢速线。这是一个明显的顶背离现象，预示股价即将见顶。

果然不出意料。十几个交易日后，该股无力继续攀升，由此形成中期大顶。后来其柱状线也由 0 轴上方转移到下方，长度不断向下拉长。接着 MACD 也跌破 0 轴，该股价格也从此进入到下跌趋势当中（如图 6-1 所示）。

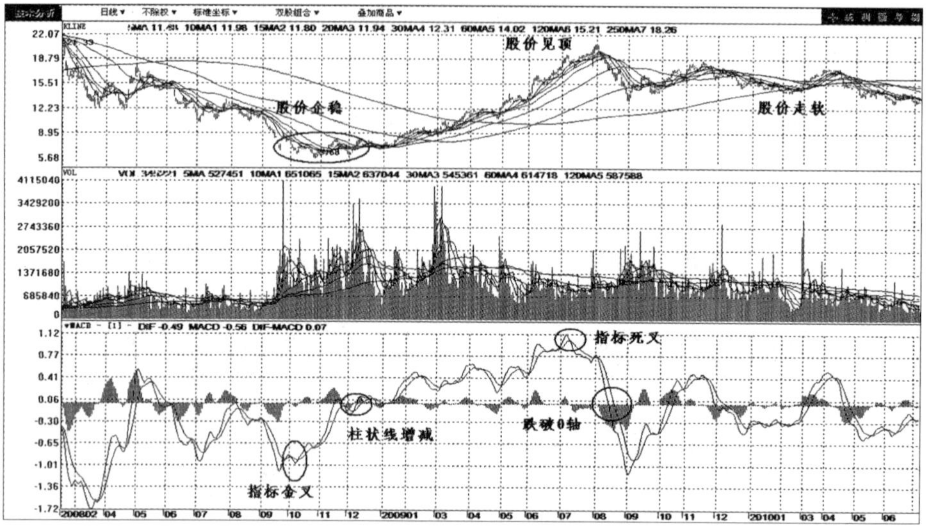

图 6-1

二、动向指数（DMI）

动向指数（DMI）是由技术分析大师威尔斯·怀特创造的，并且他认为这是最有成效、最实用的一套技术分析工具。

其基本原理是：通过股票价格波动中买卖双方力量均衡点的移动，从而反映出价格运动的趋势。它是一个四线指标，这四条线分别是+DI、-DI、ADX、ADXR，应用起来要比只有两条线的 MACD 复杂一些。

计算方法：

+DI 与-DI 分别代表上涨与下跌力量动向线，但要想计算出它们的数值，还需要另外两个数值的帮助，分别是动向变动值（DM）和真正波幅（TR）。

所谓动向变动值（DM），是指股价变动的方向。这个方向可能是上涨，也可能是下跌或是横盘。

因此动向变动值（DM）会出现三种情况。

（1）上升动向（+DI）。今日最高价高于昨日最高价，今日最低价不低于昨日最低价，简单地说就是股价重心上移了。这时动向变动值等于今日最高价减去昨日最高价的差值。

（2）下降动向（-DI）。今日最低价比昨日最低价更低，今日最高价不高于昨日最高价，简单地说就是股价重心下移了。这时动向变动值等于今日最低价与昨日最低价的差值。

（3）无动向（±DI=0）。无动向有两种情况，一种是今日最高价小于或等于昨日最高价，今日最低价大于或等于昨日最低价。另外一种是今日最高价与昨日最高价的差值等于今日最低价与昨日最低价的差值。

确定真正波幅（TR）的数值有如下要求。

当日最高价减去当日最低价（H-L）。

当日最高价减去昨日收盘价（H-PC）。

当日最低价与昨日收盘价的差值（L-PC）。

以上三组计算结果中的最大值，就是当日真正的波幅。

接下来就可以计算+DI 与-DI 了。

为了剔除股票价格变动的不稳定因素，所以大多数指标数据都以累计平均值的形式出现。通常对动向指数的采样周期都设在 12 日。

DMI 的计算公式如下。

$+DI_{12}=+DM_{12}/TR_{12}\times100$

$-DI_{12}=-DM_{12}/TR_{12}\times100$

最终得出的±DI 值介于 0 到 100 之间。所谓的正负之分，只是为了区别上涨与下跌走势，因此它们也仅仅代表方向而已。

当价格持续下跌时，-DI 会不断升高，而+DI 会不断下降。当价格持续上涨时，+DI 会不断升高，而-DI 会不断下降。

动向指标中的第三条线叫动向平均值，简称 ADX。它是+DI 和-DI 之差的绝对值乘以 100，计算过程为：

$DX=[(DI-DIF)/(DI-SUM)]\times100$

DI-DIF：上升动向线与下降动向线的差

DI-SUM：上升动向线与下降动向线的和

以 12 日为采样周期的平均值（ADX）：

今日 ADX=（昨日 DX×13+今日 DX）÷12

还有最后一条线，是动向指数评估值（ADXR）。它的计算公式为：

ADXR=（今日 ADX+12 日前 ADX）÷2

上述四条线的计算很繁琐，也非常复杂，好在这些数据在股票软件中都是由计算机自动生成。运用时，只要掌握好其应用法则便可以了。

应用法则：

（1）+DI 与-DI 的运用。

①当+DI 从下向上突破-DI 时，表明市场中有人愿意花更高的价钱买进，后市看好，此为买入信号。当-DI 从下向上突破+DI 时，表明市场中有人愿意以更低的价格卖出，后市看淡，此为卖出信号。

②无论是+DI 从下向上突破-DI，还是-DI 从下向上突破+DI，如果 ADX 也伴随上升，则说明上涨或下跌的劲头更足。

③许多技术指标在盘整行情中都会失效，+DI 与-DI 也不例外，届时它们会频繁地发出虚假信号。

（2）ADX 的运用。

①判断行情是否持续。当行情朝单一方向发展时，无论是持续上涨还是持续下跌，ADX 都会逐步增长。反过来，当 ADX 持续增长时，也可以预测行情将进一步上涨或下跌。

②判断行情是否盘整。当行情上下反复时，+DI 与-DI 之间的数值就会越来越小，ADX 值也会跟随逐渐减少。当 ADX 降到 20 以下时，表明市场进入盘整格局。

③判断行情是否见顶或见底。不论是上涨行情还是下跌行情，只要 ADX 值由上升转为下降，就说明行情已经见顶或见底了。

（3）ADXR 的运用。

①当 ADXR 处于高位时，表示行情波动较大。当 ADXR 处于低位时，表示行情处于盘整当中。

②利用 ADX 与 ADXR 的交叉，也可以对股价走势进行预测。特别是在+DI 与-DI 之间形成交叉，发出买卖信号时，ADX 与 ADXR 也形成交叉，通常是大幅上涨或下跌的开端。

股民在查看技术指标时，面对数条线，可能会分不清彼此，并且部分软件中也没有提示。

这里告诉大家一个窍门，其中最灵敏的那条一定是采样周期最短的。以此类推，就能逐一对号。例如，ADXR 是由 ADX 平均估值而来的，那么它的变动频率、反应速度就一定会落后于 ADX，所以在该指标中，表现最稳定的那条线一定就是 ADXR，其次是 ADX，最后才是+DI 与-DI。

实盘案例：

2009 年 3 月至 6 月，宝钢股份（600019）的股价几乎一直处于低位盘整状态，这期间该股 DMI 指标中的四条指标线，也一直处于频繁交错的混乱状态下。

6 月份以后，+DI 向上突破-DI，发出买入信号。不久 ADX 也跟随+DI 与-DI 持续上涨，表明该股的上升趋势还会持续。果然其后该股的上升行情持续了 2 个多月。

等到了 8 月份后，+DI 与-DI 已不再持续上涨，并且-DI 向下跌破了+DI，发出卖出信号，同时 ADX 也不再创出新高，开始转头向下。之后 ADX 又与 ADXR 形成向下交叉，预示该股将转入持续下跌走势。后期实际走势也是如此（如图 6-2 所示）。

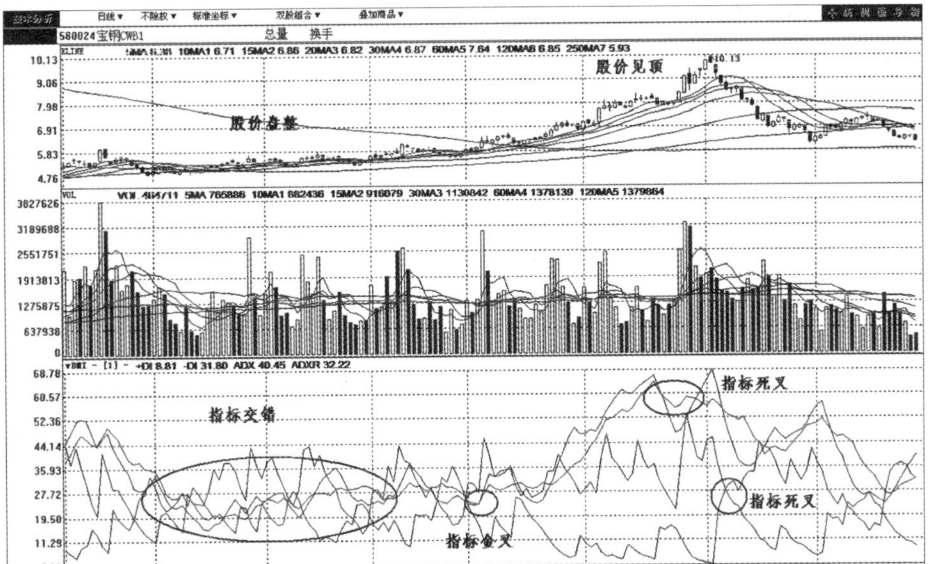

图 6-2

三、相对强弱指标（RSI）

1978 年，怀特在其所著的《技术分析新观念》一书中，首次介绍了相对强弱指标（RSI）的概念及应用方法。后来这一技术指标很快风靡股市，成为广大投资者应用最广的技术指标之一。

相对强弱指标（RSI）是根据股票市场中供求平衡的原理，通过比较一段时期内价格涨跌幅度的大小来判断市场行情走势。

价格走势包含一切，是技术分析的立足点之一，意思是说，不论上市公司或市场环境发生了怎样的变化，最终都要反映到价格走势当中。只要盯紧股价的当下走势，便可以判断出其未来趋势。RSI 指标便是这一观点的代表性指标之一，它完全是利用当下的价格走向来预测后期的价格走势。

计算方法：

该指标有两套计算方法，且两条指标线的计算方式也完全一样，只是各自所取周期不同。其中一条取值为 14 天，另一条是短期线，取值为 6 天。

（1）第一种，需要先求出相对强弱值（RS）。

RS=N 日内收盘价上涨幅度总和/ N 日内收盘价下跌幅度总和。

所谓 N 日，一般都取 14 日。

有了 RS 值，就可以计算出 RSI。

RSI=100-100÷（1+RS）

（2）第二种。

RSI=N 日内收盘价涨幅平均值÷（N 日内收盘价涨幅平均值+N 日内收盘价跌幅平均值）×100。

RSI 的变化规律如下。

（1）RSI 的取值范围在 0~100 之间。

（2）股价经过一段下跌行情后，RSI 也跌到 30 以下。如果又从低位向上突破60，则表明多方势头强劲。当其再度回落到40~60之间整理后，仍会继续向上变动。

股价经过一段上涨行情后，RSI也升到80以上。如果又从高位向下跌破40，则表明空方势头强劲。当其再度反弹到40~60之间整理后，仍会继续向下变动。

（3）RSI曾经出现过的最高点与最低点，分别对其具有较强的压力与支撑作用。不仅如此，在多头市场里，RSI每一次因回挡整理而形成的低点，都会成为一道支撑。在空头市场里，RSI每一次因反弹而形成的高点，也都会成为一道阻力。

（4）在多头市场中，如果价格回挡，那么多方的三道防线分别是50、40、30。如果股价回挡时RSI没有跌破50，则表明多头力量十分强劲，股价再度上涨时会突破原来高点，RSI也极容易创新高。

如RSI跌破40，除非股价再度急速拉升并创出新高，否则RSI不会配合创出新高，这表明多头力量已不如前。

如RSI跌到30才企稳，即使股价再度大涨创出新高，但RSI由于起涨点过低，也很难再创新高。这表明市场中多头已经力竭，股价即将大跌。

（5）在空头市场中，如果价格反弹，那么空方的三道防线分别是50、60、70。如果股价反弹时RSI未能突破50，表明空头力量十分强劲，股价再度下破原来低点时，RSI也极容易创新低。

如RSI在60处受阻，即便股价非急速滑落并创出新低，RSI也很难配合再创出新低，这表明空头力量已不如前。

如RSI反弹到70才止步，即使股价再度下跌并创出新低，但由于起跌点太高，RSI也很难再创新低。这表明空头已经力竭，股价即将反转向上。

（6）在多头市场中，RSI的最高点一般在75~90之间，股价只要不出现暴跌，通常是不会回落到30以下的。在空头市场中，RSI的最低点一般在30~20之间，只要股价不出现暴涨，通常是不会突破70以上的。

应用法则：

（1）RSI等于50时，表明市场处于多空平衡状态。大于50表示上涨，小于50表示下跌。

（2）RSI 多数时间里都在 40~60 之间波动，表明市场正处于牛皮盘整中。在 30~70 之间波动的时间较少，表明市场已出现超卖或超买，应采取相应行动。在 80 以上及 20 以下的机会更小，应时刻警惕逃顶或抄底。

（3）RSI 还具有先知先觉的功能。当股价处于盘整时，RSI 率先向上拐头，应买入，反之应卖出。

（4）RSI 还具有背离功能。当股价持续创出新高，RSI 也持续创出新高，则持有。当股价持续创出新高，而 RSI 已不再创出新高，则卖出，这叫顶背离。

股价持续创出新低，RSI 也持续创出新低，表示下跌还将继续。当股价持续创出新低，而 RSI 已不再创出新低，则买入，这叫底背离。

（5）RSI 指标和 MACD 指标一样，当它处于较高或较低位置时，可对其进行形态分析，例如 W 底、M 头、头肩底、头肩顶等。

（6）RSI 指标属于两线指标。只要不是一条线，就会涉及交叉的问题，因此可以利用快慢两条线的交叉原理来预测行情。当快速线由下向上突破慢速线时，为买入信号，特别是发生在 30 以下。当快速线由上向下跌破慢速线时为卖出信号，特别是发生在 70 以上。

实盘案例：

济南钢铁（600022）的股价 2009 年 5 月至 6 月一直在 3 元左右盘整，RSI 指标值在这段时间也一直处于 50 上下。后来该股向下洗盘，RSI 也跌至 30 以下，但随后又迅速翻转，且快速线由下向上突破慢速线，表明市场超卖，是买入的好机会。

之后该股股价连续拉高，RSI 迅速向上突破 60，并在突破后出现回落，随后又在 50 以上受到支撑反转向上。这说明多头力量强劲，预示股价还会创出新高。其后该股股价连续大幅拉升，RSI 也随之创出新高。

当 RSI 升至 90 以上时开始拐头向下，两线也形成死叉，这是高度超买的现象，此时投资者应及时了结。接下来该股连续暴跌，RSI 也跌到 20 以下（如图 6-3 所示）。

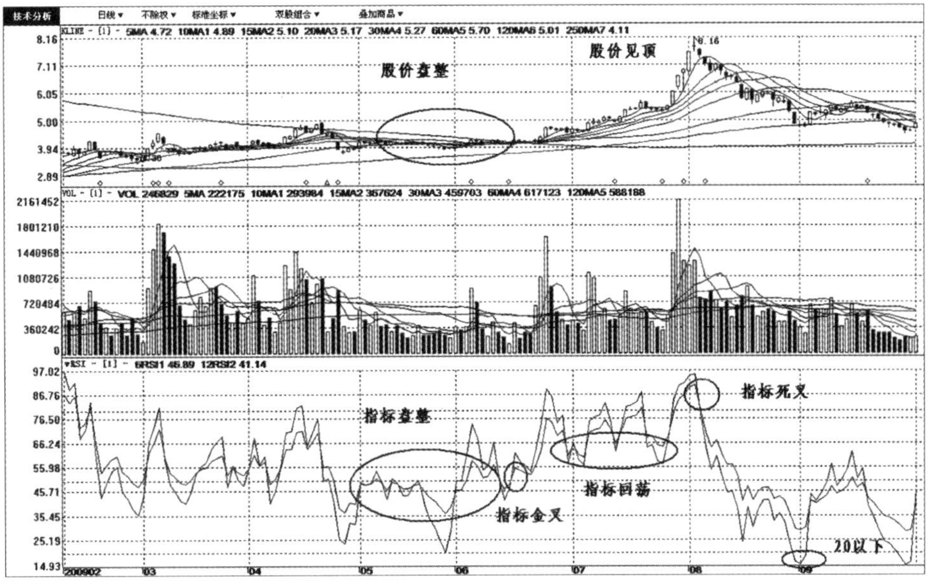

图 6-3

四、随机指标（KDJ）

随机指标（KDJ）是由乔治·莱恩创造的。他在设计中综合了动量观念、强弱指数和移动平均线的一些优点，但比强弱指标更为灵敏、灵活，所以受到众多短线客的青睐。

灵敏与灵活虽然可以洞察先机，但同时也容易频繁地发出虚假信号。究竟怎样才能恰到好处地运用该指标，还需投资者在实践中反复感悟。

KDJ 测市的主要理论依据是：当价格趋势上涨时，收盘价倾向于最高价。当价格趋势下跌时，收盘价倾向于最低价。通过计算当日或最近几日的最高价、最低价和收盘价之间的波幅，可以反映价格走势强弱与超买超卖现象。

这又是一个以价格走势包含一切为理论支持的技术指标。事实上，几乎所有的技术指标都是这样的。

计算方法：

KDJ是一个三线指标，其中的每一个字母代表一条线。采样周期一般都设置为9日。

在计算其每个数值之前，还要先求出RSV值，它是“未成熟随机指标值”。

以9日为周期，RSV=［（$C-L_9$）/（H_9-L_9）］×100

%K值=2/3×前一日K值+1/3×当日RSV

%D值=2/3×前一日D值+1/3×当日K值

J值=3K-2D

C：最后一日收盘价

L_9：最后9日最低价

H_9：最后9日最高价

H_3：最后3日（$C-L_9$）的总和

L_3：最后3日（H_9-L_9）的总和

计算所得结果显示，K与D的取值范围在0~100之间，J可以超过100。其中K是快速线，D是慢速线，J是辅助线。在多数技术指标中，慢速线都是主线，发出信号也更为可靠。

这个指标最早只有K和D两条线，因此也叫KD指标。所以大多数投资者在运用时，都以K与D两条线发出的信号为主。

应用法则：

（1）K与D在50时，代表多空平衡，在50以上代表价格上涨，在50以下代表价格下跌。

（2）K与D在20以下，代表超卖，可以考虑买入。在80以上，代表超买，应考虑卖出。

当J值大于100，特别是连续5天以上大于100，股价至少会形成短期头部。反之J值小于0时，尤其是连续数天小于0，股价至少会形成短期底部。

（3）股价经过连续下跌后，J、K、D三线在20以下依次向上形成交叉，为买入信号。股价经过连续上涨后，J、K、D三线在80以上依次向下形成交叉，为卖出信号。

另外，J、K、D 三线在股价连续上涨或下跌过程中出现速率放缓，也是一种卖出或买入提示。

（4）当股价走势一顶比一顶高，而 KDJ 指标却不再跟随创出新高，应考虑卖出。当股价走势一底比一底低，而 KDJ 指标却不再跟随创出新低，应考虑买入。

（5）KDJ 指标也可以用于形态分析。当 KDJ 指标在 20 以下形成 W 底、三重底、头肩底这些底部反转形态时，可以考虑买进。当它在 80 以上形成 M 头、三重顶、头肩顶这些顶部反转形态时，可以考虑卖出。

实盘案例：

招商地产（000024）2008 年 12 月开始连续上涨的时候，其 KDJ 指标中的 K 线和 D 线都处在 20 以下，J 线更低。后来三者向上反转并顺次形成交叉，为投资者提供了买入信号。

但该股的上涨行情并非一气呵成，中间起起落落，形成了许多次级波动。反应灵敏的 KDJ 清晰地显示出了这些局部细节，为短线操作及时发出了买卖信号（如图 6-4 所示）。

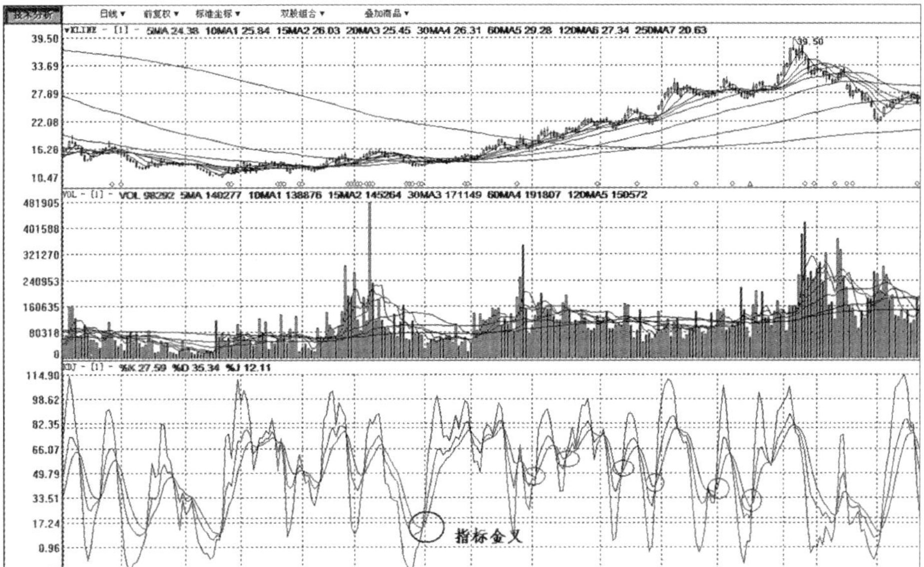

图 6-4

五、动力指标（MTM）

动力指标（MTM）是以测量价格涨跌速度为主要功能的短线分析工具。它从价格起步到加速，再到停止的过程中寻找规律，然后对股票行情开展进一步的分析与预测。

其理论基础是：研究价格与供求变化之间的关系，当市场中需求大于供给，股价就会上升。股价上升，就会吸引更多人关注，甚至追高买入，股价就会越涨越快。但是当价格升高到一定程度，需求者就会减少，供给者反而会增多，股价的上升速度也会随之放缓，上涨行情有望反转。反之也是如此。

计算方法：

动力指标值的采样周期通常是 12 日，但其计算方式却有两种。

第一种：$MTM_{12}=C-C_{12}$

第二种：$MTM_{12}=(C\div C_{12}\times 100)-100$

C：当日收盘价

C_{12}：12 日前收盘价

应用法则：

MTM 指标通常都以 0 作为恒速参照物，通过与当前涨跌速度的对比，得出股价进入强势高峰或转为弱势低谷时的不同信号。

严格来说，它属于单线指标，但是人们更青睐于双线指标的交叉预警功能，所以多数股票软件中的 MTM 是 2 条线，并且其中一条是另一条的 6 日移动平均线。

（1）MTM 指标以 0 轴为中心线上下波动。当它在 0 轴上方时，说明多头力量强于空头力量，股价处于上升或高位盘整状态。当其在 0 轴下方时，说明空头力量强于多头力量，股价处于下跌或低位盘整状态。

（2）当 MTM 值从 0 轴下方向上突破时，说明多头力量逐渐强大，股价将加速向上运动，是买入信号。当 MTM 值从 0 轴上方向下跌破时，说明空头力量逐渐强大，股价的下跌速度也将加快，是卖出信号。

（3）当 MTM 从 0 轴下方向上突破并向上运行较长一段时间后，如果股价的上涨速度开始放缓，说明多头力量开始衰退。一旦 MTM 值调头向下，预示股价将见顶回落，是较强的卖出信号，投资者应及时了结。

当 MTM 值从 0 轴上方向下跌破并向下运行了较长一段时间后，倘若股价下跌速度开始放慢，说明空头力量开始衰退。一旦 MTM 值勾头向上，预示着股价将见底反弹，是较强的买入信号，投资者可以逢低建仓。

（4）当 MTM 值向上突破 0 轴后，只要它不调头向下，便可以一路持有。当 MTM 值向下跌破 0 轴后，只要其没有勾头向上，就应一直持币观望。

（5）MTM 指标中的两条指标线由下向上形成交叉时，是买入信号。由上向下形成交叉时，为卖出信号。

（6）股价持续创出新高，而 MTM 值却不再创出新高，为顶背离，应卖出。股价持续创出新低，但 MTM 值却不再创出新低，为底背离，应买入。

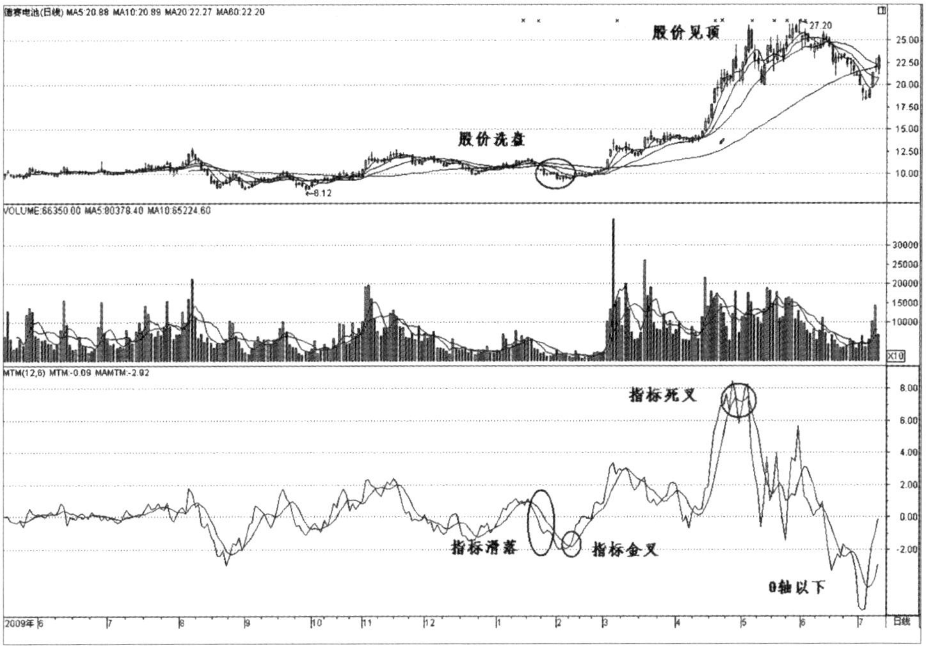

图 6-5

实盘案例：

德赛电池（000049）的 MTM 指标在 2010 年的 1 月至 2 月份不断向下滑落，并跌至 0 轴以下。在此过程中，其股价也不断向下回落。后来 MTM 中的快、慢两线在 0 轴以下的低位形成向上交叉，发出买入信号。紧接着 MTM 又快速向上挺进，股价也同时一路大涨。

后来 MTM 中的快、慢两线又在绝对高位向下形成交叉，该股的主升行情随之告一段落。在几经周折后，MTM 回到了 0 轴以下，同时该股股价的跌幅也进一步加深（如图 6-5 所示）。

六、威廉指标（%R）

威廉指标（%R）是由拉瑞·威廉在 1973 年提出的，因此就用他的姓氏来命名。

该指标通过研究股票的最高价、最低价与收盘价之间的摆动幅度来度量超买超卖现象，进而预测循环期内价格的高低点，并确立买卖的时机。

其设计原理与随机指标（KDJ）颇为相近，但它是一种短期、中期、长期皆宜的技术指标。

计算方法：

在计算威廉指标时，要先确定周期天数，再取此数的半数。许多技术分析人士认为，一个完整的买卖周期应该是 28 天，去掉周六和周日，还剩 20 天，再取一半，也就是 10 天。

$\%R = (H_{10}-C_{10}) / (H_{10}-L_{10}) \times 100$

H_{10}：10 日内最高价。

C_{10}：10 日内收盘价。

L_{10}：10 日内最低价。

计算结果显示，威廉指标的取值范围与相对强弱指标、随机指标一样，都在 0~100 之间。不同的是，该指标的数值越小，市场买气越重。数值越大，卖气越浓。人们在运用它时，也喜欢采取两线并用的方式，其中另一条为快速线，采样周期取 6 日。

应用法则：

（1）当%R 高于 80 时，市场处于超卖状态，股价走势随时可能见底，因此 80 被称为买进线，投资者此时可伺机买入。相反，当%R 低于 20 时，市场处于超买状态，股价随时可能见顶，所以 20 被称为卖出线，投资者可在此时伺机卖出。

（2）一般情况下，当%R 从超卖区向上突破 50 时，可认为市场正由弱转强，是买进信号。相反，当%R 从超买区向下跌破 50 后，可确认市场已由强转弱，是卖出信号。

（3）由于惯性的作用，价格超买后还可再超买，超卖后也可再超卖，因此当%R 进入超买或超卖区后，行情并非一定会立刻转势。只有确认指标明显转向并跌破卖出线或突破买进线后，方为准确信号。

（4）在使用威廉指标时，最好能与强弱指标配合验证。反过来，当%R 线突破或跌穿 50 中轴线时，也可用以确认强弱指标发出的信号是否可靠。

（5）威廉指标的顶为 100，底是 0，一旦其出现 4 次碰顶或 4 次碰底现象，则是较为明确的买卖信号。

实盘案例：

2009 年 9 月至 10 月份，深赛格（000058）的%R 指标曾两次到达 90 的高位，此为明确的超卖信号，应该适量买入该股。随后该股股价便突破盘整局面，形成一波较大的上涨行情。

在股价上涨的同时，它的%R 指标也随之逐步下降，先是跌破 50，后来又跌破 20，最终触底。至 2009 年 11 月，该指标已经连续 4 次触底，这是强烈的卖出信号，应果断出货。

不久，该股结束了本轮上涨行情，随后股价一跌再跌（如图 6-6 所示）。

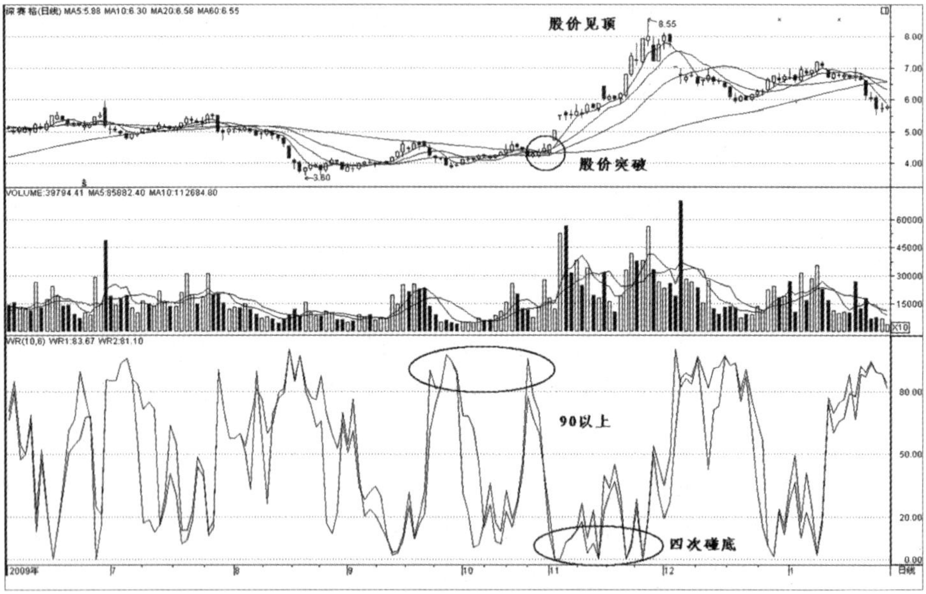

图 6-6

七、能量潮（OBV）

能量潮（OBV）是由葛兰碧在 20 世纪 60 年代提出来的。它将成交量数量化后制作成趋势线，再对比股价走势，用以推测价格未来走势。

因为成交量是股价上涨的原动力，所以多数以它为基础演化而来的技术指标都具有很强的实用性，能量潮（OBV）也是一个重量级的技术指标。其最大的优势在于，可以监控到庄家暗地里大规模收集与派发行为。

该指标的理论基础是：股价的波动与成交量的扩大或萎缩关系密切。通常股价上升时，需要伴随着成交量同步放大。下跌时，成交量会逐渐萎缩。若只是股价升降而成交量不作相应增减，则价格变动将难以为继。

计算方法：

今日的收盘价高于昨日的收盘价，今日的成交量值就为正值。今日的收盘价低于昨日的收盘价，今日的成交量值就为负值。再将一定时期内的正负成交量值累计相加，就是 OBV 值。

AV=［（C-L）-（H-C）］÷（H-C）×V

AV：成交量多空比率净额。

H：最高价。

L：最低价。

C：收盘价。

应用法则：

OBV 指标不能单独使用，要与价格走势对比才有意义。

众所周知，量增价升、量减价跌是量价运行的基本法则。如果代表成交量的 OBV 与股价涨跌之间呈现出这一基本特性时，则对判研局势就没有太大意义了。必须是指标走势与价格走势呈现明显背离时，才会对预测行情具有指导意义。

该指标通常多采用两条线或三条线并用的方式来判断行情。如果是两条线，就选 10 日、20 日为周期。三条线则应将周期设置为 10 日、20 日、30 日。

（1）股价上升而 OBV 下降，表示买盘无力，股价可能会回跌。

（2）股价下降而 OBV 上升，表示买盘旺盛，逢低接手盘强，股价可能会止跌回升。

（3）股价上涨而 OBV 缓慢上升，表示买气逐渐加强，为买进信号。

（4）OBV 急速上升时，无论股价表现怎样，都表示能量耗尽，为卖出信号。

（5）OBV 对双重顶第二个高峰的确定有较为准确的提示作用。当股价自双重顶第一个高峰下跌后又再次回升时，如果 OBV 能随股价同步上升，则股价将持续上涨并创出新高。相反，当股价再次回升时，OBV 未能同步配合，反而下降，则会导致价格双顶的形成，并最终诱发股价下跌。

（6）OBV 从正数转为负数时，为下跌趋势，应该卖出。反之则应买进。

（7）OBV 的最大作用在于确定股价横盘整理后的突破及方向，届时指标线的方向即是价格在突破后的走向。

实盘案例：

全柴动力（600218）在 2007 年 6 月至 2010 年 1 月有一个大落大起的过程。其中大落是从 2007 年 6 月开始，至 2008 年 10 月结束，股价从 10 元以上跌到 2 元多，跌幅巨大。

在这一年多的下跌过程中，其 OBV 指标却并未跟随一同下降，这说明其中的主力并未彻底出逃。之后股市形势一经好转，它就出现了大起行情。

不过在前面的大落行情中，该指标却未能及时给出卖出提示，而这种下跌幅度又足以让人倾家荡产，可见 OBV 并非是一个十全十美的技术指标（如图 6-7 所示）。

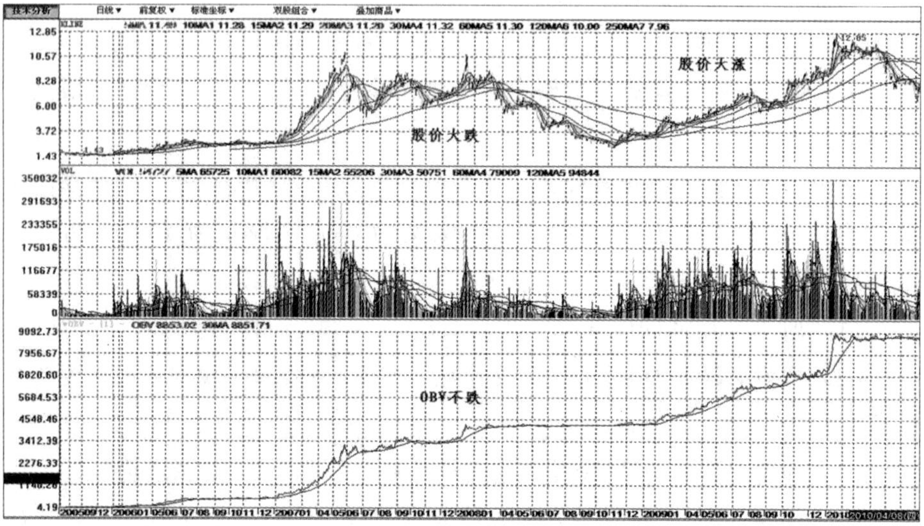

图 6-7

八、布林线指标（BOLL）

布林线指标（BOLL）属于中长线技术指标，是由美国股市分析家约翰·布林根据统计学中的标准差原理并综合了股价通道概念创造出来的。

约翰·布林认为，股价总是会围绕某一中枢区域在一定范围内上下波动，并且股价通道的宽窄可随着价格波动幅度的大小而变化，具有自动调整的变异性。

布林线指标是一项较为特别的分析工具。别的指标都是通过数量的方法构造出来的，其本身不依赖趋势分析和形态分析，而布林线指标却与这两者密切关联。

首先，该指标利用股价通道来预测价格走向：当股价波动范围缩小时，股价通道就会跟随变窄，这预示着股价走向处于暂时平稳状态。当股价波动超出狭窄的股价通道上轨时，预示着价格即将展开激烈的上攻走势。当股价波动超出狭窄的股价通道下轨时，则预示着价格将展开激烈的下降走势。

其次，该指标还通过布林线上下轨道线之间形态的变化，用以预测股价的上涨、下跌或横盘趋势。

计算方法：

布林线指标中共有 4 条线，其中 3 条是轨道线，包括上轨线 UP 、中轨线 MB 和下轨线 DN，另一条是代表价格走势的美国线（相当于行情软件中使用的 K 线）。

轨道线计算公式：

中轨线=N 日的移动平均线

上轨线=中轨线+两倍的标准差

下轨线=中轨线-两倍的标准差

（1）计算 MA。

MA=N 日内的收盘价之和÷N

（2）计算标准差 MD。

MD=平方根 N 日的（C-MA）的两次方之和除以 N

（3）计算 MB、UP、DN 线。

MB=（N-1）日的 MA

UP=MB+2×MD

DN=MB-2×MD

应用法则：

（1）轨道线的意义。

①由BOLL指标上轨、中轨、下轨线所构成的股价通道的宽窄幅度是不确定的，其上下限会随着股价的高低波动而产生变化。正常情况下，股价应始终处于股价通道之内运行。如果脱离股价通道，则意味行情正处在极端发展状态下。

②在BOLL指标中，股价通道的上下轨是显示股价安全运行的最高价位和最低价位。在通道内，中轨线和下轨线会对股价运行起到支撑作用。相反，上轨线和中轨线会对股价运行起到压制作用。

③当股价在中轨线上方运行时，表明股价处于强势状态。当股价在中轨线下方运行时，表明股价处于弱势状态。

（2）上中下轨间的关系。

①当上轨、中轨、下轨线同时向上运行时，表明股价的强势特征非常明显，价格将在短期内继续上涨，投资者应坚决持股待涨或逢低买入。

②当上轨、中轨、下轨线同时向下运行时，表明股价的弱势特征非常明显，股价将在短期内继续下跌，投资者应坚决持币观望或逢高卖出。

③当上轨线向下运行，而中轨线和下轨线却向上运行时，表明股价处于整理态势之中。如果股价正处于长期上升趋势中，则表明它是上涨途中的强势整理，投资者该以持股为主。如果股价正处于长期下跌趋势中，则表明这是下跌途中的弱势整理，投资者应当逢高出货。此外，当上轨线向上运行，而中轨线和下轨线却向下运行时，可能出现的情况有很多，这里就不作研判了。

（3）布林线和美国线的关系。

①当美国线从下向上突破中轨线时，预示股价开始走强，投资者应以中长线买入为主。

②当美国线在中轨线之上突破上轨线时，预示价格的强势特征已经确立，股价或许将短线大涨，投资者应以持股待涨或短线买入为主。

③当美国线突破上轨线后仍继续上行时，如果上轨、中轨、下轨线也同时向上运行，则预示行情的强势特征依旧，股价在短期内还将上涨，投资者应坚决持有。直到美国线出现调头迹象时，再密切留意趋势是否反转。

④当美国线在上轨线上方上行一段时间后又调头向下时，投资者应格外小心。一旦其跌破了上轨线，就意味着股价的短期强势行情就此终结，特别是对于那些短线涨幅较大的股票。

⑤当美国线从上向下跌破上轨线时，如果上轨、中轨、下轨线也同时向下运行，则预示强势行情即将结束，股价短期走势不容乐观，投资者应以逢高减磅为主。

⑥当美国线从上向下跌破中轨线时，预示股价的前期强势行情已经结束，中期下跌趋势已经形成，投资者应中线及时卖出股票。此刻若其上轨、中轨、下轨线也同时向下运行，则更可确认。

⑦当美国线跌破下轨线并继续下行时，预示行情处于极度弱势之中，投资者应以坚决持币观望为主，尽量不买入股票。

⑧当美国线跌破下轨线且下行了一段时间后又出现调头向上迹象时，表明股价将于短期内止跌企稳，投资者可以逢低少量吸纳。

⑨当美国线从下向上突破下轨线时，预示股价的短期行情可能回暖，投资者可以适量买进，作短线交易。

⑩当美国线处于中轨线上方并和其一起向上运行时，表明股价处于强势上涨过程中，其间只要美国线不跌破中轨线，便可一路持股。

⑪当美国线处于中轨线下方并和它一起向下运行时，表明股价处于弱势下跌过程中，其间只要美国线不向上突破中轨线，就应一路观望。

（4）喇叭口的研判原则。

喇叭口是布林线指标所独有的研判手段。它是指在股价运行过程中，布林线的上轨线和下轨线分别朝相反方向运行，与中轨线大幅扩张或靠拢时形成的形状。共分为开口型喇叭口、收口型喇叭口和紧口型喇叭口三种类型。

①开口型喇叭口。股价经长期底部整理后，其布林线指标的上下轨之间距离就会变得很窄。随着价格飙升行情的突然出现，上轨线会急速上扬，下轨线则会加速下行，这样便在两条轨道线上形成一个开口向外扩的喇叭形状。

开口型喇叭口常出现在股价暴涨行情初期，是一种预示价格走势即将面临快速向上突破的指标形态，也是股价经长期低位横盘后所形成的一种特定变盘局面。这种形态象征着多头力量逐渐强大，空头力量逐步衰竭。

该形态形成的两个必须具备条件是：

其一，股价经过长时间的中低价位横盘整理。整理的时间越长，其上下轨之间的距离就收缩得越小，股价未来的爆发力度也就越大。

其二，上下轨间开始开口时，要有明显放大的成交量相配合。

该形态的确立以美国线突破上轨线，股价放量突破中长期均线为标准。在开口型喇叭口出现时，投资者如能及时买进，定会获利丰厚。

②收口型喇叭口。股价经短期大幅拉升后，其布林线指标的上下轨之间距离就会变得很宽。随着价格急跌行情的突然出现，上轨线会急速下降，下轨线会加速上升，这样便在两条轨道线上形成一个开口向内收的喇叭形状。

收口型喇叭口常出现在股价暴跌行情初期，是一种预示价格走势即将面临短线大跌的指标形态，也是股价经过短期大幅拉升后形成的一种特定变盘局面。它象征着空头力量逐渐强大，多头力量逐步衰竭。

该形态形成的唯一条件要以股价经过大幅短线拉升为前提。

该形态的确立标准是上轨线向下调头，且股价跌破中短期均线。在收口型喇叭口出现时，投资者如能及时卖出，则可保住收益或减少损失。

③紧口型喇叭口。股价经长期下跌后，布林线指标的上下轨便会向中轨靠拢。接下来随着股价长久保持低位振荡，上下轨线也将以较为狭窄的距离向前推移，这便是紧口型喇叭口。

紧口型喇叭口常出现在股价大幅下跌行情末期，是一种预示价格走势即将长期盘整筑底的指标形态，也是股价在长期大幅下跌后形成的一种特定形态。它象征着多空力量正处于暂时性的平衡局面。

该形态的形成条件和确认标准都比较宽松，只要股价经过长期大幅下跌，成交量极度萎缩，上下轨之间的距离变得越来越小就可以了。当紧口型喇叭口出现后，投资者既可以持币等待，也可以少量参与。

实盘案例：

2008 年 10 月份，维维股份（600300）的布林线指标在底部整理过程中出现异动。最开始是美国线从下向上突破了中轨线，其后股价逐渐走强，接着该股一路小涨。到 2009 年 3 月份后，该股又突然放量，布林线指标也形成了开口型喇叭口，这是价格将步入快速拉升的买入信号。接下来其股价也迅速走出了翻倍行情。

拉升行情过后，股价又在高位出现盘整。布林线的上下轨线也在收敛之后迅速扩张，形成了第二个开口型喇叭口，股价再次迅速上升了一个台阶。

到 2009 年 10 月份后，该股经两波大幅上涨，美国线从上而下跌破了中轨线，价格也开始走弱。后来布林线又形成了收口型喇叭口，最终股价一落千丈（如图 6-8 所示）

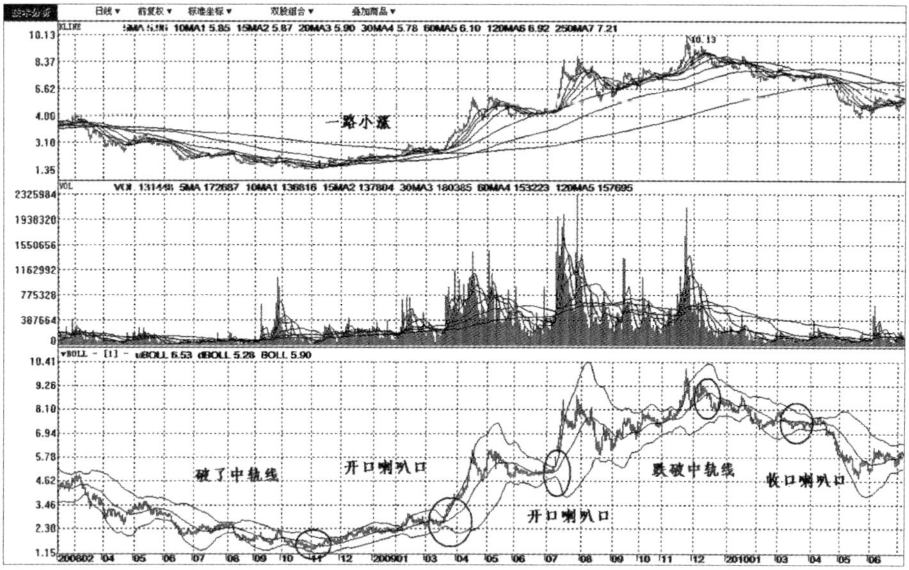

图 6-8

九、抛物线指标（SAR）

该指标是由美国技术分析大师威尔斯·威尔德创造的，学名为抛物式转向或停损点转向指标。但因它是以弧形方式移动的，所以俗称抛物线。其工作方式与移动平均线颇为相似，属于价格与时间并重的分析工具。

SAR 指标的英文全称有一个重要的含义，即止损（stop）。其意是要求投资者在买卖股票之前，预先设定好止损价位，以减少投资风险。这个止损价位不该是一成不变的，而是应该随着股价的涨跌不断调整。这样既可以有效地控制风险，又不会错失赚取更大收益的机会。

但是股市情况变幻莫测，如果止损位设置过低，就可能在价格回调时错过卖出良机；设置过高，又起不到防范损失的作用，这才诞生了机动灵活的抛物线指标。

计算方法：

先选定一个时间周期，再确认该段时间内的股价趋势是涨是跌。如果是上涨，第一天的 SAR 必须是该段时间内的最低价。如果是下跌，第一天的 SAR 则应是该段时间内的最高价。

第二天的 SAR 是第一天的最高价（看涨时）或最低价（看跌时）与第一天 SAR 的差距乘以调整系数，再加上第一天的 SAR。以此类推。

SARn=SAR（n-1）+AF×［EP（n-1）-SAR（n-1）］

SARn：第 N 日的 SAR 值。

SAR（n-1）：第（n-1）日的 SAR 值。

AF：加速因子。

EP：极点价。

加速因子（AF）的初始值是 0.02。如果在看涨行情中，当天的最高价比前一天的最高价还要高，则 AF 递增 0.02，但它最高不得超过 0.2。反之，在看跌行情中，也是以此类推。

在看涨时期内，EP 为这段时期内的最高价。看跌时期内，则是这段时期内的最低价。

在看涨行情中，计算出的 SAR 值比当日或前一日的最低价高，则应以当日或前一日的最低价为该日的 SAR 值。在看跌行情中，计算出的 SAR 值比当日或前一日的最高价低，则应以当日或前一日的最高价为当日的 SAR 值。总之，SAR 值不得低于当日或前一日的行情价格变动幅度极限值。

应用法则：

由于 SAR 指标简单易懂，操作方便，因此又被称为傻瓜指标。有人说

SAR 指标是所有技术指标中最准确、最可靠的一个。也有人说，如果长期应用该指标，可以做到小赔大赚。该指标当中也有两条线，分别是代表股价走势的美国线与 SAR 线。

（1）当美国线从 SAR 线下方向上突破时，为买入信号，投资者应及时响应。

（2）当美国线向上突破 SAR 线后继续上行，而 SAR 线也跟随向上运动时，表明股价的上涨趋势已经形成，投资者应坚决持股待涨或逢低买入。

（3）当美国线从 SAR 线上方向下跌破时，为卖出信号，投资者应及时卖出。

（4）当美国线向下跌破 SAR 线后继续向下运动，而 SAR 线也跟随下行时，表明股价的下跌趋势已经形成，投资者应持币观望或逢高减磅。

实盘案例：

在江苏阳光（600220）2009 年 5 月至 2010 年 7 月的这段走势中，不论是大涨、小涨或是急涨、慢涨，只要美国线向上突破 SAR 线后，股价就出现上涨。不论是大跌、小跌或是急跌、慢跌，只要美国线向下跌破 SAR 线后，股价就出现下跌（如图 6-9 所示）。

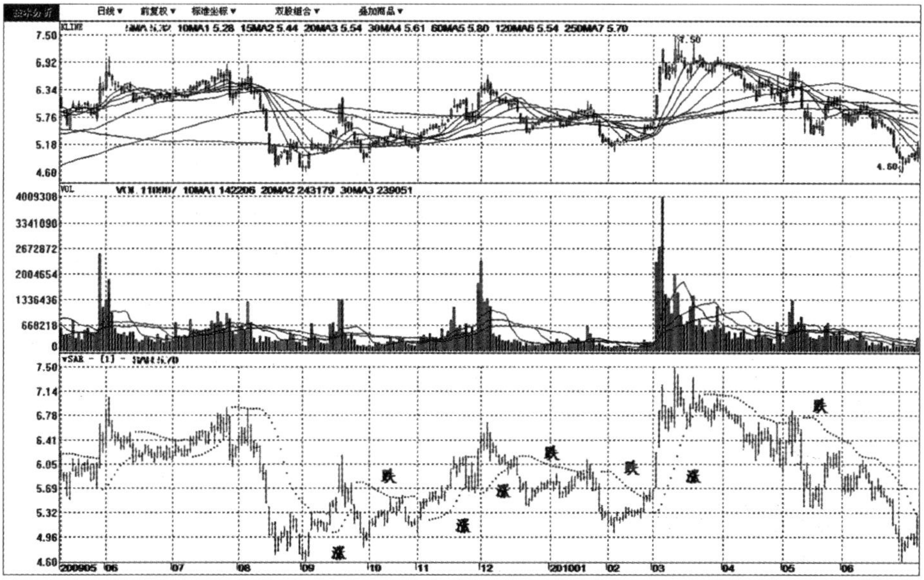

图 6-9

十、腾落指标（ADL）

腾落指标（ADL）是一种专门用来反映股市行情涨升力道强弱的技术性指标，并且它只反应大势的走向与趋势，不对个股的涨跌提供信号。

具体来说，它是以每天股票上涨或下跌的家数为计算和观察对象，进而了解股市人气状况，探测场内资金流动能量是强势还是弱势，并最终研判出股市未来动向的指标。

在当下股市中，存在不少通过拉抬与打压大盘指标股来干预股指涨跌的现象，这使得个股走势失去了本来应有的面目，从而影响了投资者对大势的分析与判断。腾落指标则可以很好地消除这种由个股价格失真造成的不良影响。

计算方法：

腾落指标当中也有两条线，一条是ADL，另一条是它的6日平均线。

ADL就是每日股票上涨家数与每日股票下跌家数差值的累计。

ADL=每日股票上涨家数-每日股票下跌家数+前一日ADL

应用法则：

（1）腾落指标必须与大盘指数结合分析才有意义。

（2）大盘股指持续上涨，腾落指标也持续上升，则大盘股指仍将上升。大盘股指持续下跌，腾落指标也持续下降，则大盘股指仍将继续下跌。

（3）如果大盘股指连续上涨，而腾落指标下降，股指不久将会回落。同样，如果大盘股指连续下跌，而腾落指标上升，股指不久将会回升。

（4）股市处于多头市场时，腾落指标呈上升趋势。其间如出现突然急速下跌现象，接着又立即扭头向上，并创出新高点，则表示行情可能会再创新高。当股市处于空头市场时，腾落指标呈现下降趋势，其间如果突然出现上升现象，接着又调头下跌，跌破前期低点，则表示另一段新的下跌趋势产生。

实盘案例：

上证指数（000001）经过连续大幅下跌后，终于在2008年10月至12月企稳，随后在底部略有抬高的情况下维持横盘走势。此刻正是令人困惑之际：股指调整过后将会如何选择呢？

这时 ADL 指标帮大家做出了判断。在大盘指数横向盘整期间，该指标率先上涨，这在很大程度上提示投资者，股指将在调整结束后展开反弹行情。事实上，后来大盘上涨了两倍有余（如图 6-10 所示）。

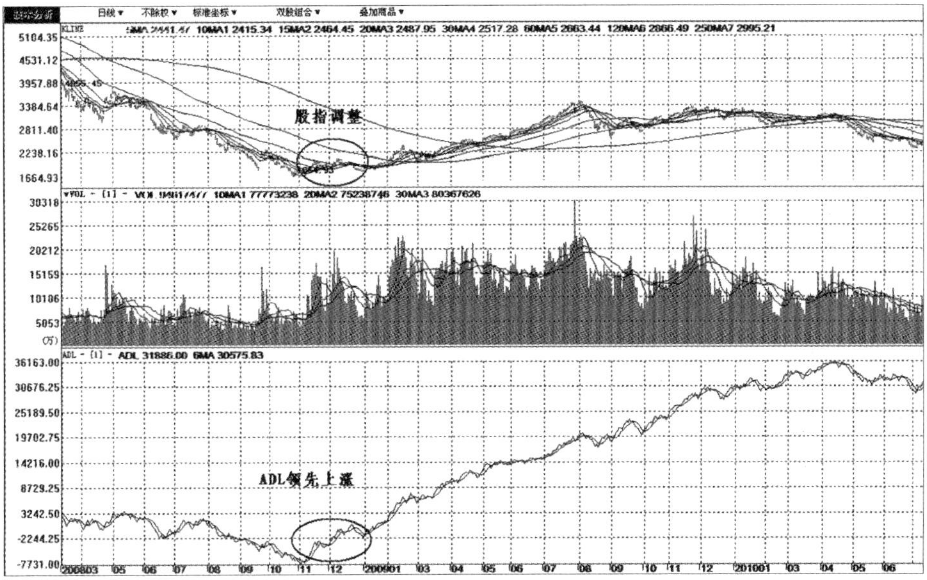

图 6-10

第七章　股市经典理论

股市经典理论是由几代人总结并完善起来的技术分析方法，是前辈投资者智慧和汗水的结晶。这些理论为我们在股海中指明方向，让我们站在更高的角度上，更系统地去看待股市走势，对股民提升投资水平有巨大的指导作用。

一、道氏理论

道氏理论由查尔斯·道所创，它在股市中流传的时间最久，被接受的程度也最广，是所有股市技术分析方法的鼻祖，也是技术派得以立足的基石。即使您没有直接接触过它，也该听说过“牛市”或“熊市”吧！这些股市术语，都与该理论有关。

道氏理论最初只用于观察股市的升跌，作为衡量各行业盛衰的“晴雨表”。后来它的继承人威廉姆·彼得·汉密尔顿和罗伯特·雷亚将其发扬光大，使之成为一种测市工具。

该理论认为，股市中存在一种长期趋势，这种趋势可能是长期上升，也可能是长期下跌。当整个市场处于长期升势的时候，大部分股票都会跟着上涨。当整个市场处于长期跌势的时候，大部分股票都会跟着下跌。这就是我们所说的“牛市”和“熊市”。

趋势变动按规模大小可以分成三类。

（1）主要趋势。

这种趋势规模最大，持续时间也最久，就像大海的潮流一样。无论主要趋势是上涨还是下跌，都可持续 1 年左右的时间，甚至持续更久，波动幅度也会超过 30%，甚至是 100%。

（2）次级趋势。

这种趋势像大海中的波浪，依附于潮流之中，运行方向与主要趋势相反。在多头市场里，它是中等规模的回调行情。在空头市场里，它是中等规模的反弹行情。

一般情况下，次级趋势的规模相对较小，持续时间多在 2 周到 2 个月左右，上升或下降的幅度多为主要趋势的 1/3 至 2/3。

（3）日常趋势

这种趋势就是通常所说的短期走势或更小的日常波动。它就像大海中的浪花一样，依附在波浪之上。短线客常靠它赚些零花钱，但也具有很大的操作风险。

在以上三种趋势中，投资者最关心的是主要趋势，因为只有在牛市中，才可令我们在较为安全的投资环境中赚到大钱。同时，躲避熊市也是重要的投资策略，否则很可能会血本无归。

其次，投资者关心的是次级趋势，它可使波段投资者在中期行情中高抛低吸赚取差价，以获得更多利润。

日常趋势可进行超短线交易或者视而不见。

实盘案例：

上证指数（000001）在 2005—2008 年的涨跌行情中，就包含了主要趋势、次级趋势和日常趋势三个级别的走势，这种走势充分验证了道氏理论的观点（如图 7-1 所示）。

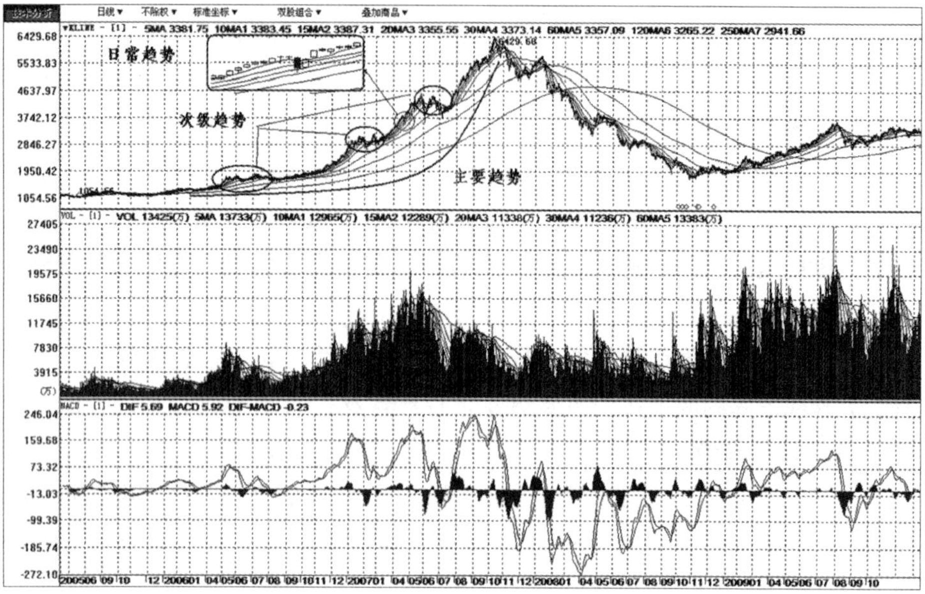

图 7-1

二、艾略特波浪理论

艾略特波浪理论（波浪理论）是由拉尔夫·纳尔逊·艾略特在 20 世纪 30 年代提出来的，目前它已成为股市中最经典的技术分析理论，几乎所有技术派人士对其都有所了解。

该理论是以人类群体行为为基础创造出来的：当众人碰到相同的处境后，就会表现出相近的心态，做出相似的行为。比如，当股市气氛过于乐观或悲观时，多数股民就会不顾一切地去争买或争卖，从而使股价朝单一方向急速发展。

古老的《圣经》中说，“已有的事，后必再有。已行的事，后必再行。日光之下并无新事”，似乎也在阐明这个道理。

1. 波浪理论的基本构成

该理论指出，股票市场的一个完整循环周期是由 2 组趋势、8 个波浪组成。其中两个趋势分别是上升趋势与下降趋势。上升趋势中包含 3 个推动浪和 2 个调整浪（意为调整过快的上涨速度）。下降趋势包含 2 个下跌浪和 1 个修正浪（意为修正过快的下跌速度）（如图 7-2 所示）。

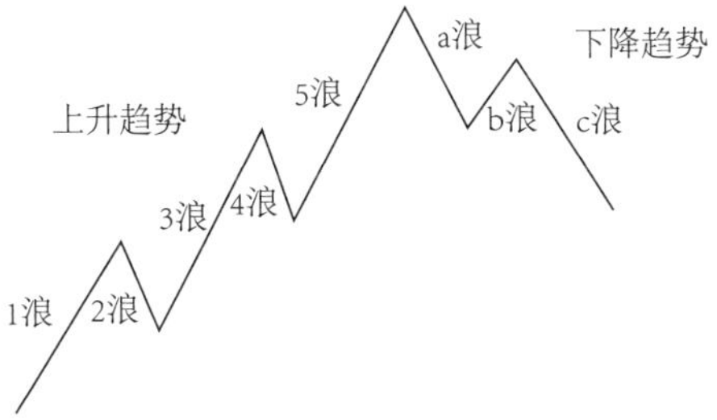

图 7-2

为了方便观察，投资者习惯把上升趋势中的 5 个波浪用数字标示，将下跌趋势中的 3 个波浪用字母标示（如图 7-2 所示）。

在数字标记中，第 1 浪、第 3 浪和第 5 浪是推动浪，第 2 浪和第 4 浪为调整浪，第 1 浪被第 2 浪调整，第 3 浪则被第 4 浪调整。在字母标记中，a 浪、c 浪是下跌浪，b 浪为修正浪，a 浪被 b 浪所修正。

整体上，第 1 浪至第 5 浪整个序列，又被 a 浪到 c 浪整个序列所修正。

2. 波浪的层次结构

8 浪结构是价格周期循环的最基础模式，它可以演变成不同级别的市场行情。也就是说，股价运行是一种环环相扣的重复性结构形态。

往小了说，8 浪结构中的每一浪，又可以细分为更小的 8 浪结构，并且细分后的每一浪，还可继续细分下去。

往大了说，当前的 8 浪结构只不过是高一级别 8 浪结构当中的一个子浪，而高一级别的 8 浪结构之上，还有更大级别的 8 浪结构。

总之，8 浪结构可以无穷尽地向下及向上扩展下去，但是为了便于应用，通常我们都依据道氏理论中的三种趋势，将观察重点设置为相应的 3 个级别。如表 7-1 所示。

表 7-1 市场周期循环的 8 浪结构

	1 个多头市场	1 个空头市场	完整周期
基本波	5	3	8
中型波	21	13	34
小型波	89	55	144

一个完整的周期循环，又可以细分为 144 浪（如图 7-3 所示）。

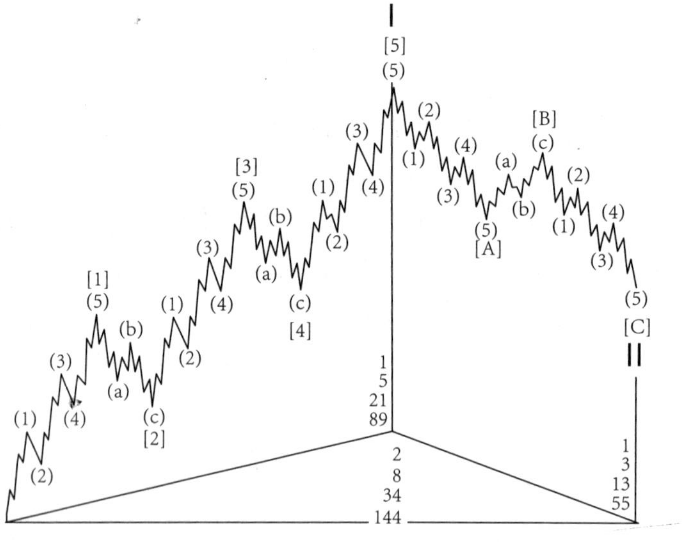

图 7-3

3. 波浪理论的基本原则

（1）2 浪的回调低点不能低于 1 浪的起点。

（2）4 浪的回调低点不能低于 1 浪的高点，也就是说 1 浪和 4 浪之间不能重叠。

（3）3 浪的高点一定要高于 1 浪的高点。

（4）在 1、3、5 三个推动浪中，第 3 浪不可以是最短的一个。

（5）在 1、3、5 三个推动浪中，会出现一个延长浪，就是其波幅比其他两个都要长。它通常会发生在第 3 浪上，但也可能是第 5 浪上。假如 1 浪和 3 浪的长度差不多，那这个延长浪就会出现在第 5 浪上。

（6）2 浪与 4 浪的调整方式总是以交替的原则出现的，如果 2 浪是深幅向下调整，那么 4 浪就一定为浅幅调整。反之，如果 2 浪为浅幅调整，那么 4 浪就一定要深幅向下调整。

习题训练：

下面三组波浪都不符合波浪理论的基本原则，您知道错在哪里吗（如图 7-4、7-5、7-6 所示）？

图 7-4

图 7-4 中，2 浪的回调低点低于 1 浪的起点。

图 7-5 中，3 浪在 3 个推动浪中最短。

图 7-6 中，1 浪的高点和 4 浪的低点中间有重叠。

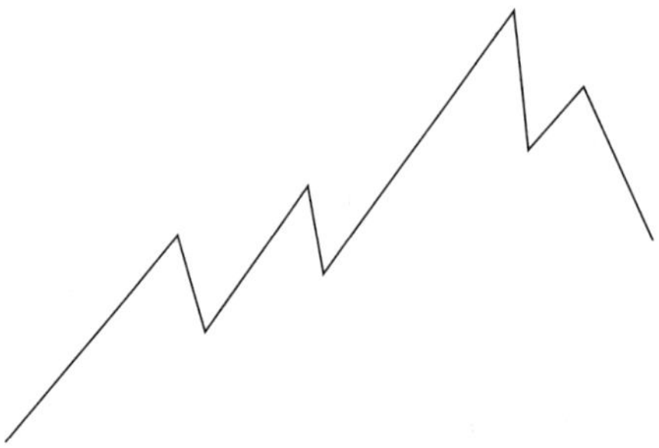

图 7-5

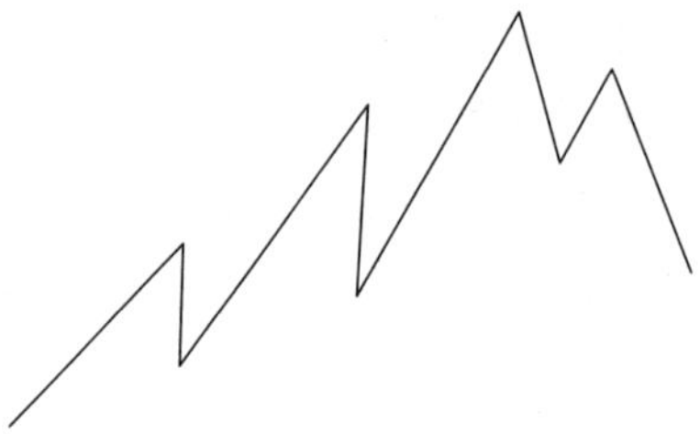

图 7-6

4. 波浪理论的实战意义

掌握了波浪理论的基本结构后，便可以主动地去把握市场节拍了。比如，投资者不仅可以清楚地知道自己当前身处市场波动的哪个位置，还可以依据该理论中作用力后必定伴随着反作用力发生的观点，在每个推动子浪或上升 5 浪结束后，判断出股价于当前级别里的上升趋势已告完结，接下来应卖出股票，空仓等待了。

相反，判断出本级别的下跌行情已经结束后，就可以逢低买入，去享受后面的涨升行情了。

也许有人会问，假如市场中每个投资者都懂得波浪理论，那么它会不会因此而失效呢？不会的。该理论是以反映群众心理为基础而建立的，所以应用它的人越多、越广，其准确性就越高。

三、相反理论

相反就是要特立独行，与众不同。在各行各业中，只有极少数的人能够获得成功，所以做事情一定不要随大流，人云亦云将会在人海中被淹没。当所有人都在卖出时，你就要买入；当所有人都在买入时，你再卖出。一句话道出了股市相反理论的精义。

该理论提出：当所有人都看好时，就是牛市见顶之时；当所有人都看空时，熊市已经见底了。由此可见，它所提示的买卖时机，完全取决于群体行为。也就是说，只要您和群体的意见相反，发财致富的机会就永远存在。

但是看大众脸色行事，也要讲求个尺度。通常股市走向是由多数人的意志所决定的，当大部分投资者都看好时，就会因为这些人的主动性买入而上涨，直到“所有人”都看好后，趋势才有可能发生逆转，因为到那时已无人再出资推动股价上行。

反之，当大部分投资者都看空时，股市也会因为这些人的主动性卖出而下跌。直至到所有人都看空时，才有可能由熊转牛，因为那时场内的做空能量已消耗殆尽。所以当每一个人都具有相同的想法时，那么每一个人都错了。

综上所述，该理论并非暗示我们只要大部分人看好，我们就要看空，或大部分人看空时，我们就要看多。大众的观点并不一定就是错的，通常他们都能在主要趋势上看得正确。

有人在长期的股市实践中做过统计：股市中大约只有5%的人能够赚大钱。相反理论强调的是一个比例，即与95%以上的群体意见相反才是正确的。

在具体运用该理论时，一般是通过两个途径来衡量大众行为的狂热程度。

一是大众媒体。大众媒介永远都是走群众路线的，这和相反理论的立足原则刚好违背。比如，在最为疯狂的牛市末期，报纸、电视、杂志、网络等，都会对如火如荼的涨势进行大肆渲染，接二连三地对所创新高、天量进行报道。这时投资者就应提高警惕，不要被周围的看多、做多气氛所迷惑，因为大盘由升转跌已为期不远了。

相反，当大众媒体再没兴趣去报道有关股市的消息时，就是黎明前最黑暗的时刻。这时要鼓起勇气建仓布局，因为曙光就在前面。

二是根据市场调研机构所给出的调查数据，对看多与看空两方人员进行数量对比。如表 7-2 所示。

表 7-2 看多与看空两方数量对比

0~5%看多	几乎人人都看空时，股市已到了跌无可跌的状态，一个主要的上升趋势就在眼前。此刻是我们长线布局的最好时机
5%~20%看多	这是一个趋势难明的阶段，大部分人都在看空，只有少数人坚持看多，股市很可能还会继续下跌，但离底部已经不远了
20%~40%看多	这是一个趋势敏感的阶段，看空的人只比看多的多一点。从统计数字看出，继续看空的赢面较大。如果在这一区域，股市不下反上，升势就会变得十分凌厉，因为当大多数人看空时，却可能是错的
40%~55%看多	看多与看空人数基本持平，价格走势可上可下。在这个区域应该以观望为主
55%~75%看多	看多的人占多数，但又并非绝大多数，行情继续上升的可能性极大。但是在这一区域内如果股市不上反下，我们就该及时离场，因为多数人又错了
75%~95%看多	看多的人明显压倒看空的人，局势十分明朗。股市会在多头的呐喊声中一路高涨，但离顶部已经不远了
95%~100%看多	股市已经到了疯狂的地步，几乎全人类都在看好，但是局势离暴跌也仅有一步之遥了。投资者已将资金全部换成了股票，在弹尽粮绝后，牛市即将见顶

详细解读完相反理论后，大家应从中得到如下启示。

(1) 独立思考，不要被他人影响。

(2) 勇于挑战传统思维，群体所想所做未必是对的。即使是投资专家的话，也要用怀疑态度去对待。

(3) 看问题要有深度，不能只看表面。

(4) 一定要控制住自己的情绪，不要被外界环境动摇。

(5) 当事实与我们的意愿相违背时，要勇于承认错误，不能狂妄自大，执迷不悟。

相反理论十分具有启发性，它不仅适用于投资市场，更是一种独到的处世哲学。古往今来，有多少人都是因为有与众不同的思维方式，才创造出了一番功业。

四、随机漫步理论

股市中除了信奉趋势理论的技术派人士以外，还有另一群人认为：股价的运行根本毫无章法可言，完全是乱动一气。昨天涨了，并不意味今天一定会再涨。今天跌了，也不表示明天还会再跌。我们通常将持有这种观点的投资者称为随机漫步派。

随机漫步理论指出：股票在当前的价格已基本上反映出目前的市场供求关系，并且距离该股的内在价值也不会太远。

比如，一只内在价值仅有10元的个股，它的市场价格绝不会变成100元或者1元，因为不会有人愿意出100元去买入或以1元钱卖出该股。当下的股价已经代表了千千万万清醒人士的看法。

虽说今后的市价会因一些突发性的利好或利空而出现大幅波动，但是经济、政策、新闻等方面的消息，都是随机出现并无固定模式的。我们只有在这些消息出现之后，才能重新评估该股价值，进而做出买卖决策。可是下一次消息究竟什么时候会出现，是利好还是利空，谁也不知道。所以说股票波动是没有记忆系统的，更是不可预测的。既然是这样，那么企图用股价波动去找出一个方法来战胜市场，结果肯定是失败。

随机漫步派大多是一些久经沙场的投资老手，他们有着敏锐的市场嗅觉以及捕捉先机和把握热点的应变能力。当然，技术分析也并非是错误的，只是两派的立场和观点不同。

五、长期好友理论

约翰·梅纳德·凯恩斯是现代西方经济学界最有影响力的经济学家之一，他创立的宏观经济学、弗洛伊德提出的精神分析法和爱因斯坦发现的相对论，被并称为21世纪人类知识领域的三大革命。

凯恩斯长期好友理论，用我们的话说就是“死多头”理论。

该理论认为：世界在不断地进步。在科学技术、生产效率、管理水平一路提高之下，社会经济会不断向前，越发繁荣，物价指数也会越来越高。随着人均收入及社会财富的不断增长，就会演变出通货膨胀，接着又促使人均收入和社会财富再度提高。如此水涨船高，循环不息。期间纵使物价走势会出现反复，但从长远来看，多头必将以压倒性优势胜出。所以在资本市场中，只要做长期好友，长期持仓，最终一定会成为大赢家。

如果该理论是正确的话，那我们买入股票后就可以安心地睡大觉了。但它似乎没有考虑到企业破产、经济循环等一些实质性问题，所以操作起来还是有相当难度的。

六、亚当理论

亚当理论是由美国人威尔德创立的。此人是个技术天才，曾于1978年发明了著名的强弱指标及抛物线、动力指标、摇摆指标等技术指标。就在这些测市工具在股市中大行其道时，他却发表文章推翻了它们，并提出了另一套崭新的分析理论——亚当理论。

该理论指出：没有任何分析工具可以绝对准确地预测市场走势，它们都存在缺陷。用带有缺陷的分析工具来预测飘忽不定的市场走势，将是徒劳无功的。

如果凭借技术指标就能预测股市的话，那么掌握了 RSI、SAR 等测市工具的人，就可以毫不费力地成为百万富翁了。实际上，这些人几乎都亏得一塌糊涂。所以趋势是不可以预测的，我们必须顺势而为。

亚当理论的宗旨，就是让我们摈弃所有主观分析工具，学会适应市场，服从市场，顺势而为。股价在牛市时可以升完再升，熊市时会跌完再跌，事前无人可以预料到结果，只有顺势而为，才能将利润最大化，将风险最小化。

应用原则：

（1）任何技术分析工具都有缺陷，都无法准确地预测股市运行轨迹，我们要摈弃它们。

（2）顺势而为，有风使尽帆，不可逆势操作。

（3）看错了行情就要及时认错，不能和市场作对。市场永远是正确的，替自己的错误辩护只会输得更惨。

（4）要学会分散投资，不要将所有资金一次性投入。

准确地说，亚当理论只是一种顺势而为的投资理念，和其他技术分析工具一样，也有缺陷。比如，市场中凡是追涨杀跌的散户，都是奉行顺势而为的投资理念，结果还是输得焦头烂额。

实际上，亚当理论和相反理论一样，关键还看投资者能不能把握好尺度。更有趣的是，这两个理论提出的宗旨刚好相反，一个是“顺势者昌”，另一个是“顺势者亡”。究竟哪个理论更为高明，这是见仁见智的问题，需要投资者自己去斟酌。

七、缺口理论

如果某股票昨天的收盘价是 10 元，今天却以 10.50 元直接开盘，并且持续到收盘，股价也没有向下触及 10 元一线，那么这个存在于两根 K 线之间的价格真空区域，就叫作“跳空缺口”（如图 7-7 所示）。

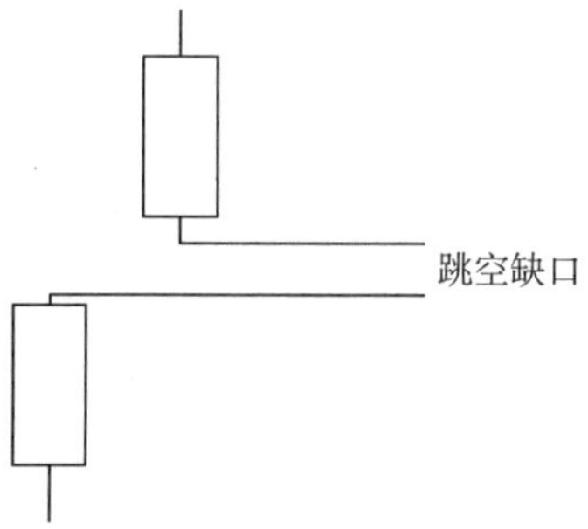

图 7-7

缺口的形成并非偶然，多数是因突发性利好或上升趋势已经明朗，导致人们极度看好后市。次日的买入者害怕抢不过别人，所以在集合竞价时把价位填写得较高，开盘口市场内买气热烈，筹码供应不足，由此造成向上跳空的缺口。

缺口形成之后的交易日里，如果股价出现反复，又回到了 10 元以下，填补了前段时间出现的价格真空，就叫作“补缺”或“补空”（如图 7-8 所示）。

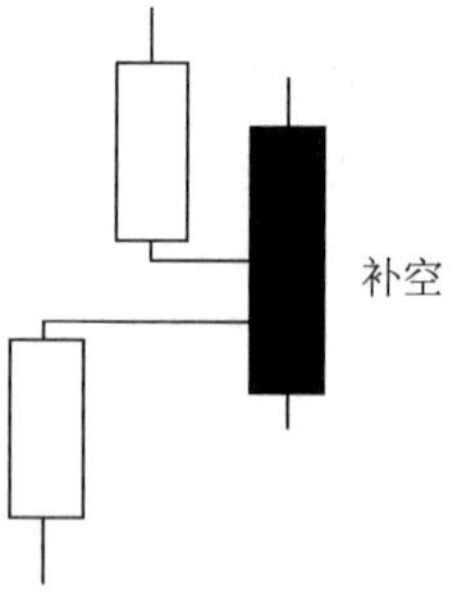

图 7-8

有些缺口形成后，很快就会被补空，而有些缺口形成以后，股价会以此为突破，形成一波上涨行情。

从缺口形成后被补空的时间、过程、所在位置及对今后价格运行势态造成的影响等方面考虑，大致可以分为如下四种（如图 7–9 所示）。

（1）普通缺口。它通常出现在股价的整理区域，形成时大都没有放大的成交量相配合，形成后也会很快就被回补，对股价后期走势影响不大。

（2）突破缺口。它通常出现在股价的整理区域或成交密集区域的末端，形成时有放大的成交量相配合，形成后也不会被回补，是重要的买入信号。日后股价将以此为突破，展开新一轮上涨行情。

（3）持续缺口。它大多出现在股价连续上涨的中途，起到承前启后的作用。如果某涨势强劲的个股，在拉升途中形成跳空缺口后仍继续向上攀升，通常预示着在该缺口后还有一段和前面升幅差不多的涨势。

（4）竭尽缺口。它通常出现在主升浪末期，是股价经连续大涨后的最后一跳，意味着价格升势将由此转跌。

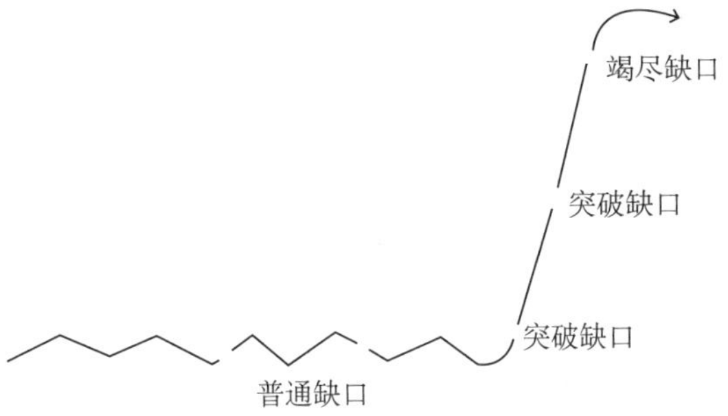

图 7–9　缺口分类

普通缺口与突破缺口的主要区别在于，缺口形成后，股价是继续盘整还是保持上涨。持续缺口与竭尽缺口的主要区别在于，缺口形成后股价是继续攀升还是转而下跌。

注意，以上介绍的是股价在上涨过程中形成的上升缺口。反之，还有股价在下跌过程中形成的下降缺口，其应用法则和前者相近，只不过是方向相反，并且不太注重成交量的变化而已。

实盘案例：

黔源电力（002039）在 2010 年 1 月 14 日形成的缺口很快就被回补掉了，这就是普通缺口（如图 7–10 所示）。

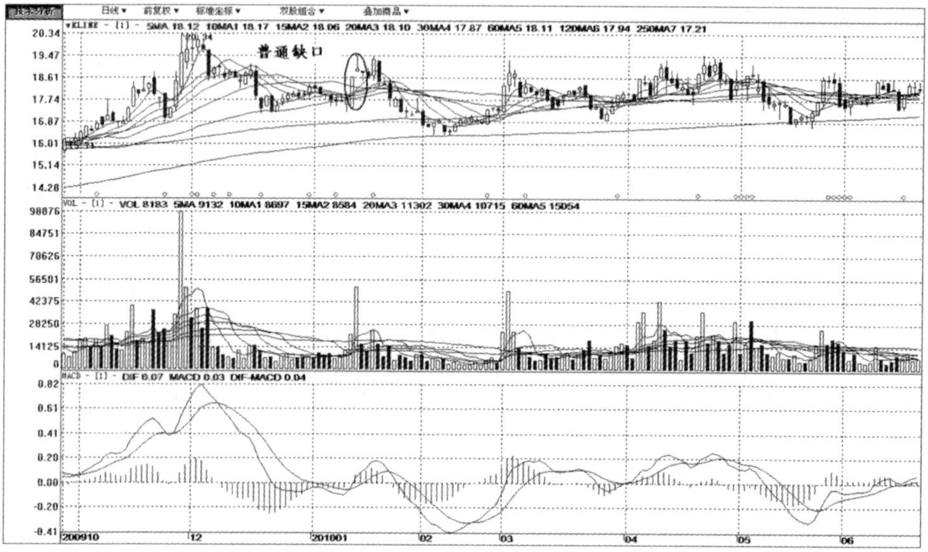

图 7-10

山水文化（600234）2014 年在低位放量上涨初期形成跳空缺口，此后股价一路上涨，这就是突破缺口（如图 7-11 所示）。

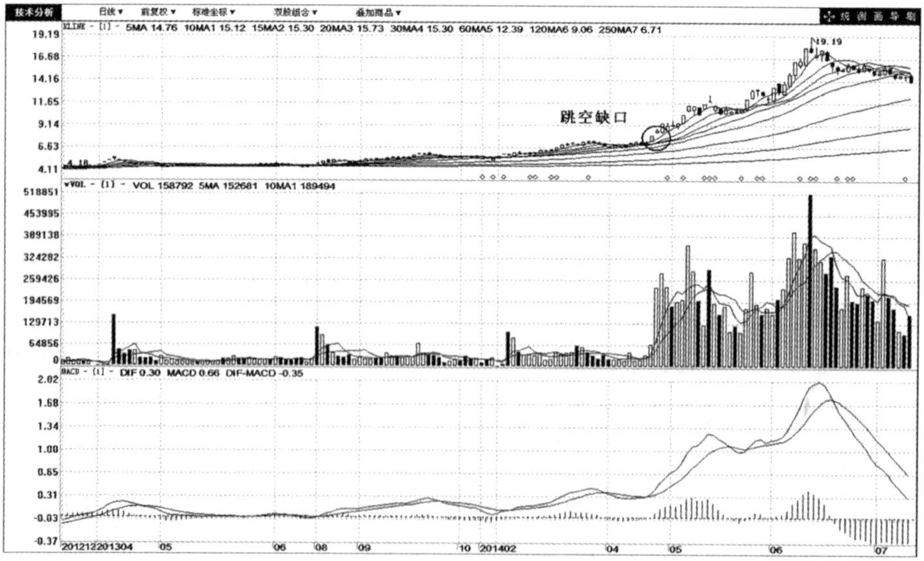

图 7-11

格力地产（600185）在 2014 年的主升浪行情中出现了持续缺口，出现此缺口后，后期股价涨幅刚好和之前的涨幅大体相当（如图 7-12 所示）。

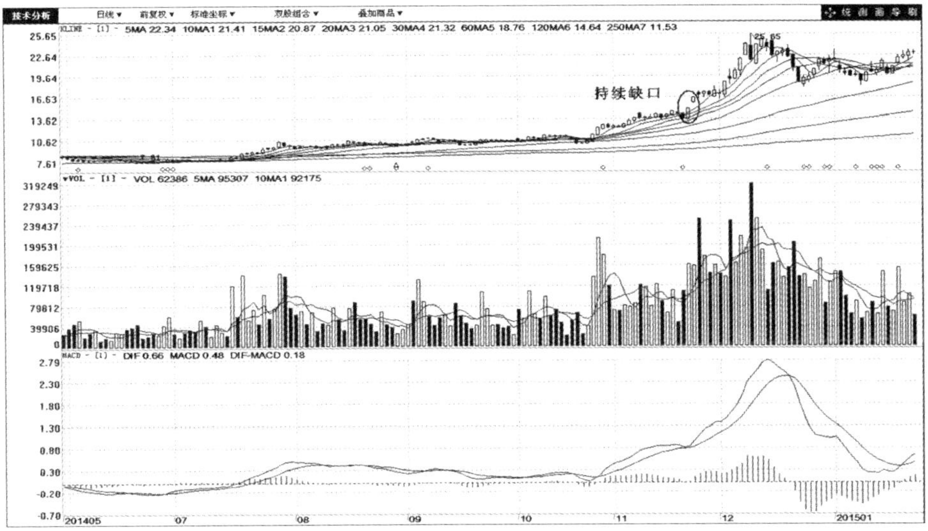

图 7-12

北京城建（600266）在上涨行情末期形成了竭尽缺口，此后不久该股就见顶回落（如图 7-13 所示）。

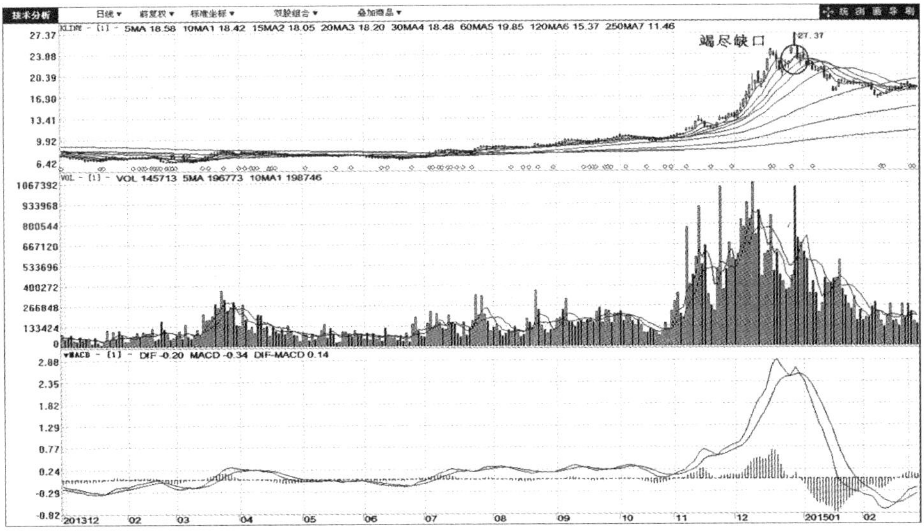

图 7-13

八、博傻理论

博傻理论的意思是说，市场参与者在明知股票或其他投资投机产品价格已被高估的情况下还在买入，寄希望于接下来还会有更“傻”的人以更高的价格接手，也就是看股市中谁比谁更傻。

在多头市场里，如果您用常理去看待投机行为，用基本面分析股价上涨潜力，用各种技术指标来度量股价升幅，会觉得很无奈。

比如，当一只股票在很短的时间内由 1 元上涨至 10 元，市盈率由 5 倍升到 50 倍时，您会觉得很不合理，但它还会从 10 元涨至 20 元、50 元，甚至更高。相反，在空头市场中，市盈率仅有 5 倍的个股，可以从 50 元跌到 5 元。

所以博傻理论提出：在强烈的市场气氛及强大的心理作用影响下，股民随时都会丧失理智，变得和傻子一样，越涨越买或越跌越卖。因此在疯涨的市场状况下，去做个高价买入的“傻子”，也是会赚大钱的，因为市场上永远有比你更傻的投资者去接最后一棒。

从理论上讲，博傻也有其合理的一面。博傻策略是高价之上还有高价，低价之下还有低价。其游戏规则就像接力棒，只要不是接最后一棒，都有利可图，做多者有利润可赚，做空者减少损失，只有接到最后一棒者倒霉。

该理论仅适用于大牛市，但也不可以无节制地使用。世上没有只涨不跌的股票，一旦接到最后一棒，后果可想而知。能做到让别人傻而自己不傻，才是最优秀的投资者。

九、尾市理论

尾市理论是根据今日股市临近收盘时的规律与预期，去推测明天的价格走势。

该理论认为：在股市临收市前的半小时里，能否出现利好或利空消息，对明天的开盘价甚至全天走势至关重要。如果有利好消息传来，必将刺激投资者的购买欲望，但是已临近收盘，买方时间紧促。若已收盘，就要等到明早开市后才能继续购买，所以第二天股市高开高走的可能性极大。

相反，如果传来的是坏消息，就会搞得人心惶惶，个个都争先恐后地向外卖出。收盘前来不及出手的，只有等到明天开盘后继续抛售，因此第二天股市低开低走的可能性变大。

今日的尾市消息效应会影响到明天的股市波动，这是一个合情合理的推理依据。一些统计数字表明，这个理论的准确性非常之高。对于短线客而言，能在尾盘消息传出的第一时间采取行动是制胜的关键，即使今天没来得及实施，明早也一定要争取快人一步。

有一点值得特别注意的，就是消息的可靠性。如果收市之后证实消息只是流言，那么一切都会变得毫无意义。另外，多数突发性消息对股市的影响也是有限的，所以这个理论仅适用于做短线决策。

十、股市周期循环理论

一般来说，股市周期循环可以细分为如下九个阶段。

(1) 低迷期。

股市经过长期下跌后屡创新低，不论主力或是中小散户都亏损累累。炒短线的没钱赚，炒长线的没信心，很多人都不愿意再谈论股市，不再关心股市，甚至痛恨股市，于是纷纷卖出手中的筹码离场观望。股票交易所里也是很少有人来往，市场显得一片萧条。

这是令大多数人感到绝望的时刻，也是黎明前最黑暗的时刻。此时只有极少数有远见卓识的先知先觉者会进场吸纳股票，他们都是未来的大赢家。尽管如此，市场上的成交量还是十分稀少，股价也十分低廉。但这里却是我们做中线、长线打算的最好时机。

（2）初升段。

大势尚未好转，股民仍对未来不抱希望。他们对市场走势感到一片茫然，甚至变得麻木不仁。在低迷期里，由于大多数人的筹码已经抛售得差不多了，没有抛出的也因为亏损太多，短期之内也不会再抛售，与此同时，买入盘却在逐步增强。空头减少，多头增加，加上低迷期进入的早期庄家发力，会把少数热门股推升至一定的高度。

与此同时，多数个股也会跟随热门股的走势，慢慢走出底部并逐步活跃起来。但这一阶段股价不会升得很高，成交量方面只是较低迷期有了温和的增加，一部分原来绝望的人又开始重新关注股市。

由于长久以来受熊市思维的影响，很多人都会认为这些上涨只是普通的反弹，因此对初升段的价格上涨无动于衷。敢于在这个时期进入的，大多是一些实力比较强的大户，卖出的都是一些初尝甜头的中小散户。

（3）回挡期。

此时市场已有了一定的涨幅，但是人们在涨势面前还是表现得非常小心，更不敢相信这是牛市到来。

多数人在价格上涨之后，略微得到一些实惠，便采取落袋为安的操作策略，于是大量的套牢盘和获利盘纷纷涌出。

对于那些没有抛出股票的中小散户，庄家也会对其威逼利诱，迫使他们交出手中的筹码，使用的手段包括借助各种不利消息向下打压股价。出于以上原因，股市在这段时期会出现明显的回落走势。

不过，这些下跌都是暂时性的，真正的大涨行情已经为期不远。但也确实有很多投资者会在这一阶段被清洗出去。此刻如能认真观察盘面，就会发现盘中大部分个股在经过短暂急跌后，都有种再也跌不下去的感觉。

（4）主升段。

这一阶段宏观经济开始转好，政策面暖风频吹，各项利好措施不断出台，上市公司的业绩也出现大幅增长。此时主力手中握有大量筹码，拉升股价已是占尽了天时、地利。再加上有心人的协调配合，股价会借助各种消息持续走高。

由于行情大好，不管内行、外行，只要持有股票便能获利，就连那些在回挡期卖出股票的投资者也由空翻多，市场内形成抢购风潮。股市在此情况下越走越强，最终形成暴涨的局面。

此时股票交易所里人头攒动，到处充满欢声笑语。就连从来没炒过股的人，也会在周围气氛的感染下，抱着发财的梦想开户入市。这时成交量会迅速放大，并保持在一个相当高的水平上。

在这个阶段的末端，也是大量筹码由主力向散户手中转移的时候。精明、理性的投资者，这时候应该逐步撤退。

（5）末升段。

此时市场呈现出一派繁荣景象，大量新股不断发行并以天价成交。交易所内人声鼎沸，原来的热门股在高位徘徊，冷门股疯狂上涨。

一方面黑马频出，一方面又让你无从下手，暴涨暴跌现象屡见不鲜。无论大盘还是个股，成交量都时常创下天量。此时股民手中已经少有现金，大家都在持股待涨，且对未来充满期待。

事实上，这时股市已是外强中干，多数股票呈现疲态或显露下跌迹象。股民中已不再以盈利者居多，反而亏损的与日俱增。这是最后的离场机会，否则多年心血将付之东流。

（6）初跌段。

此时主力、机构均已出了不少货，精明的投资者也做了最后了结。由于多数股票的价格都已偏高，且上涨乏力，不少投资人都在较难获利之余开始反省。但后来的新多力量却以为这只是正常的市场回调，并在亏损之后予以补仓，期待更高的点位出现。

市场中，下跌现象正由垃圾股向绩优股扩散，成交量也出现了大幅萎缩迹象。若能在初跌段的初期及时出局，为时还不算晚。

（7）中间反弹期。

经历过初跌段的下跌，此时不少个股已经有了相当跌幅，于是便吸引到许多短线客前来抄底。原来的高位套牢者，也会逢低买入，摊低成本。如此一来，多股力量又将市场重新推高。

由于抢反弹者都有戒心，后知后觉者也已反省，所以这次股市的上涨力量不会太充足，价格和成交值方面也都难以再创新高。可这也是大家最后的“逃命”机会。

（8）主跌段。

国家开始宏观调控，利率上调、收紧银根等利空消息满天飞。此时虽然大部分股票跌幅已经很深，但受大面积利空消息打击，以前套牢不卖的死多头，也在巨亏之后信心动摇。他们不计成本地向外抛出筹码，以至于股价快速下跌，甚至连续出现几个跌停板。同时，场内成交量也形成迅速萎缩局面。

（9）末跌段。

此时股价跌幅甚深，许多个股已跌至发行价以下，并屡创新低。由于市场成交低迷，所以成交量极为稀少，随后一切又回到了低迷期的状态。此时多数股民即将离开，有识之士则悄悄粉墨登场。

十一、年份理论

国外有一种理论认为，股票的长期走势每10年会重复一次，并且每次重复的频率基本上是一致的，这就是10年周期理论。如此一来，我们就可以按照每年年份的尾数字来预测股市了。

根据投资者的常年统计，发现具有相同尾数年份的涨跌规律都相差不多。

1字年份。这是一个反复无常的年份。美国股市由1901年开始至1981年，有5个年份下跌，3个年份上升。国内股市在2001年和2011年都出现下跌。

2字年份。这是上升居多的年份。美国股市除了1932年和1962年出现下跌外，其余的2字年份都是上升。国内股市1992年是升势，2002年则以下跌为主。

3字年份。该年份以股灾居多。美国股市由1893年开始，只有两个3字年份是上升的，其余都是下跌。3字年份对股市而言是一个不祥的暗示，香港在1973年、1983年都出现了股灾。国内股市1993年上半年升，下半年跌，2003年多半时间都是在下跌，2013年也是如此。

4字年份。这是个市场走势不明朗的年份，其中有升有跌。国内股市1994年上半年升、下半年跌。2004年跌。2014年上半年跌，下半年涨。

5字年份。它是一个对股市最有利的年份。美国股市由1905年开始，1915年、1925年、1935年、1945年、1955年、1965年、1975年、1985全部都是上升的年份。国内股市1995年下跌，2005年走出大牛市。2015年上半年也走出了强势上涨的行情。

6字年份。该年份的股市通常是上半年差，下半年好，所以下半年是入货时机。国内股市1996年、2006年都是大牛市。

7字年份。7字年份也是股灾居多的年份。美国股市除了1967年和1977年外，其余全部都在狂泻，1987年更是引发了世界性股灾。国内股市1977年和2007年都是大牛市见顶的时候。

8字年份。这是上升居多的年份。美国股市除了1888年和1948年之外，其余所有8字年份都是上升年份。1988年日本和台湾股市令全世界瞩目。国内股市1998年和2008年都在下跌。

9字年份。该年份是温和上涨的年份。国内股市1999年和2009年都牛气冲天。

0字年份。这是跌多于升的年份。美国股市1980年、1910年、1920年、1930年、1940年、1960都有大幅下跌记录。国内股市2000年和2010年也都是熊市。

为什么股市会重复出现10年周期现象呢？曾有经济学家认为，这可能与太阳黑子影响地球气候和经济有关。通常太阳黑子的活动也都是以10年为周期，并且太阳上的黑子越多，地球上的农作物收成就越好，进而促进贸易和经济繁荣。不过结合我国股市来看，这个理论并不实用，就当作一般性常识了解一下吧。

十二、月份理论

国外的投资者还发现，股市在每年的12个月份中也会出现重复走势，其大体规律是："冬季下跌，春天上升，五六月间调整，七月开始反弹，到冬季再回落。"

1月份。一般来说，如果投资者看好新一年的股市，就应该在1月份买入股票；相反，也会在该月卖出。股市有句格言是："1月份升市，全年是升市；1月是跌市，全年是跌市。"这就是著名的"1月预言"。据统计，它在国外股市的命中率高达85%。

2月份。这个月没有什么特别的说法。只不过如果1月份是狂升行情，2月份多数会以巩固为主；倘若1月份只是普通的上涨，2月份多数会继续上涨；但1月份要是下跌的话，在三四月份出现反弹的机会较大。

3月份、4月份没有特别之处。

5月份、6月份。股市里有句谚语叫："五穷六绝七翻身"。一般来说，股市在5月、6月都是以下跌为主，而且跌幅在全年当中也相对较大。

7月份、8月份。如果五六月份股市真的大跌了，应验了"五穷六绝"的说法，那么7月乃至8月份，股市就有可能向上翻身了。这就是"五穷六绝七翻身"这句话的来由。

9月份。这个月最有名的就是"9月转势预言"。据统计，在国外股市中，如果9月份是下跌的话，则10月、11月、12月多数是会上涨的。更加奇怪的是，如果今年9月份是上涨的话，明年一年可能都是下跌；如果今年9月份是下跌的话，明年一年可能都是上涨。

10月份。一般来说，10月不是个好月份。股市中有不少大熊市都始于该月，比如1929年的华尔街大股灾，1979年股市"大屠杀"，1987年的世界股灾，所以有“10月狂风暴雨”这一说法。

11月份。平淡无奇。

12月份。如果在10月暴跌中买进，留到12月至来年2月初出货，从统计学角度去看，赚钱的机会很大。由于12月是西方的圣诞节，所以有人称这种现象为“圣诞老人升潮”。

从“1月预言”、“五穷六绝七翻身”、“9月转势预言”、“10月狂风暴雨”到“圣诞老人升潮”，为什么股市每年都会重复这种现象呢？有研究者认为，可能是四季天气的不同影响到了投资者的情绪、心理及买卖意识。

另外，金融活动也会受到季节的制约，比如，1月份多数上市公司都要准备派发红利、股息，而在10月初至12月是零售业最旺盛的时间，因为就要过圣诞节了（该理论仅供参考）。

十三、听消息理论

股市里有技术分析和基本分析两种方法来指导股民进行股票交易，可一些上了年岁的股民大多不愿亲力亲为，而是依靠四处打探消息作为买卖凭据。

没错，有些消息的确可以令上涨和下跌行情锦上添花或火上浇油，也可让因缺乏动力而步入盘整格局的价格走势重新选择方向。但是这里面也是有门道可讲的。

通常来说，依照消息的来源和传播途径不同，其对股价走势产生的影响也各异。

（1）正式消息。即已经确定的官方消息，其影响力最小。因为消息一经确定，就再也没有渲染余地与利用价值了。

（2）传闻消息。这类消息多以“据悉”“据传”“拟议中”等字眼作为开头。说它属于非正式消息，却又白纸黑字地印在报刊杂志上，说它是正式消息嘛，却又看不出肯定的词句。一般来说，这类传闻消息所起的影响效应较大。

（3）小道消息。这类消息是找不到出处的，一般都是口头传播，并且传播者总是神秘兮兮地，仿佛在搞间谍活动。但这类消息对市场产生的影响却最大，大概是应了“炒股票就是炒预期”这句话吧！

假设真有一条能够刺激股价不断上涨的利好传闻摆在面前，要在消息散播出来的第一时间内迅速买入。只要它未被澄清，便可一路持有，该股也会继续表现。日后传闻一旦被证实，不论是真是假，都应立即出货。因为如果是假的，股价自然会失去上涨动力，并向合理价位回归。倘若是真的，股价早已提前炒作透支，主力会借利好之便出货。

如果您真认为靠打探消息买卖股票是条致富捷径，那您错了。不止散户会利用消息，庄家也会。有时他们会借助利好消息疯狂出货，有时则以利空消息为由压价吸货，有时则中规中矩按常理出牌。总之，庄家经常会出其不意，令投资者真假难辨。

十四、数人头理论

在多年以前，电脑网络尚未普及之时，人们都是在证券营业部中进行股票交易。那时每当股市走牛，散户大厅里的股民就会随着行情的升高而日益增多，最终达到人山人海、喧哗鼎沸的地步，使我们不必看大盘指数，便能意识到行情发展至何种阶段了。

相反，在股市走熊的时候，散户大厅里人数也会随着行情的下跌而不断减少，最终冷清到门可罗雀。

于是，有人便总结出了“数人头理论”。

（1）当散户大厅投资者越来越多时，股市看涨。

（2）当散户大厅的人多到密不透风，针插不入时，股市就已经接近疯狂，场内局势危机四伏。此时投资者应考虑提前卖出，切勿再投入重金。

（3）当散户大厅内的股民不断减少时，说明股市已经进入熊市，也不要再执迷不悟了，还是尽快离场吧。

（4）当散户大厅内冷冷清清，只剩三三两两几伙人，恰恰说明股市已差不多要见底了。

现在网上委托交易系统已经普及，股民们足不出户便可买卖股票。即使到了牛市，散户大厅里也不会过分拥挤，但这个理论所阐述的道理却仍值得我们去深思。

第八章　股市实用技法

当阅读完股市基础知识和技术分析常识后，很多人跃跃欲试，要下场进行交易。进场之前，最好再了解一些必要的看盘方法与操作技巧，这会令我们的投资行为事半功倍。

一、牛市与熊市基本特征

股市进入牛市后，会呈现如下特征。

(1) 出现坏消息后，股价照涨不误，如利率上调、公司业绩衰退等。

(2) 出现好消息时，股价大涨特涨。

(3) 个股除权除息后会形成填权填息走势。

(4) 股价上升时，成交量也跟随放大。

(5) 各版块轮流上涨，形成向上的比价效应。

(6) 新开户的股民逐渐增加。

股市进入熊市后，会呈现如下特征。

(1) 出现好消息时，股民趁机出货，股价下跌，如利率下调、公司业绩预增等。

(2) 出现坏消息时，股价大跌乃至暴跌。

(3) 除权除息后股价依然下跌。

(4) 新开户的股民逐渐减少。

二、牛市板块轮涨次序

板块轮涨是大牛市的基本特征。假设所有个股一起上涨，虽然表面气势宏大，但上涨动能必然会很快耗尽，上升行情也会就此夭折。

（1）板块轮动的优点。

①大势基础稳固，有持续热点跟进。

②资金不会迅速离场，可以逐波炒作。

③低价股向高价股看齐，形成比价效应。

④循序渐进，股价上涨后，不至于大幅滑落。

⑤细水长流，使牛市维持更久。

（2）牛市行情中板块间轮动顺序。

①最先启动是题材股、概念股、潜力股板块。此类股票所具有的凝聚力和想象空间，是其他个股无法比拟的。

②第二轮启动的往往是绩优股板块。它们拥有良好的经营业绩与市场口碑，是拉动大盘向纵深发展的中坚力量。

③第三轮启动的则是业绩稍差一类的个股。它们是股市中的绝大多数，在强烈的比价效应和做多气氛带动下，它们也纷纷开始上涨。

④最后一轮上涨的是绩差股和垃圾股。牛市末期是上涨行情最疯狂的阶段，在这里，无论企业前景和业绩如何，只要股价没表现过的，统统都会鸡犬升天。

三、反弹、回升与上涨

按照上涨力道大小，价格走势可分为反弹、回升和上涨三种类型。

（1）反弹。

在价格下跌过程中，因跌幅过大或跌速过快，会形成短暂性的上涨行为，这就是所谓的反弹。反弹行为不会创出上一波走势的新高，并且反弹结束后，股价还会再创新低。

（2）回升。

回升是指在下跌行情行至尽头时产生的自然性止跌回升行为。

回升走势不会创出上一波行情的新高，但其后股价也不会再创新低。

（3）上涨。

上涨是指在价格连续运行时形成的主动性上升局面。

在上涨发展过程中，股价会屡创新高。

四、新股上市对策

一般来说，“老股票”的价格都是经过买卖双方反复“协商”确定下来的，比较符合当下的市场行情。新股上市后，成交价格没有经过市场的充分验证，具有很大的不确定性，所以不要贸然地去操作它。

根据新股上市所处的环境不同，从上市到形成合理价位，新股股价大致会出现如下几种走势。

（1）上市时定位偏高，上市后不断下跌，直至回落到合理价位，然后再随大势波动。这种情况在牛市末期与熊市初期比较多见。

（2）上市时定价偏低，上市后不断上涨，直至升至合理价位，然后再随市场波动。这种情况在熊市末期与牛市初期比较多见。

（3）上市时定位偏高，上市后不断下跌，直至跌过了头，然后再反弹到合理价位，之后随市场波动。这种情况在熊市当中比较多见。

（4）上市时定价偏低，上市后不断上涨，直至涨过了头，然后又回落到合理价位，之后随市场波动。这种情况在牛市当中比较多见。

（5）上市时定价较为合理，然后随大盘波动。这种情况在股市筑底过程中较为多见。

五、强者恒强

很多新股民会犯这样一个毛病：同时买入几只股票，又幸运地赶上了上涨行情，但这些个股的后期表现却不一致，有的涨得很快，有的涨得很慢，有的甚至不涨，于是便将涨得快的获利了结，腾出资金补入不爱涨的。可是后来那只被卖掉的股票反而越涨越高，而后期买入的股票却还在原地徘徊。

以上现象只说明一个道理——强者恒强。

在每轮行情中，那些涨得快、涨得好的，必定是当时市场当中的强势股，所以它们才会快人一步，一涨再涨。同时，老股民总是喜欢追逐热点，强势股自然会受到他们的追捧，这也进一步增强了其上涨势头。更重要的是，还有庄家和趋势为它们的上涨保驾护航。

在上涨行情中，不要轻易放弃手中的强势股，务必要做到“有风使尽帆”。

六、止损技术

止损技术是有效控制投资风险最常见的技术手段。所谓止损，就是投资者在买入的个股下跌幅度达到预定数值时采取的自救性卖出行为。说得通俗些，就是指“割肉”。

例如，买入某股后，却不料该股不涨反跌，并且下跌幅度已经触及事先制定的亏损底线，这时就要立即卖出。

设置止损的好处是可以避免在下跌行情中被深套。其宗旨是帮助股民在获取高额投资收益的同时，将损失限定在较小范围之内。但是止损也有可能令投资者丧失部分获利机会。例如，可能刚刚执行完止损命令，股价便转跌为升，步入上涨行情。

确定止损点位是止损中的关键性问题。通常多数人都将止损幅度设置在5%~10%之间。牛市中风险较小，可以将止损幅度设置得稍高一点。熊市中风险较大，则应该将止损点设定得偏低一些。当买入的股票一路上涨时，止损价位也应跟随股价水涨船高，不断地与之同比例抬升。

七、不要把鸡蛋都放在一个篮子里

很多投资类书籍都劝告股民："不要把鸡蛋放在一个篮子里。"因为当篮子打翻时，所有鸡蛋都会跟着碎裂。股民手中的资金就好比是篮子中的鸡蛋，一旦全仓被套，后果不堪设想，所以要学会分散投资。

但是并不建议投资者同时持有过多种类的股票。如果资金宽裕的话，做上两三只就够了。因为人的精力是有限的，如果操作的股票数量太多，只会让自己应接不暇，备感疲劳。

再者说，若其中个股涨跌各半，也是取得不了较好投资回报的。倘若碰到熊市，恐怕手中个股都要下跌，因此一定要少选、精选。

降低风险的最好方法不是分散投资，而是轻仓操作。

八、买股技巧

1. 金字塔买入法

这种方法是指在看好某只股票后，先买入一部分，以后随着行情的不断上涨，再陆续加码买进，但每次追加筹码的数量呈递减之势。如图 8-1 所示。

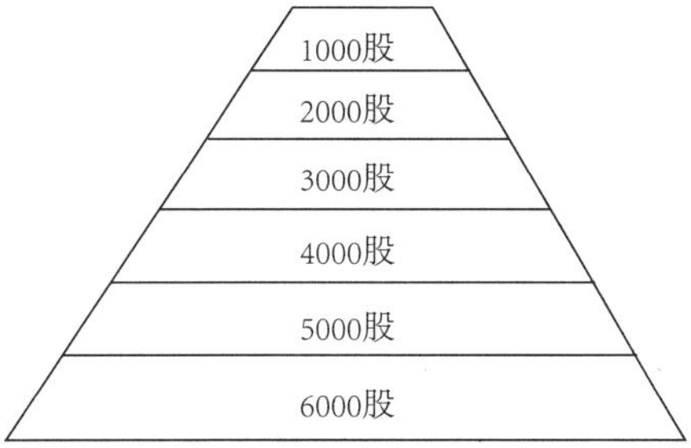

图 8-1

有人会问，为什么不在第一次买入时就全部投入呢，那样岂不是获利更多？

事实上，谁也没有百分之百的把握确定买入后股价就一定上涨，如果全仓后股价下跌，损失不就很大吗！

金字塔买入法的原则是：确认自己的看法是正确的才加码。但是随着股价的持续上涨，其蕴含的风险也会逐渐增加，因此才越买越少。

2. 拨档子买入法

这种方法适用于套牢者解套。

例如，当我们被套牢后，又不甘心放弃，同时确定股价仍有下跌空间，于是便将原有筹码全部卖出，等到股价下跌到满意价位时再全数接回，这就是“拨档子”。

此买卖方法需要投资者对未来行情具有准确的判断能力。

3. 摊平买入法

这也是套牢者为尽快解套所采取的一种买入技巧。

例如，某人被套牢后，为了降低持股成本，便在股价每下跌一定幅度后就加码买进一次，越跌越买，并且买入的数量也一次大过一次，甚至成倍增长，这样其持股成本就会逐步摊低。

该方法仅适用于熊市末期或牛市初期。如果在一段下降趋势的初始阶段就开始加码摊平，恐怕有再多的资金也不够用。

4. 程式买卖法

这是一套简单的系统性买卖法则，任何人都可以理解并应用，其目的是帮助那些不太懂技术分析且没能力把握价格走势的投资者进行交易。

首先，将资金一分为二，一半不动，另一半买入股票。然后，制定了一个买卖程式，比如股价上升了 25%就获利了结，然后再行买入。相反，如果跌了 20%，就动用另一半资金补仓以摊平成本。

第九章　与庄共舞

与庄共舞，即便对经验丰富的职业股民来说也是一件难事，但它却是走向股市实战的必修课。下面就来介绍一些行之有效的识庄跟庄技巧。

一、庄家庄股

炒股时间长了，您就会知道，股市里的个股大概能分为两类：一种是背后没有大资金参与的，另一种则是背后有大资金操控的。后者叫做庄股，其幕后操手则叫作庄家。庄家都拥有巨额资金，可以左右股票的价格走势。

背后没有大资金操控的个股，通常走势都比较弱，即使身处牛市，也难有上佳表现。如果买入了这种股票，除较难获利，易招亏损外，更难于驾驭，因为其涨跌过程完全是随波逐流，没有固定的指向。

那些涨得快、涨得多、涨得猛的，一定都是庄股。庄家要在股市中获利，必须要将其股价高高拉起。反过来，因为有了大资金的计划参与，此类个股的日后走势也将变得规范而有明确预期。

若想在股市中赚大钱，就必须学会识庄跟庄，与庄共舞。

实盘案例：

在 2010 年 6-9 月，上证指数（000001）从 2300 多点起步，最高上涨至 2600 多点，整体升幅不过 10%左右（如图 9-1 所示），然而在此期间，有大资金参与的成飞集成（002190）却连续涨停，整体涨幅高达 400%以上（如图

9-2 所示）。由此可见庄股的赚钱效应！

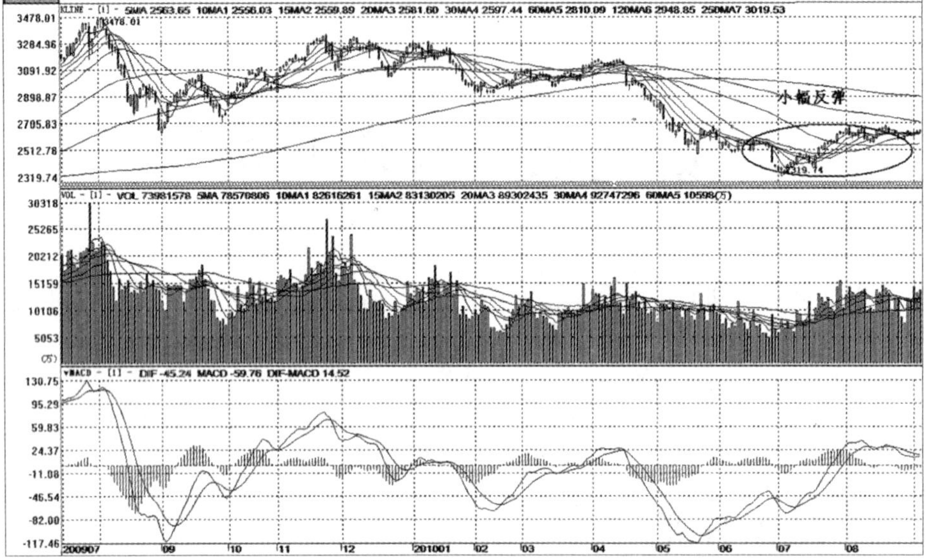

图 9-1

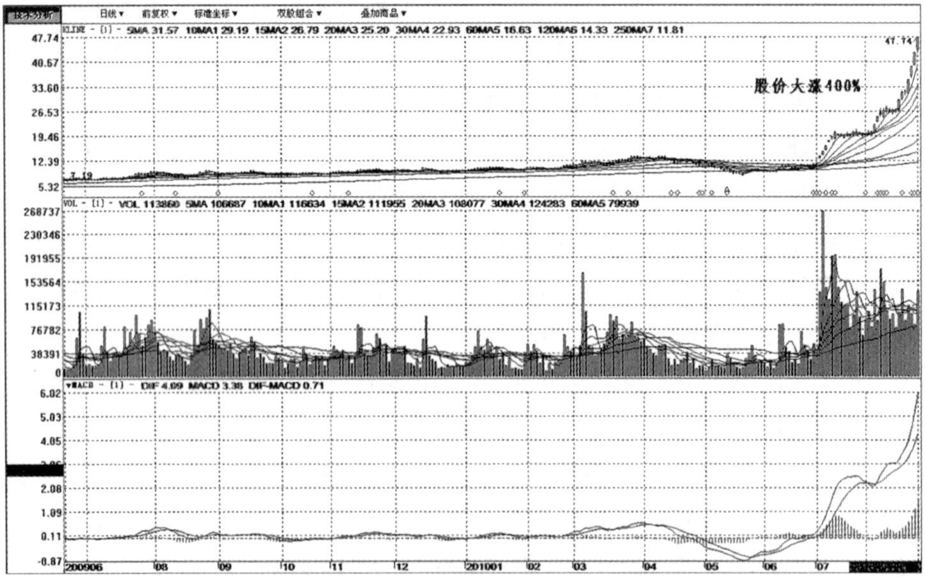

图 9-2

二、庄股的运行规律

庄家运作股票完成低吸高抛的获利过程大致可以分为建仓、洗盘、拉高、出货四个阶段（如图 9-3 所示）。

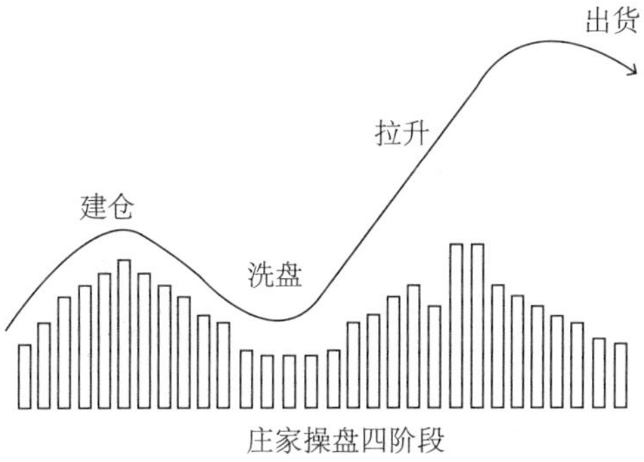

图 9-3　庄家操盘的四个阶段

每个阶段的技术特征如下。

（1）建仓阶段。该阶段的主要任务是收集廉价筹码。个股价格在庄家强大的买入盘推动下稳步升高，持续时间在 3 个月至 14 个月不等，价格升幅在 50%～80%左右，并且股价下方的成交量呈持续放大状态。

（2）洗盘阶段。该阶段的主要任务是将持股意志不坚定的投资者清洗出去，以减轻日后拉高股价时的压力。价格在庄家的刻意打压下形成回落，回落幅度大约在前期涨幅的 1/3 到 2/3 之间，期间成交量也随之迅速萎缩。回调时间通常在 15～40 天左右，期间或许还会不时地传出一些利空消息。

（3）拉高阶段。该阶段的主要任务是使已有筹码迅速而大幅地升值。价格在庄家强大的主动性买盘推动下，以强有力的大阳线或涨停板连续向上飙升，并且成交量也伴随着异常放大，持续时间在 1～3 个月不等。

（4）出货阶段。该阶段的主要任务是向外抛售高价筹码，化账面盈利为实际盈利。价格在成交量缩小的过程中不断向下阴跌，跌幅深不可测，周期长者可达数年。

实盘案例：

鲁北化工（600727）2014－2015 年的股价走势，和白云山（000522）2008-2010 年的股价走势，都清楚地展示了庄股运行的四个阶段（如图 9-4、图 9-5 所示）。

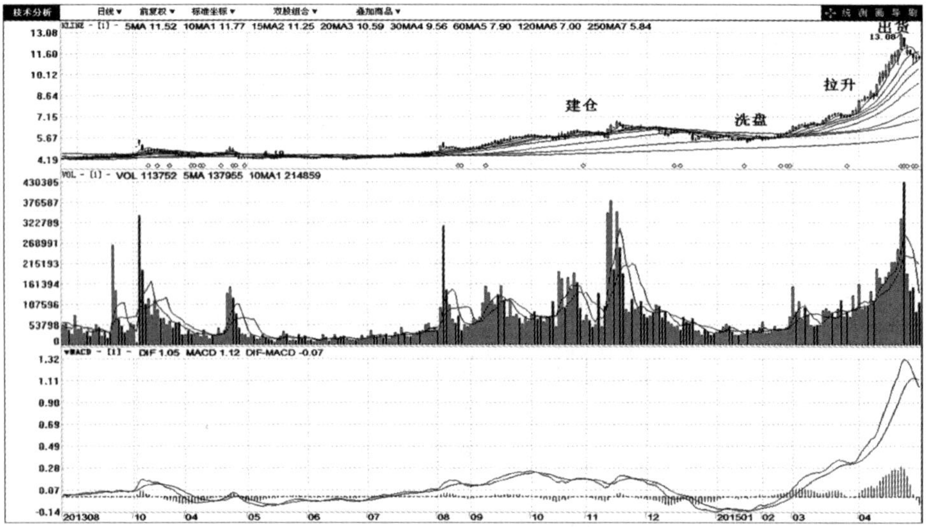

图 9-4

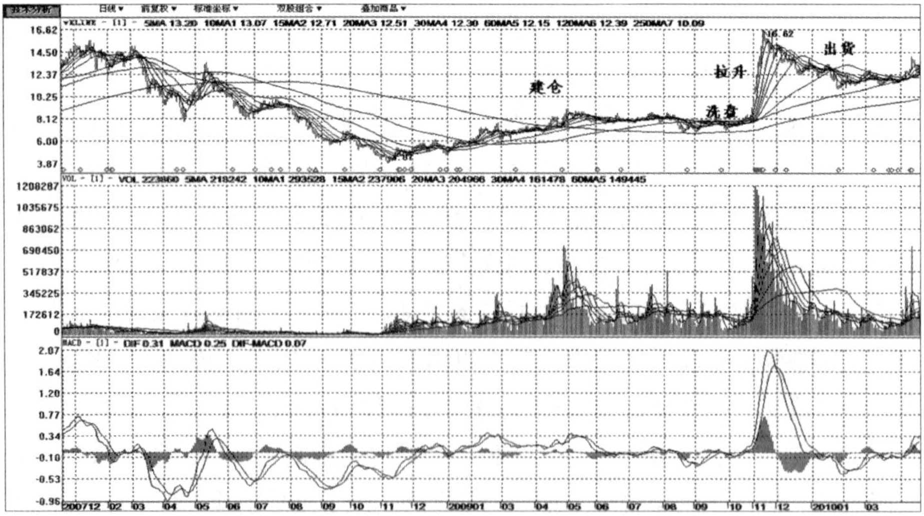

图 9-5

三、庄家的建仓手法

庄家要想操控一只个股，就必须掌握它的大量筹码。庄家要想依靠此股大幅获利，也必须在低价区买入大量筹码，所以建仓环节对庄家来说至关重要。通常庄家在低价区所吸筹码越多，日后对该股的控制能力和获利幅度就越高。

庄家的建仓行为是指在低价区买入筹码的过程。买入股票时必须触动的技术指标是什么呢？成交量。庄家的资金实力非比寻常，在大规模收集筹码时，一定会对个股的成交量造成明显冲击，因此这也成为确定庄家是否建仓的最好工具。

一般来说，庄家最常见的建仓手法有水平收集和拉高收集两种。庄家在收集筹码过程中，释放出的成交量会放大到一眼便可将其识别出来的程度。

（1）水平收集。庄家长期将股价限制在一个相对较低的价格范围内，然后在这个价位附近反复不断地震荡吸筹，价格走势在此过程中保持相对平稳的运行状态，而成交量则呈现出醒目的长方形形态（如图 9-6 所示）。

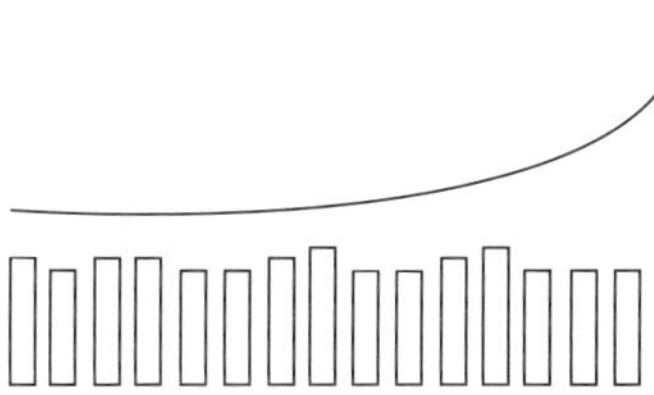

图 9-6

实盘案例：

金种子酒（600199）的股价 2008 年 10 月下旬从 4 元多的低位经小幅拉升后，便一直在次高位上以盘整的方式持续放量向前运行，明眼人一看便知，这是庄家正在水平收集筹码。

该建仓过程共持续了 8 个月左右的时间，可见庄家吸纳力度之大。后来该股一路走牛，价格连翻 3 倍（如图 9-7、图 9-8 所示）。

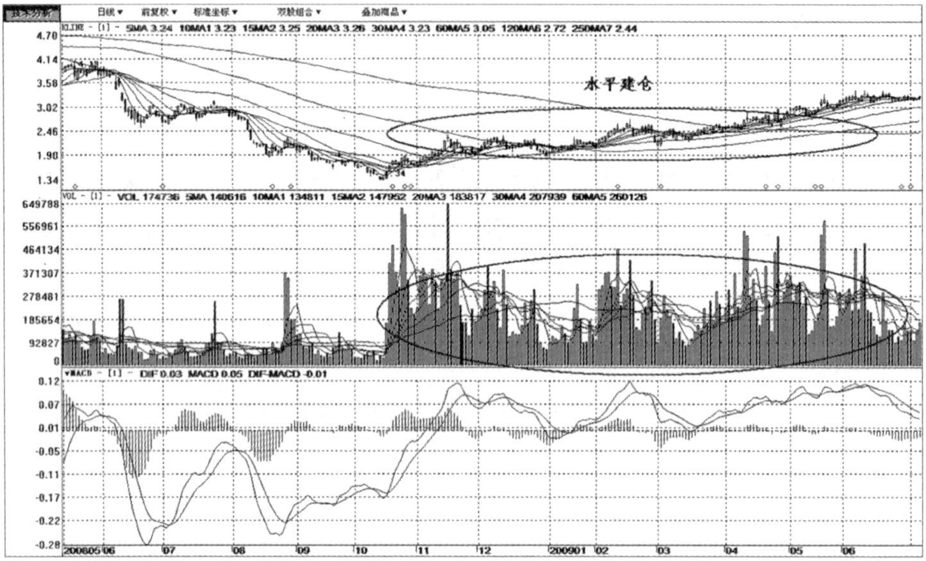

图 9-7

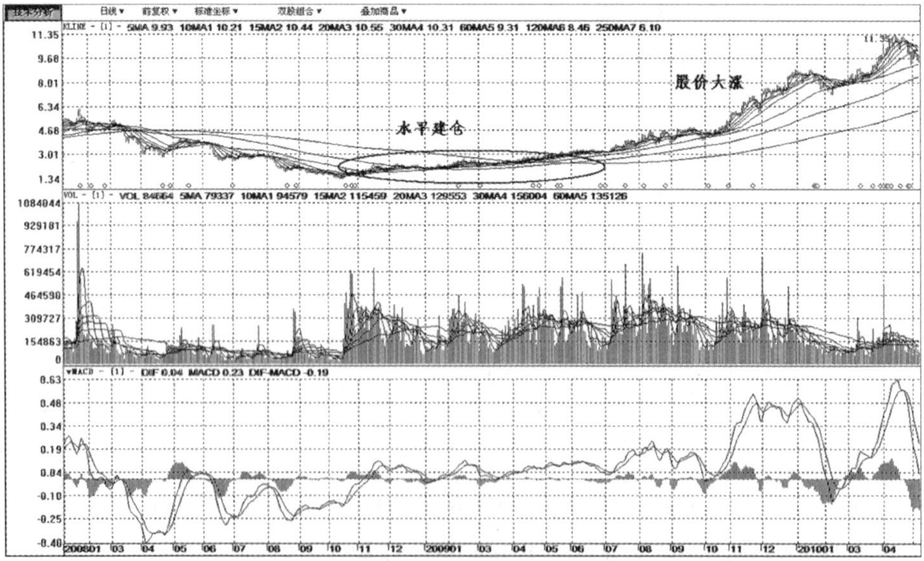

图 9-8

莱茵生物（002166）的幕后庄家也在 2008 年 12 月以后对其实施了大规模的水平建仓，最终促使该股股价在短期内连续向上飙升数倍（如图 9-9、图 9-10 所示）。

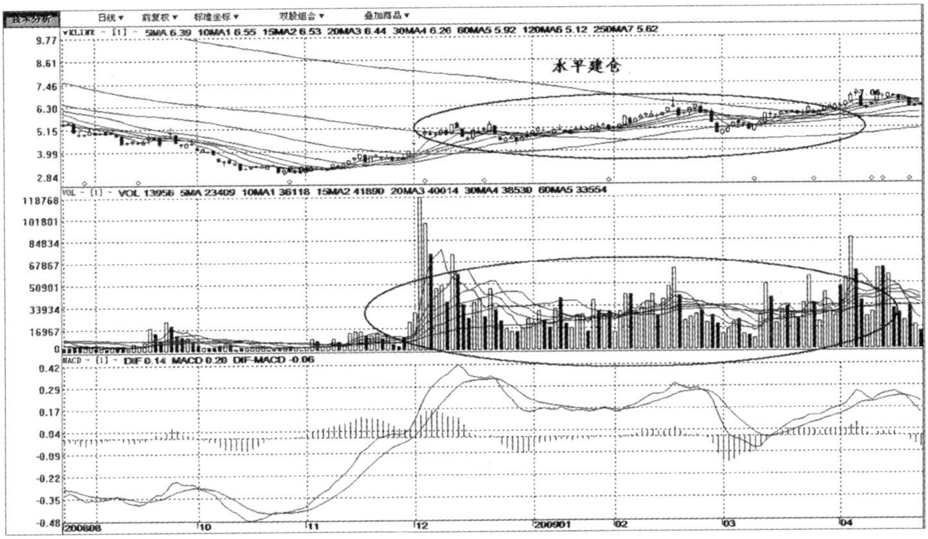

图 9-9

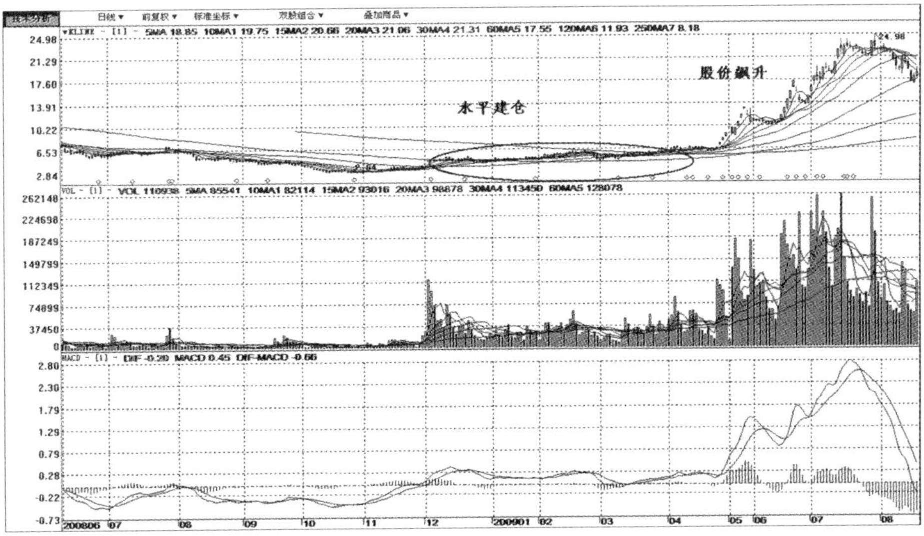

图 9-10

（2）拉高收集。由于突发利好、潜在题材显现或其他一些原因，迫使庄家在短时间内加量、加价对个股展开大举吸纳行为，最后造成股价走势在该过程中向上突起，形如肚皮，成交量也呈现出突起的堆状形态（如图 9-11 所示）。

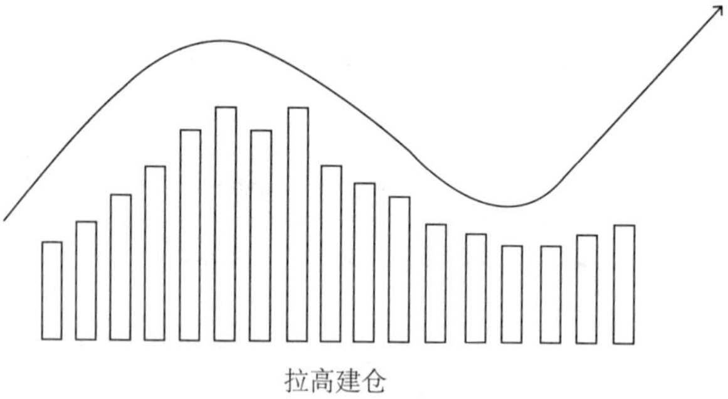

图 9-11

实盘案例：

金马集团（000602）2006 年 11 月至 2007 年 6 月的走势就属于拉高建仓。其股价在这段时期内稳步走高，成交量也持续放大。后来又形成了深幅回挡坑，最终在洗盘结束后展开连续拉升行情（如图 9-12、图 9-13 所示）。

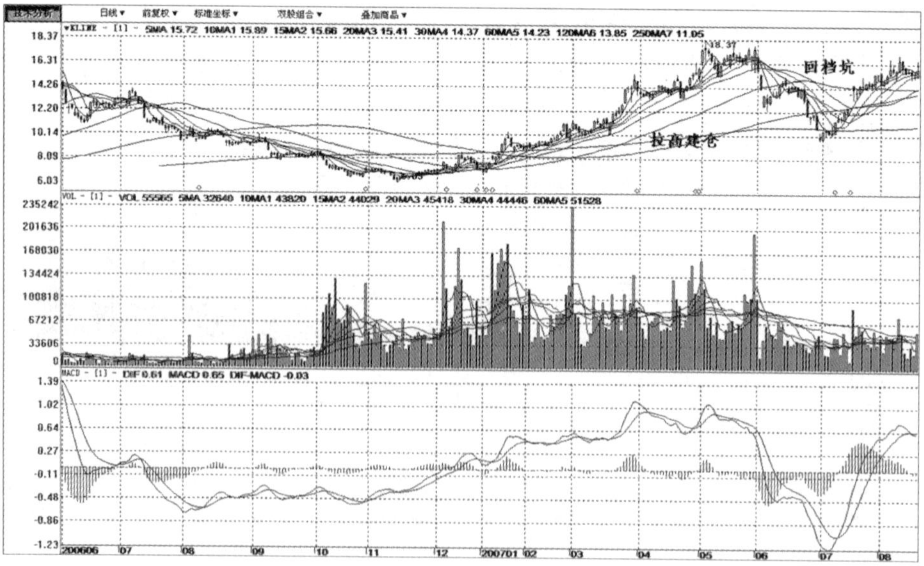

图 9-12

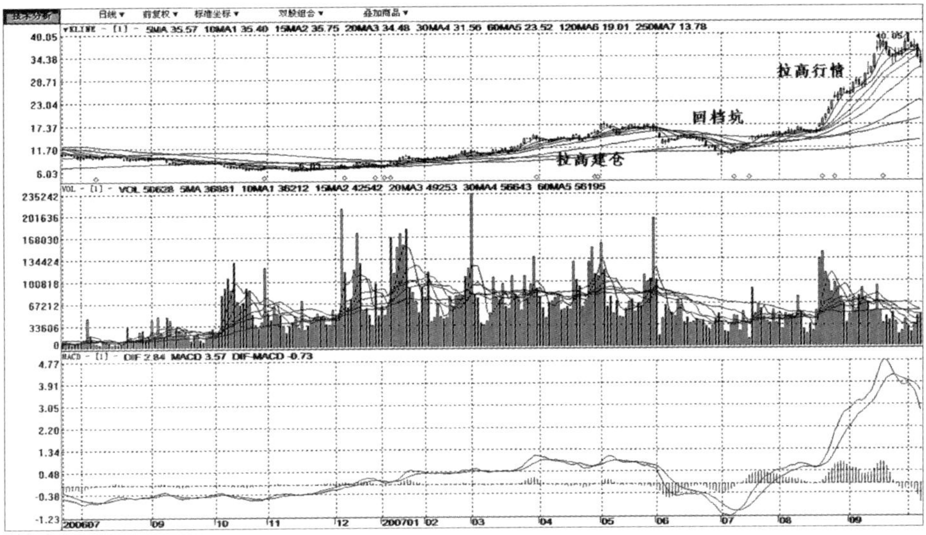

图 9-13

著名庄股成飞集成（002190）在被大幅拉升之前的股价走势，具备明显的价格抬升、成交量堆及回挡坑等技术特征，因此该股的吸货过程也属于典型的拉高建仓（如图 9-14 所示）。

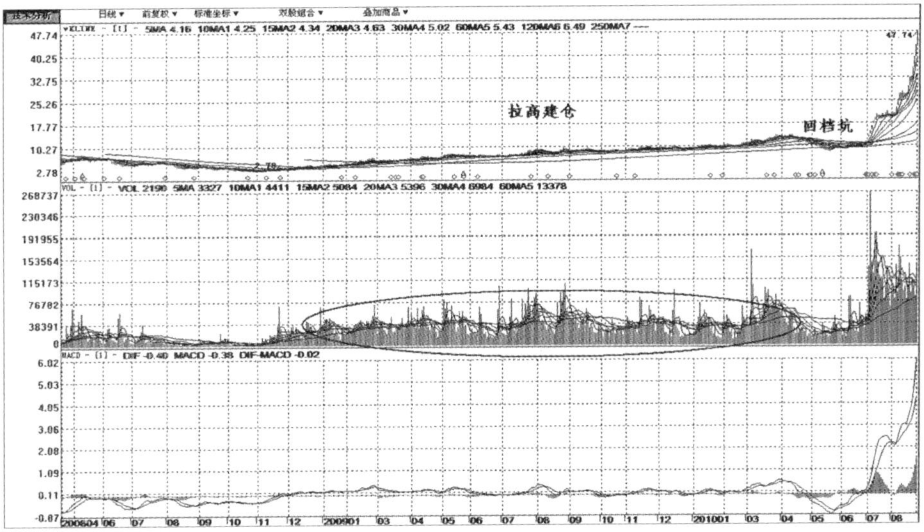

图 9-14

此外，庄家为了掀起更大级别的上涨行情，会采用复合方式建仓个股，通常称其为“增建仓组合”。顾名思义，庄家吸筹是由建仓和增仓两部分组成的。建仓是庄家在没有筹码的前提下展开的大规模集中吸筹行为，增仓则是在已经建仓的基础上进行的小规模集中吸纳行为。

组合建仓方法的运作流程可以分为大规模建仓—大幅洗盘—小规模增仓—小幅回调—拉升—出货六个阶段（如图 9-15 所示）。

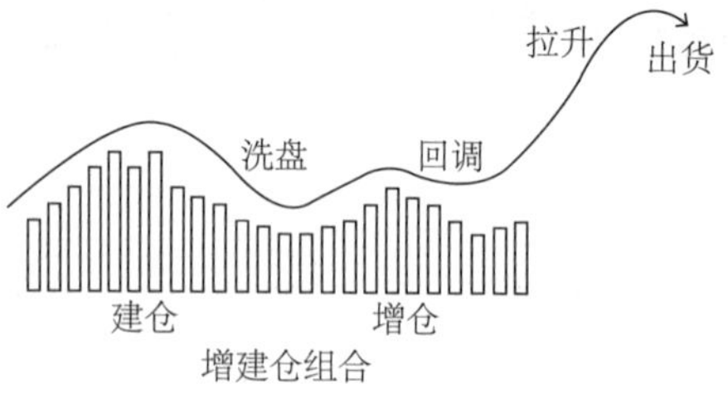

图 9-15

实盘案例：

万向德农（600371）曾在 2005 年至 2007 年形成了增建仓组合。在该组合中，大规模建仓与小规模增仓之间大概相隔了 5 个月的时间，属于标准型的增建仓组合模式，后来该股股价一路猛涨（如图 9-16 所示）。

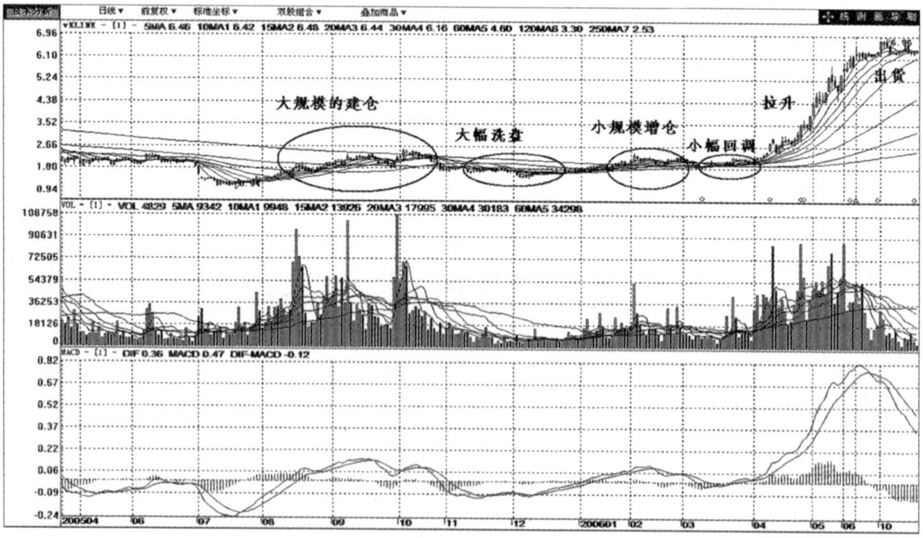

图 9-16

在河北钢铁（600709）2004 年至 2006 年所形成的增建仓组合中，其大规模建仓与小规模增仓之间竟相隔了大约 20 个月左右，属于超长型组合建仓模式，因此该股随后的涨幅也更大一些（如图 9-17 所示）。

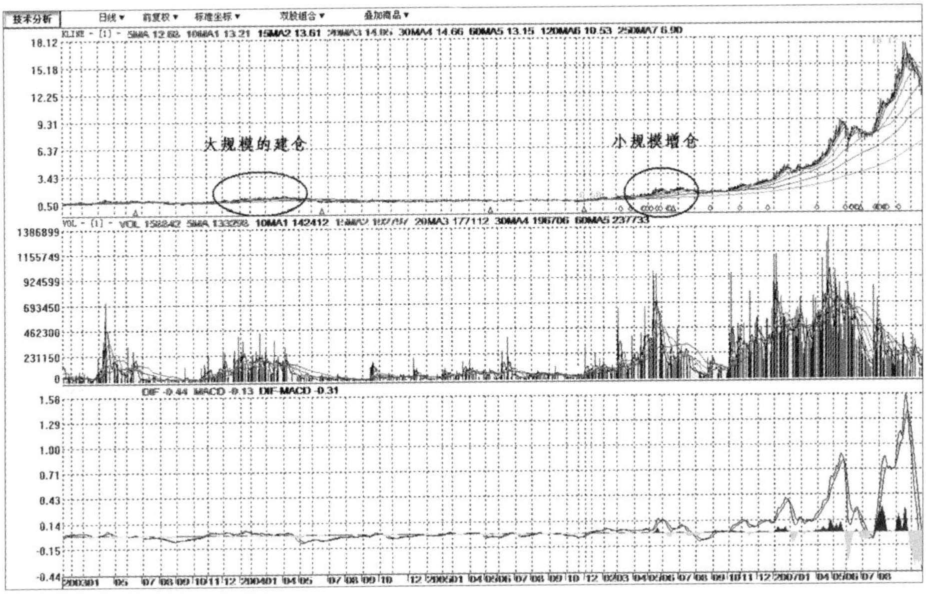

图 9-17

四、庄股的控盘力度

同是庄股，但在涨幅与涨速上却有高低快慢之分。如果将它们同时摆在您的面前，您该如何选择？相信很多人都会挑在建仓时期放量更明显的。错！成交量不能完全代表个股未来的表现。

实盘案例：

海信电器（600060）和歌华有线（600037）同在 2009 年上半年形成了建仓走势，歌华有线（600037）的成交量堆远比海信电器（600060）的大（如

图 9-18、图 9-19 所示），那么，它未来的涨幅与涨速一定会强过海信电器（600060）吗？

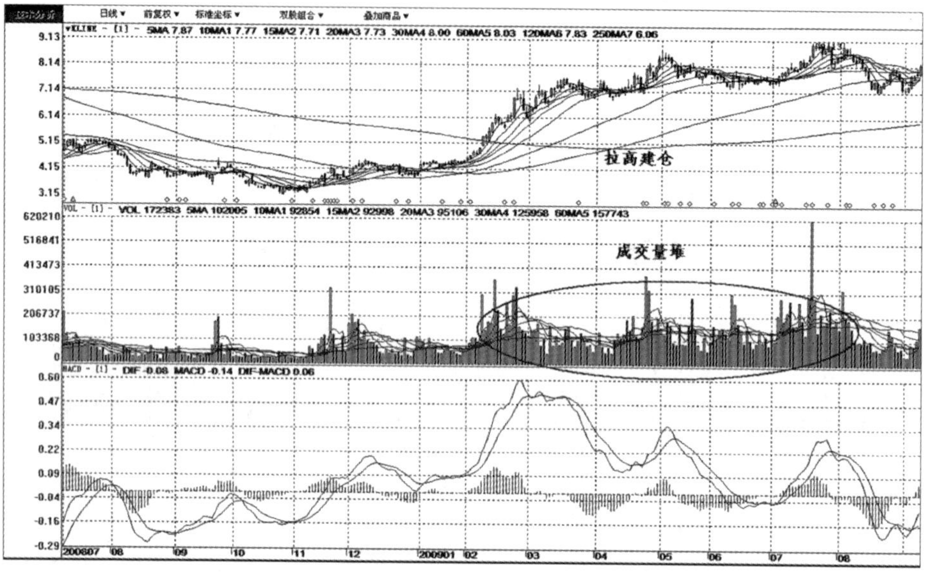

图 9-18

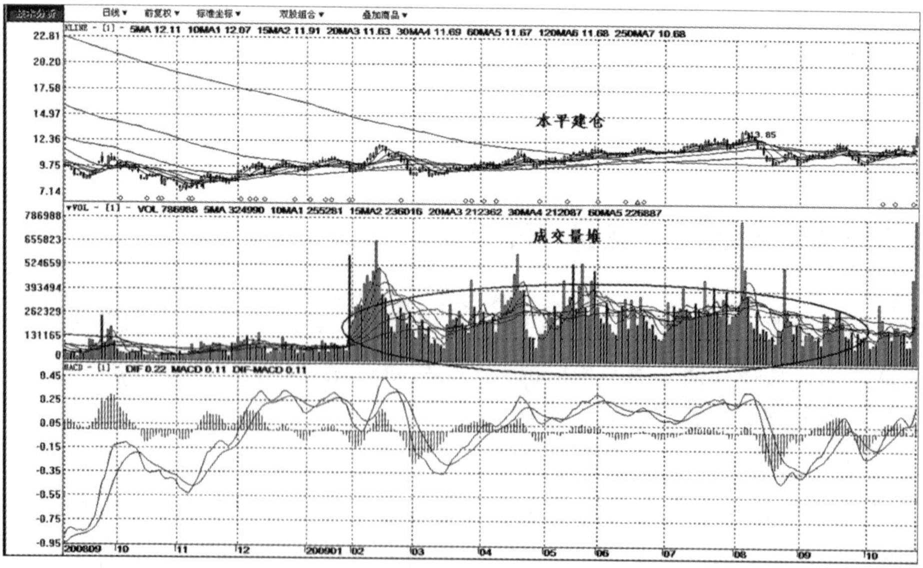

图 9-19

事实却恰恰相反，歌华有线（600037）不仅涨幅一般，涨势也极其曲折。海信电器（600060）却涨幅可观、涨势流畅（如图 9-20、图 9-21 所示）。

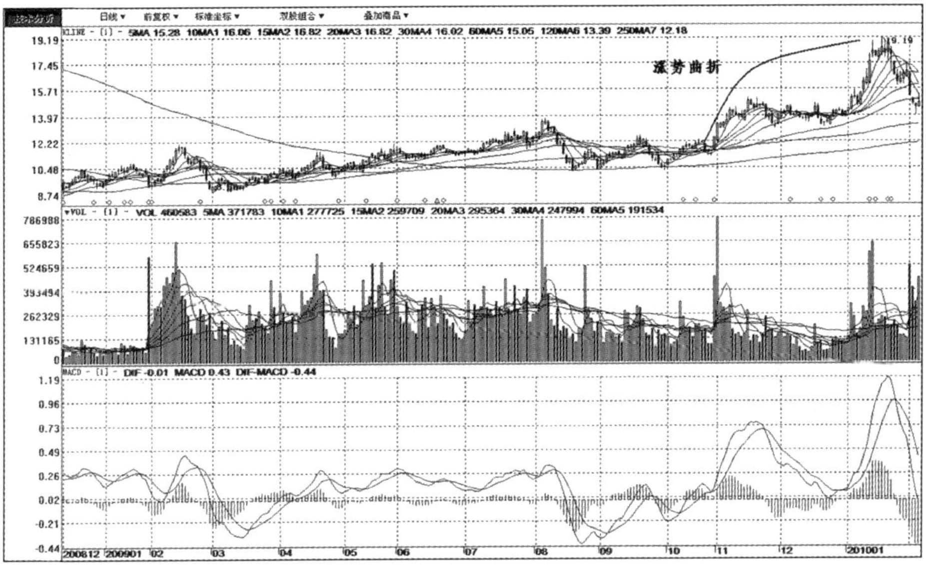

图 9-20

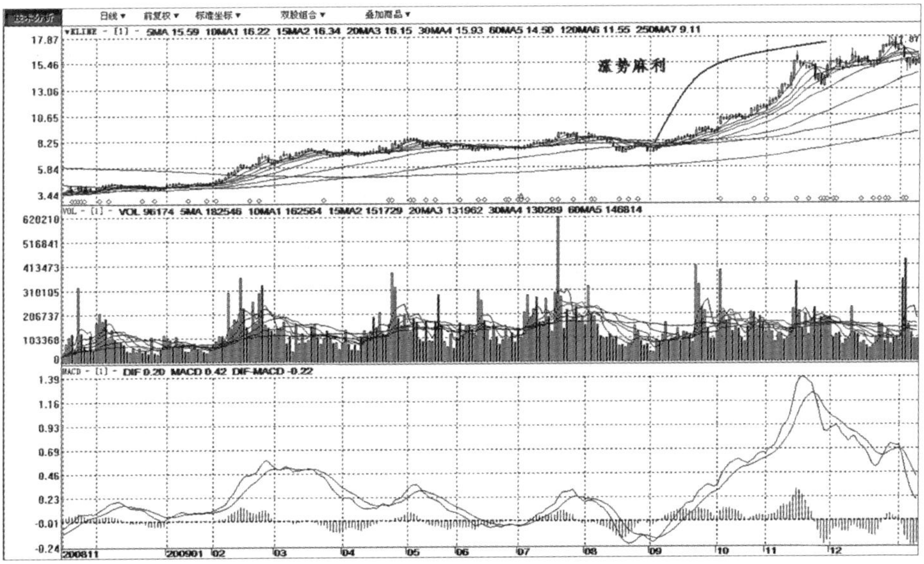

图 9-21

上述现象说明一个问题：建仓时期的成交量堆，并不一定完全是由庄家大力吸货形成的，也可能含有其他成分。

最能反映股价未来上涨情况的技术指标，应该是主力控盘程度。而最能反映出主力控盘程度的技术指标，应该是个股在建仓期间的价格结构。

股价的涨升是其内在做多能量集中爆发的体现，而能量的高低，又可以通过股价结构表现出来。例如在建仓时期内股价的波动幅度过大、过频，或时常出现跳空缺口以及无规律的涨跌行为，都是对上涨动能的一种宣泄，对未来价格的连续大幅涨升大为不利。就像一条千疮百孔的高压水管，是不会把水运送多远，运送多高的。

一只主力控盘程度较高，能在未来主升行情中大涨猛涨的个股，一定会在建仓时期表现出顺滑流畅的股价结构，我们也要选择这样的庄股作为买入对象。反过来说，也正是因为主力已对该股高度控盘了，才使其价格走势变得顺滑流畅，鲜有波动。

实盘案例：

横店东磁（002056）与成飞集成（002190）在2010年上半年同时显示出主力大幅入驻的迹象，并且它们也同为锂电池概念股。横店东磁（002056）

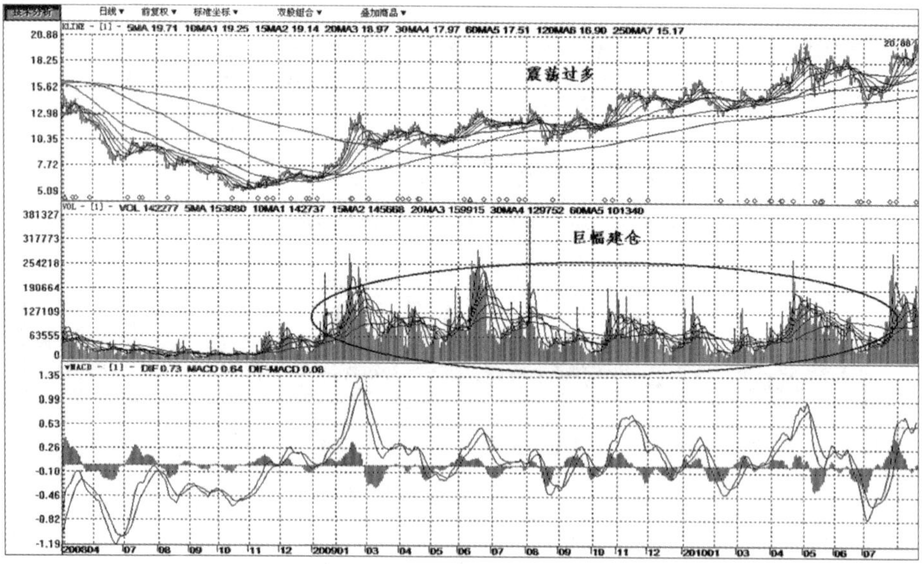

图 9-22

建仓时期形成的成交量堆，看上去要比成飞集成（002190）大一些，但是它在该时期内的股价走势，却不如成飞集成（002190）那样顺滑流畅（如图 9-22、图 9-23 所示）。从这一点可以判断，横店东磁（002056）将来一定涨不过成飞集成（002190）。事实上后来的走势也的确如此（如图 9-24、图 9-25 所示）。

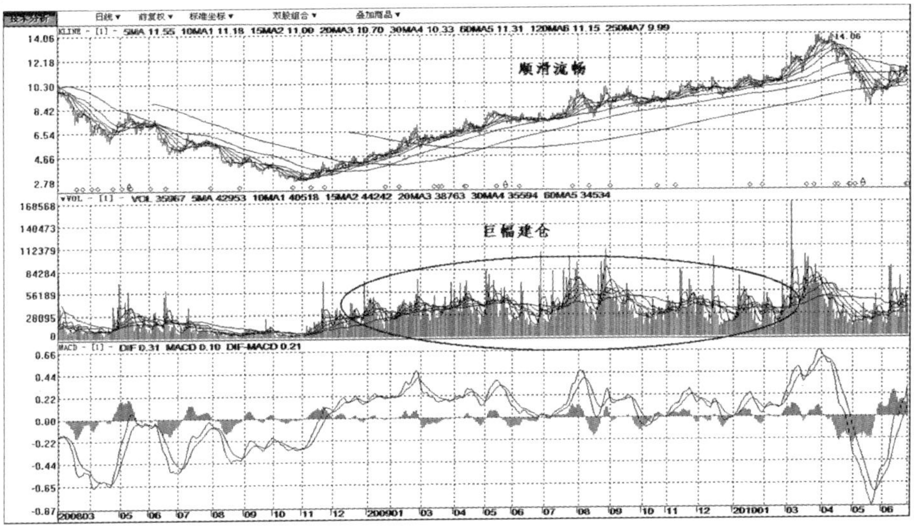

图 9-23

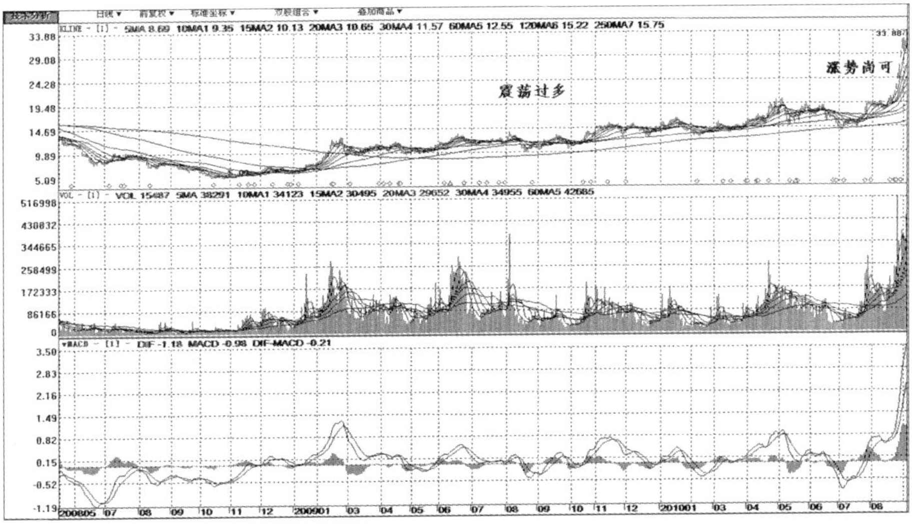

图 9-24

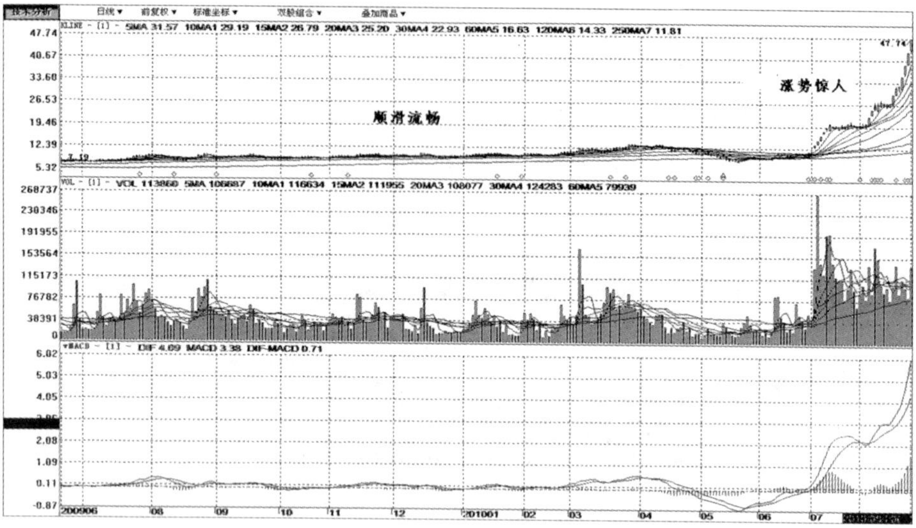

图 9-25

五、庄股的均线配置

利用移动平均线来把握庄股大级别的上涨行情其实很简单，只要应用前面所介绍过的群线向上依次发散与群线向上交叉发散即可。

实盘案例：

华业地产（600240）的短期、中期、长期三条均线，曾在 2014 年 6 月收敛后形成了依次向上发散态势。后来该股价格以此为发端不断上涨（如图 9-26、图 9-27 所示）。

网宿科技（300017）2012 年 12 月短期、中期、长期三条均线在密集区形成了交叉向上发散，之后股价上涨了近 10 倍（如图 9-28、图 9-29 所示）。

如果错过了庄股大行情的底部买点，可以在其中途回调过程中做些中等级别的波段操作，这时的最佳介入点为三线托底处。

三线托底是指 5 日、10 日和 30 日均线被挤压到一处，共同支撑起股价上升的现象。

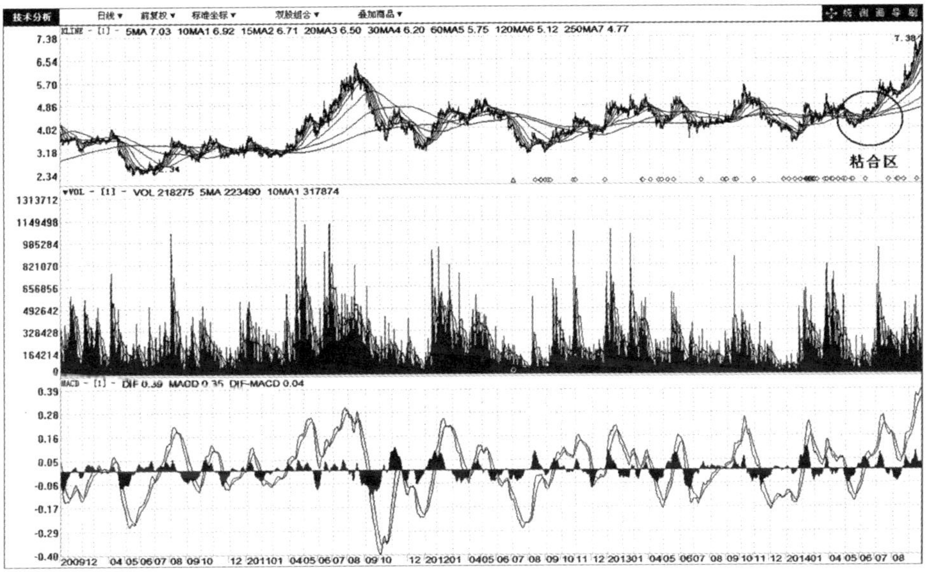
技术分析
日线
前复权
标准坐标
双股组合
叠加商品
KLINE - [1] - 5MA 7.03 10MA1 6.92 15MA2 6.71 20MA3 6.50 30MA4 6.20 60MA5 5.75 120MA6 5.12 250MA7 4.77
7.38
粘合区
VOL - [1] - VOL 218275 5MA 223490 10MA1 317874
MACD - [1] - DIF 0.39 MACD 0.35 DIF-MACD 0.04

图 9-26

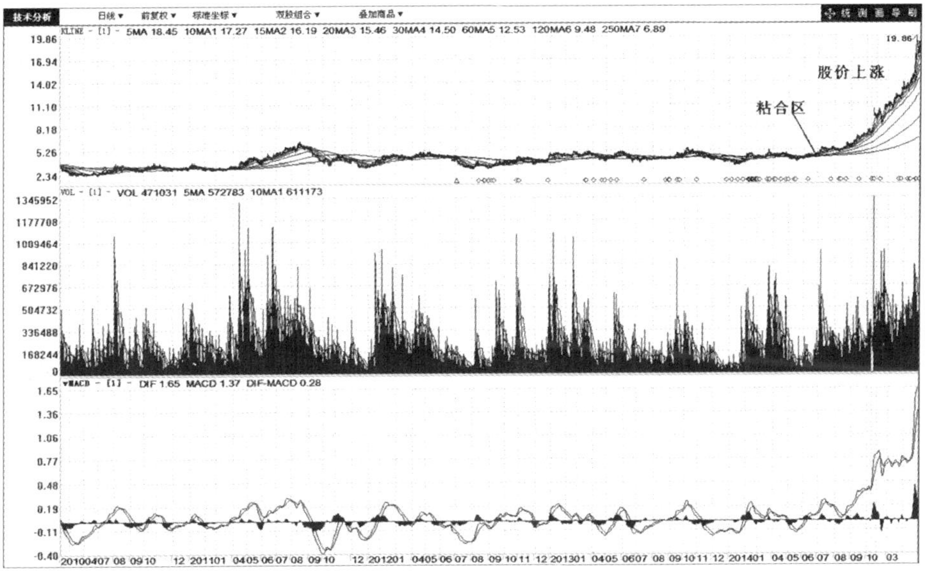
技术分析
日线
前复权
标准坐标
双股组合
叠加商品
KLINE - [1] - 5MA 18.45 10MA1 17.27 15MA2 16.19 20MA3 15.46 30MA4 14.50 60MA5 12.53 120MA6 9.48 250MA7 6.89
19.86
股价上涨
粘合区
VOL - [1] - VOL 471031 5MA 572783 10MA1 611173
MACD - [1] - DIF 1.65 MACD 1.37 DIF-MACD 0.28

图 9-27

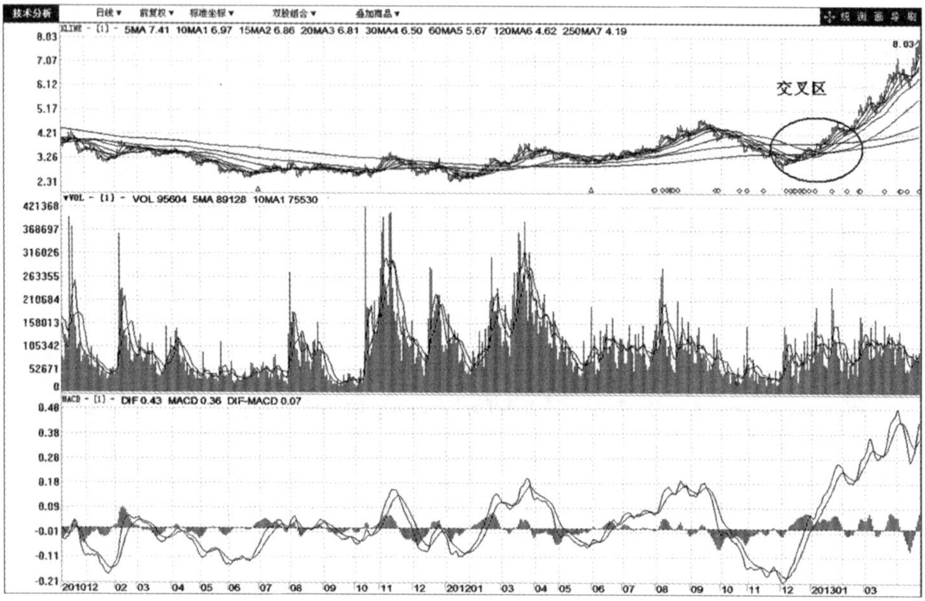
技术分析
日线
前复权
标准坐标
双股组合
叠加商品
KLINE - (1) - 5MA 7.41 10MA1 6.97 15MA2 6.86 20MA3 6.81 30MA4 6.50 60MA5 5.67 120MA6 4.62 250MA7 4.19
交叉区
VOL - (1) - VOL 95604 5MA 89128 10MA1 75530
MACD - (1) - DIF 0.43 MACD 0.36 DIF-MACD 0.07

图 9-28

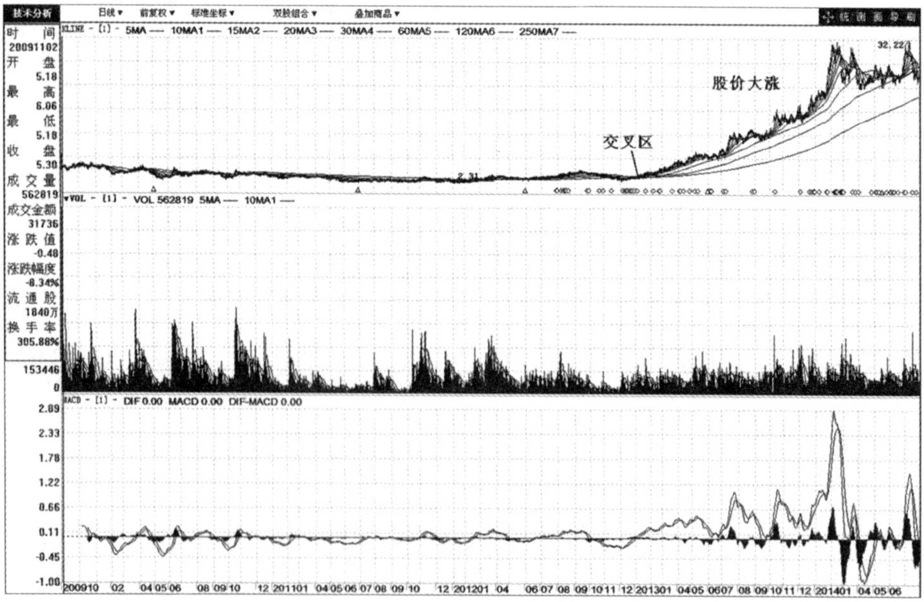
技术分析
日线
前复权
标准坐标
双股组合
叠加商品
KLINE - (1) - 5MA 10MA1 15MA2 20MA3 30MA4 60MA5 120MA6 250MA7
股价大涨
交叉区
时间 20091102
开盘 5.18
最高 6.06
最低 5.18
收盘 5.30
成交量 562819
成交金额 31736
涨跌值 -0.48
涨跌幅度 -8.34%
流通股 1840万
换手率 305.88%
VOL - (1) - VOL 562819 5MA 10MA1
MACD - (1) - DIF 0.00 MACD 0.00 DIF-MACD 0.00

图 9-29

实盘案例：

中天城投（000540）在股价回调处形成三线托底形态后，便一路稳涨（如图 9-30 所示）。

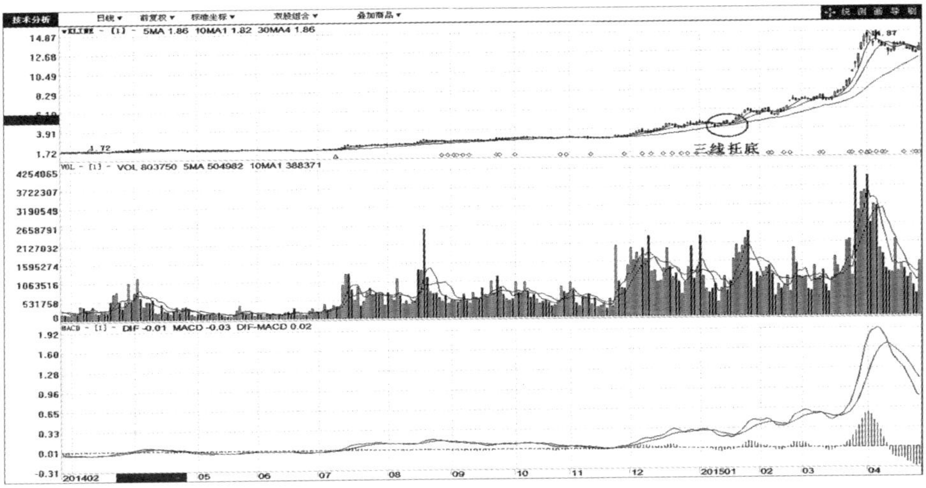

图 9-30

皖能电力（000543）则在股价上涨过程中两次形成三线托底形态，对于投资者来讲，这里都是理想的买入点（如图 9-31 所示）。

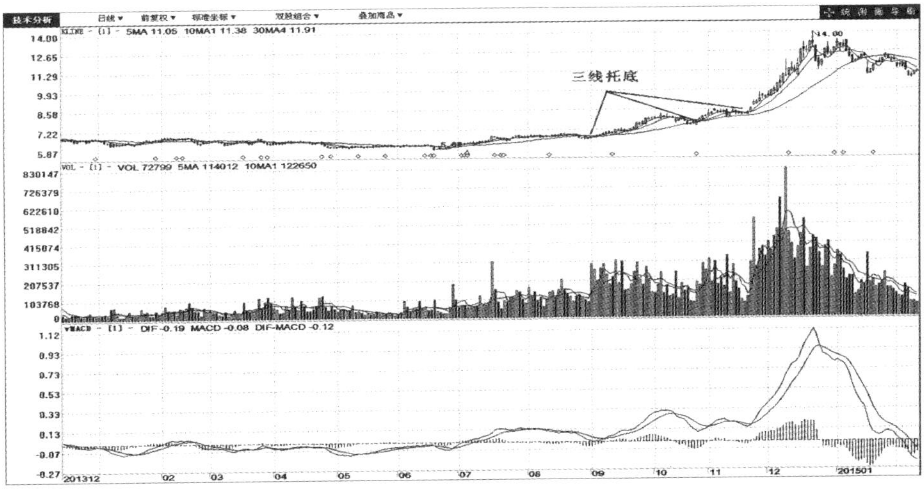

图 9-31

移动平均线的设置周期越长，反应就越迟钝，所以以它做为逃顶指标时，应尽量选择设置周期较短的，尤其对于那些曾在短期内经历过连续大涨的个股，应当以其 5 日均线与 10 日均线所形成的死亡交叉为出逃标准。

实盘案例：

像济南钢铁（600022）和四川路桥（600039）这些曾在短期内连续大涨的股票，最终都在价格高位的两线死叉处见顶（如图 9-32 和 9-33 所示）。

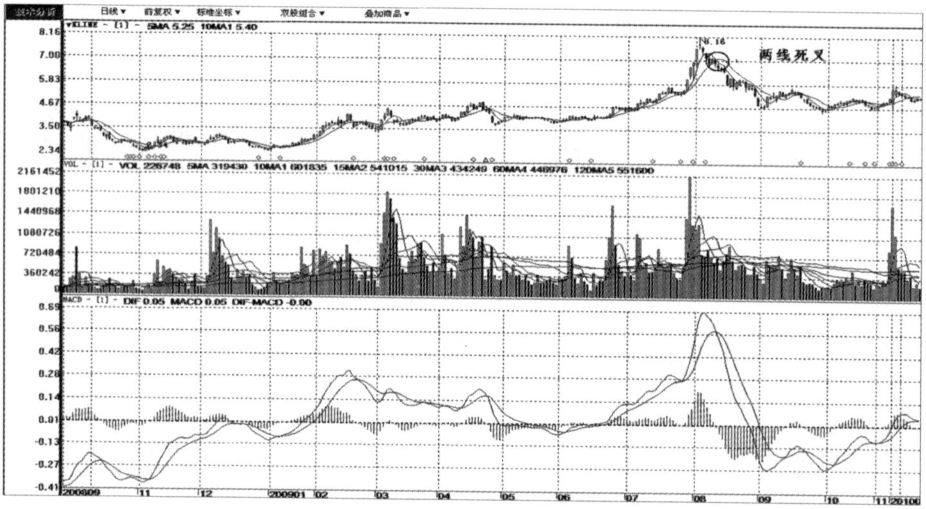

图 9-32

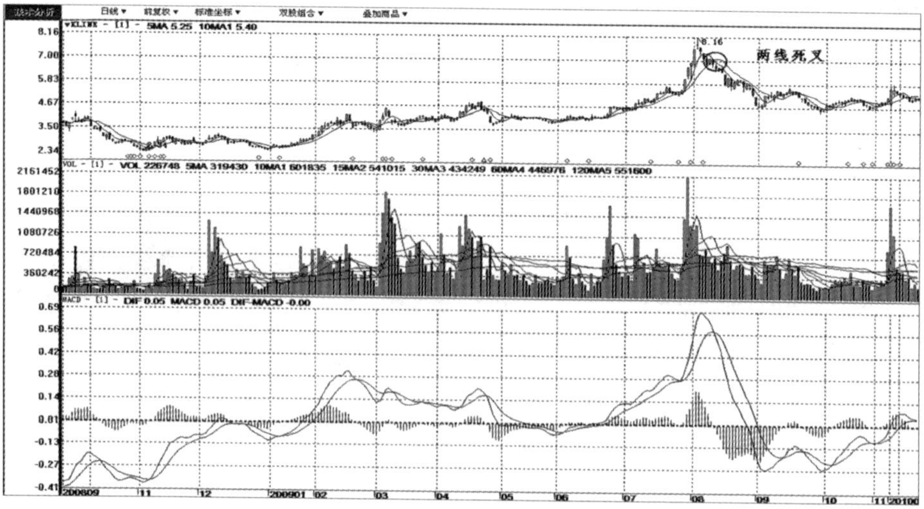

图 9-33

六、庄股的量价配合

通常黑马股和大牛股会在建仓阶段形成较大规模的成交量堆或成交量带。这在前面已经介绍过了。

实盘案例：

华远地产（600743）在建仓期间形成了连贯突出的成交量堆（如图 9-34 所示）。远洋股份（600428）则形成了分布均匀的成交量带（如图 9-35 所示）。

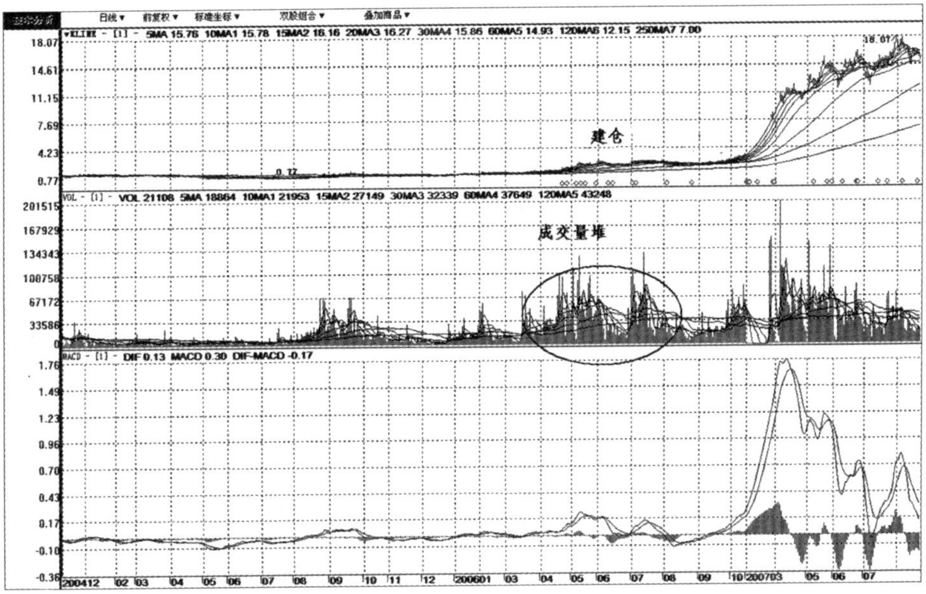

图 9-34

庄股在大幅上涨前的洗盘阶段（回挡坑），则都以大幅缩量或恒量巩固为主，这是盘中浮筹较少或人气沉淀的客观体现。

实盘案例：

华远地产（600743）和远洋股份（600428）在上涨之前形成的回挡坑都

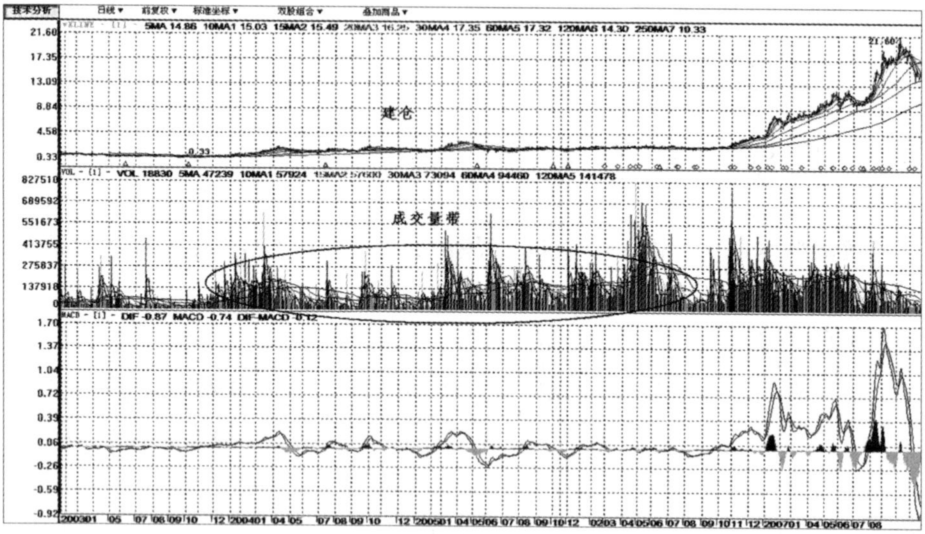

图 9-35

以缩量为主（如图 9-36 和 9-37 所示），而深振业 A（000006）则以衡量为主（如图 9-38 所示）。

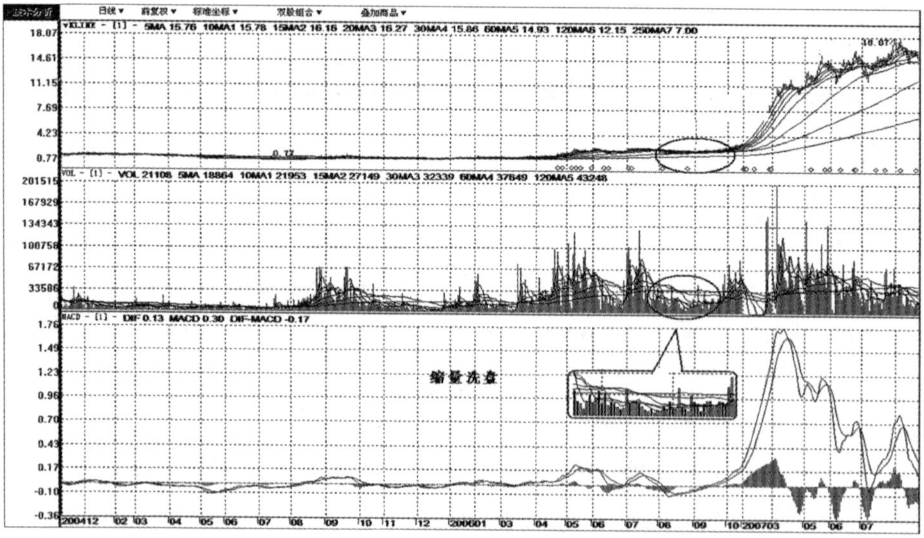

图 9-36

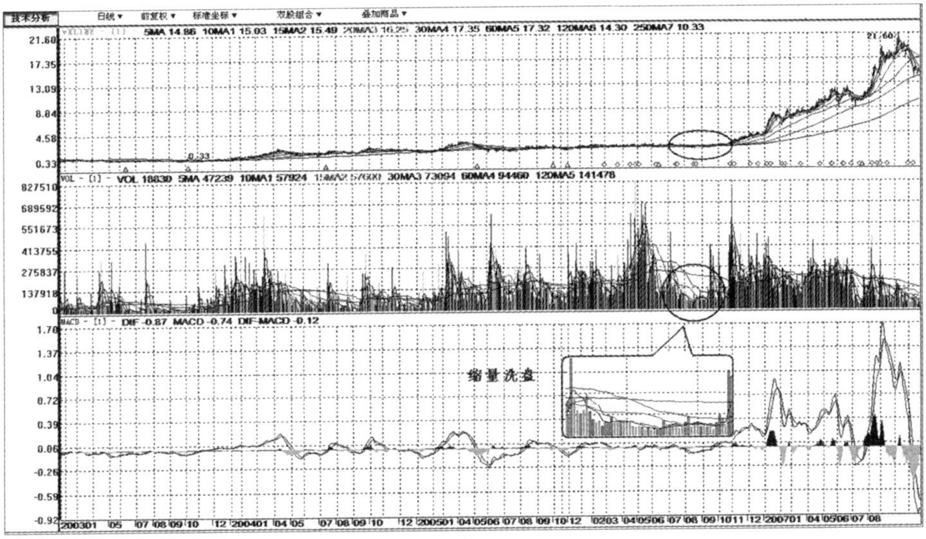
技术分析
日线
前复权
标准坐标
双股组合
叠加商品
5MA 14.86 10MA1 15.03 15MA2 15.49 20MA3 16.25 30MA4 17.35 60MA5 17.32 120MA6 14.30 250MA7 10.33
VOL 18830 5MA 47239 10MA1 57924 30MA3 73094 60MA4 94460 120MA5 141478
MACD DIF -0.87 MACD -0.74 DIF-MACD -0.12
缩量洗盘

图 9-37

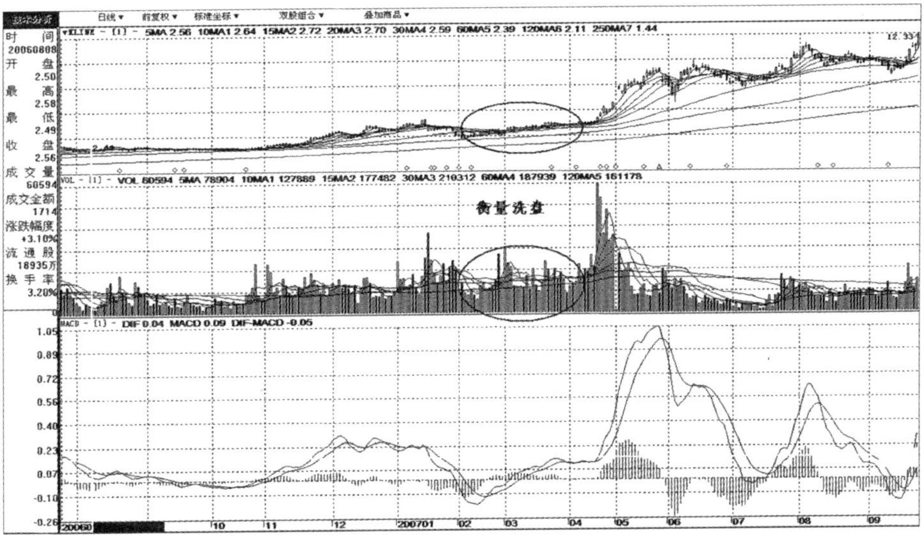
日线
前复权
标准坐标
双股组合
叠加商品
5MA 2.56 10MA1 2.64 15MA2 2.72 20MA3 2.70 30MA4 2.59 60MA5 2.39 120MA6 2.11 250MA7 1.44
时间
20060808
开盘
2.50
最高
2.58
最低
2.49
收盘
2.56
成交量
60594
成交金额
1714
涨跌幅度
+3.10%
流通股
18935万
换手率
3.20%
VOL 60594 5MA 78904 10MA1 127889 15MA2 177482 30MA3 210312 60MA4 187939 120MA5 161178
衡量洗盘
MACD DIF 0.04 MACD 0.09 DIF-MACD -0.05

图 9-38

庄股的上涨行情可细分为放量上涨和衡量上涨两种形式。前者多出现于黑马股的主升浪中，后者多出现于大牛股的主升浪中。

实盘案例：

黑马股大众交通（600011）的拉升方式就属于放量上涨，拉升过程中涨势迅猛，有爆发力（如图 9-39 所示）。而大牛股中国船舶（600150）的上涨方式则属于恒量上涨，涨势稳健，上涨持久（如图 9-40 所示）。

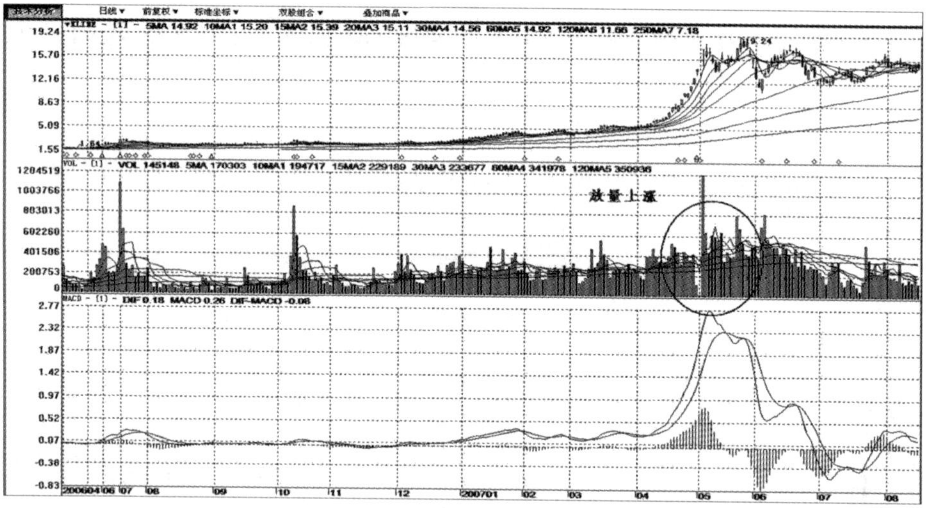

图 9-39

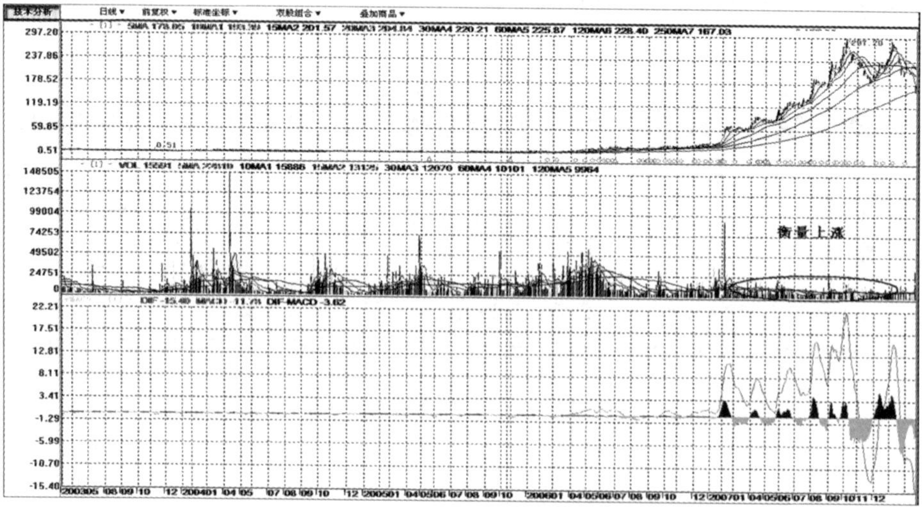

图 9-40

庄股的见顶过程，也分为放量和缩量两种情况。放量见顶较为直观，也更具破坏力，一旦确认应立即卖出。缩量见顶容易使人产生错觉，以为股价不会真跌下去。其实不然，等你感觉到痛的时候，价格已有了相当大的跌幅。

实盘案例：

交大昂立（600530）的股价在连续拉升后，高位持续释放出七长八短的不规则大量或巨量，而价格却迟迟不肯上升，甚至出现疲态，这是典型的放量见顶走势（如图 9-41 所示）。

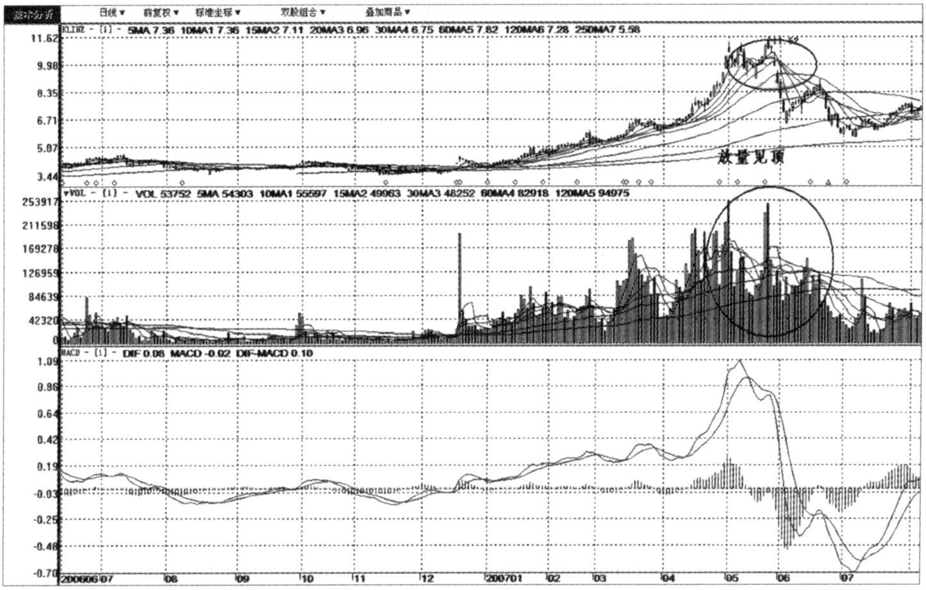

图 9-41

贵州茅台（600519）则在长期上涨后出现疲态，成交量也在不断缩小，不知不觉中，股价已下跌很深，这就是所谓的缩量见顶（如图 9-42 所示）。

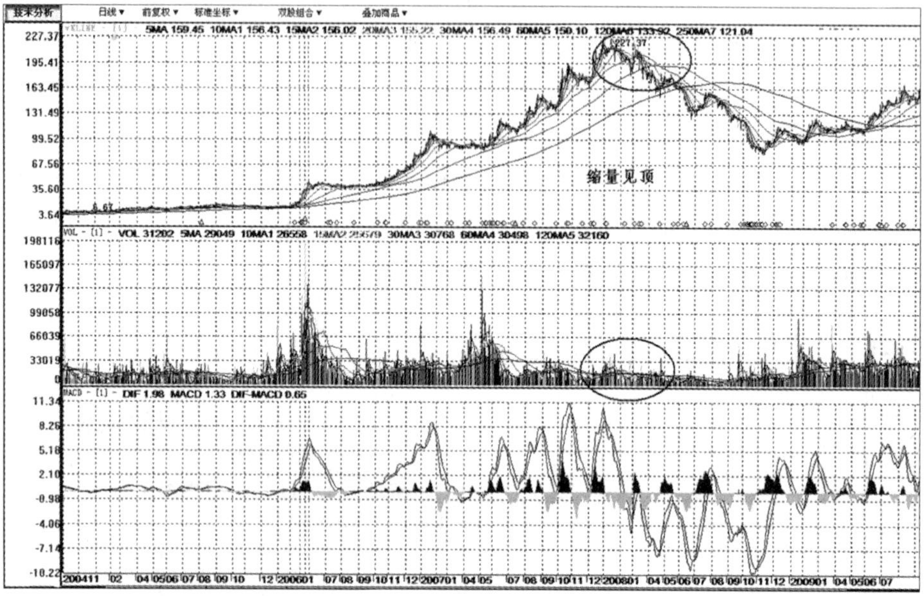
缩量见顶
5MA 159.45 10MA1 156.43 15MA2 156.02 30MA4 156.49 60MA5 150.10 250MA7 121.04
VOL 31202 5MA 29049 10MA1 26558 30MA3 30768 60MA4 30498 120MA5 32160
DIF 1.98 MACD 1.33 DIF-MACD 0.65

图 9-42

后　记

以上内容，基本上涵盖了一个初入市者所要接触的全部知识。但若要成为真正的股市高手，除了熟读本书外，还需要在投资实践中多观察，多思考，多总结，基础技术书籍只是带你入门而已。由于本人水平有限，书中难免有不足与错误，希望得到广大读者的批评与指正。

电子邮箱：lnxcw@ aliyun. com

作者博客：http：//blog. sina. com. cn/gpbk123

徐子城

2015 年 5 月